2030
담대한 주거복지

한국주거복지포럼 10주년 기념

한국주거복지포럼 총서 3

2030
담대한 주거복지

남원석, 김덕례, 박미선, 김근용, 이용만, 봉인식,
윤영호, 허윤경, 박유진, 송기백, 황종대 공저

 사단법인 Korea Housing Welfare Forum
한국주거복지포럼

씨
아이
알

3년이라는 기나긴 코로나19 시국을 끝내는 시점에 한국주거복지포럼 총서 제3권인 〈2030 담대한 주거복지〉를 세상에 인사드립니다. 2018년 제1권 〈주거복지 해외탐방〉과 2020년 제2권 〈주거복지 해외에 길을 묻다〉를 발간할 때보다는 주거복지에 대한 이해가 많이 깊어진 것 같습니다. 그러나 아직도 주거복지가 무슨 뜻인가를 질의하는 전문가도 있습니다. 모른다기보다는 명확한 개념 정리가 덜 되었다는 의미가 포함되어 있겠지요.

무엇이 주거복지를 그렇게 어렵게 만들까, 세상은 주거복지에 대해 무엇을 요구하는가를 생각하면서 제3권 〈2030 담대한 주거복지〉를 준비했습니다. 주거복지 개념은 간단합니다. 주거복지를 생각할 때 떠오르는 첫 단어는 '주택'입니다. 주택은 의식주의 하나이며 삶에서 대단히 중요한 기본요소 중의 하나입니다. 그런 면에서 주택 그 자체가 주거복지의 기초개념이라고 정의할 수 있습니다. 그러한 주거복지는 물리적 구조체에 주변 환경을 포함한 주거를 중점적으로 고민하면서, 누가 사용하며 비용을 얼마나 지불하는가를 중요한 척도로 생각합니다. 그래서 주택의 질적 수준, 사용자의 사회경제적 수준, 지출하는 주거비용 등을 종합적으로 판단하여 주거복지를 평가합니다. 이를 정책적으로 풀어가는 과정에서 가장 형편이 어려운 주거취약계층에 집중적으로 접근하는 선별적 주거복지가 있는가 하면, 소득계층에 관계없이 접근하는 보편적 주거복지가 존재합니다.

저는 선별적 주거복지를 선호하고 추천합니다. 우리가 살고 있는 세상에서 무한정의 재정과 인력, 그리고 지원이 가능하다면 보편적 주거복지를 선택할 수도 있을 것입니다. 어쩌면 민주주의 사회에서 다수의 찬성을 이끌어내기에는 많은 이들에게 혜택을 부여하는 보편적 주거복지가 정책 구현에서 더 매력적입니다. 하지만, 세상 여건은 그렇게 호락호락하지 않습니다. 공급할 수 있는 자금도, 자원도 제한적이고 시간의 흐름에 따라 도와줘야 하는 계층도 계속 변하면서 나타납니다. 결국 제한된 예산 안에서 사회경제적 상황은 시급한데 누구에게 무엇을 어떻게 지원할 것인가를 선택해야 합니다. 선택과 집중이 필요합니다. 그런 생각으로 저는 주거복지를 주거취약계층의 주거문제에 집중하는 것이 더 적절한 정책이라고 주장합니다.

이렇게라도 주거복지의 개념을 상당히 좁힌 것처럼 보이지만, 주거취약계층에는 비닐하우스, 쪽방촌 등에 거주하는 계층뿐만 아니라 청년층도, 노년층도 포함됩니다. 또한 이들에게 주거복지를 구현하는 시스템 또한 다양하기에 전달체계가 매우 복잡다단합니다. 주거공간을 전문적으로 제공하는 국토교통부, 사회복지 구현을 전담하는 보건복지부, 지방자치단체의 행정서비스를 제공하는 행정안전부 등 어느 곳도 역할이 작지 않습니다. 그리고 각자의 역할이 중요하면서도 상대 기관의 역할이 해당기관의 임무 수행에 지대한 영향을 미칩니다. 학계에서도 주거복지 문제를 주택 및 주거 관련학회, 지역개발 관련학회, 도시계획 관련학회 등에서 다양하게 접근하는데 각 학회가 성취한 내용은 만족스럽지 못합니다. 학계에서도 서로 융복합적 연구가 필요한데 실상은 그렇지 못합니다. 정부도, 지자체도, 학계도, 시장도 그런 접근이 필요한 이유입니다.

이런 사회적 상황을 감안하여, 제3권 〈2030 담대한 주거복지〉에서는 각계각층과 선진 외국의 다양한 시각을 담아서 미래지향적인 주거복지를 논의해 보았습니다. 2030년에는 현재의 주거복지와는 달라야 한다는 인식에서 출발하였습니다. 현실을 약간 도외시하고, 각각 별도로 진행 중인 시스템을 엮어보고, 관련 분야에서 연계성을 찾아보고, 낯선 정책 시나리오를 상정하는 발제를 중점적으로 발굴했습니다. 바로 발밑에 있는 문제점 개선도 중요하겠지만 매일을 그렇게 지내다 보면 눈앞의 나무를 고민하다 숲을 놓치는 우를 범하지 않을까 하는 걱정이 있었습니다. 주거복지 역사가 우리나라보다 앞선 국가들이 무엇을 어떻게 진행하고 있는지도 살펴보았습니다. 물론 서로 사회적 토양도 다르고, 문화적 역사도 상이해서 타산지석으로 삼기에는 어려운 점이 많습니다. 그럼에도 불구하고, 좋은 아이디어와 지혜를 얻기 위해 선진 사례를 살펴보았습니다. 세상은 정반합의 개념으로 발전한다는 생각입니다.

저희 한국주거복지포럼도 그러한 생각을 바탕으로 발전해나갈 것입니다. 알고 있는 지식을 전달하는 데 집중할 것이 아니라,

도움이 필요한 주거취약계층이 어떠한 필요를 요청하는지 정확하게 인식하는 자세가 필요합니다. 정부 및 지자체의 요구사항도 간과하지 말아야 하고, 유사기관과의 교류를 통해 시너지 효과를 발휘해야 할 것입니다. 사회가 요청하는 역할을 열악한 환경을 극복하면서 융복합으로 임무를 수행하여 기대효과를 높이는 노력이 필요합니다. 그러한 노력의 방향과 가이드라인을 제3권 〈2030 담대한 주거복지〉에서 살펴보고자 했습니다. 혹여 발제자가 무심코 지나친 내용이라도 행간을 잘 헤아려 주시길 간곡히 부탁드립니다.

저는 주거복지가 다른 사람을 위한 일이라고 인식하지 않습니다. 주거복지는 나와 내 주변을 위한 일이고, 바로 내 자식 세대를 위한 일이라고 생각합니다. 그런 접근에 동의하신다면 주거복지 정책과 시나리오에 생생한 현실감을 담을 수 있으며, 실현 가능성에 대한 점검도 자연스레 가능할 것입니다. 많은 분들이 이런 행진에 능동적으로 참여하여 주거취약계층의 주거복지가 획기적으로 개선되었으면 하는 바람입니다.

주거취약계층을 위한 주거복지 구현에 보여주신 여러분의 성원과 노력이 지속되기를 기대하면서 감사 인사를 드립니다. 고마웠습니다.

2023년 2월

박환용 한국주거복지포럼 상임대표
(가천대학교 도시계획학과 교수)

CONTENTS

우리나라 주거정책의 변천과 주거복지포럼
- 주거복지포럼 토론회의 지난 10년을 돌아보며 -

남원석
(서울연구원 연구위원)

**우리나라
주거정책의
변천과
주거복지포럼**
- 주거복지포럼
토론회의
지난 10년을
돌아보며 -

1. 들어가며

2012년 12월 13일 창립총회를 통해 (사)한국주거복지포럼이 출범
했다. 주거문제에 대한 사회적 관심에 비해 주거문제 해결을 위
한 실천적 움직임이 부족했던 상황에서 한국주거복지포럼의 출
범은 중요한 사건이었다고 할 수 있다. 그리고 그로부터 10년이
흘렀다. 10년 동안 한국주거복지포럼이 시행해 온 주요 사업 중
하나는 조직명과 동일한 주거복지포럼을 토론회 등의 형식으로
꾸준히 운영해 온 것이다. 주거복지포럼은 주거문제 또는 주거정
책 등과 관련한 해당 시기의 주요 현안을 발굴하여 이를 공론화하
는 역할을 했다. 여러 언론사와 국토교통부 등 정부부처, 지자체
등과 포럼의 논의내용을 공유함으로써 정책변화를 꾀할 수 있는
수단이 바로 주거복지포럼이었다. 따라서 지난 10년간 진행된 주
거복지포럼의 주제들을 종합하면 최근 10년 동안 우리나라의 주
요 주거정책 변천사를 한눈에 파악할 수 있다. 이렇게 보면 한국

주거복지포럼은 우리나라 주거정책의 산증인이라고 간주해도 지나침이 없다.

본 글에서는 (사)한국주거복지포럼이 2013년부터 운영해 온 주거복지포럼의 주제들과 지난 10년간 우리나라 주거정책 변천과정을 함께 되짚어 보고자 한다. 단순한 회고라기보다는 역사를 통해 주거복지포럼의 성과와 과제를 모색할 수 있는 기회로 삼고자 한다. 이하에서는 다음과 같은 내용이 이어진다. 우선 한국주거복지포럼 창립 이후 현재까지 진행된 전체 주거복지포럼을 개괄한다. 개최 횟수와 주제의 빈도 등을 정리하면서 주거복지포럼의 주제 경향 등을 파악한다. 그 후에는 연도별로 구분하여 해당 연도의 주요 주거정책을 주거복지포럼의 주제와 연계하여 살펴볼 것이다. 결론에서는 지금까지의 논의 내용을 종합하고 주거복지포럼의 향후 과제를 논의하면서 본 글을 마무리하고자 한다.

2. 주거복지포럼 개최 개요

제1회 주거복지포럼은 2013년 3월에 개최되었다. 그 후 2022년 9월까지 총 66회의 주거복지포럼이 진행되었다. 연평균 약 7회의 주거복지포럼이 개최되었는데, 표 1 및 그림 1에서 보는 바와 같이 2014~2016년에는 연 10회의 주거복지포럼이 열리기도 했다. 2016년을 지나면서 주거복지포럼 개최 횟수는 점차 감소하기 시작했다. 특히 코로나19 감염 확산기였던 2020년에는 불가피하게 주거복지포럼 개최 빈도가 3회 이하로 급감했다. 그래도 코로나

19 감염 확산기를 제외하면 주거복지포럼은 적게는 연 6회, 많게는 연 10회까지 개최되면서 1~2달에 거의 한 번씩 개최되는 왕성한 활동이 이루어졌다.

표 1 주거복지포럼 개최 횟수 추이

연도	2013	2014	2015	2016	2017	2018	2019	2020	2021	2022.9	계
횟수	8	10	10	10	8	6	6	1	3	4	66

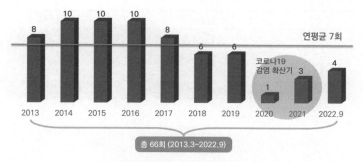

그림 1 주거복지포럼 개최 횟수 추이

주거복지포럼은 토론회, 대토론회, 정책간담회, 초청강연, 연구 공모과제 발표 등 다양한 형식으로 개최되었다. 그리고 이처럼 다양한 형식을 바탕으로 매우 광범위한 주제들을 다루었다. 주거복지포럼의 주제들을 몇 가지 범주로 단순화하여 정리하면 표 2와 같다. 이로부터 주택산업, 주거복지기술 등 그동안 주거정책에서 소홀하게 다뤄졌던 주제부터 공공임대주택 등 부담가능주택정책에 이르기까지 다양한 주제가 주거복지포럼에서 논의되었음을 알 수 있다. 가장 빈번하게 논의된 주제는 현재 우리나라의 핵심적인 정책 수단인 부담가능주택정책에 관한 것으로 총 11회가 진행되었다. 그 다음으로 주거복지센터, 정책전달체계, 주거서비스와 같이 연성적인soft 지원정책에 대한 논의가 총 8회 시행되었다. 그 밖에 정책공약 및 주거복지로드맵 등 분석, 주거소요 및 수요에 대한 대응, 도시재생 및 주거재생에 대한 논의도 각 6~7회 추진되었다.

표 2 주거복지포럼의 주제 분류

포럼 주제 분류	횟수(%)
01. 정책공약 및 주거복지로드맵 등 분석	6 (9.1)
02. 인구변화, 주거취약계층 등 수요/소요 대응	7 (10.6)
03. 주거급여 등 수요자지원정책	2 (3.0)
04. 공공임대주택, 사회주택 등 부담가능주택정책	11 (16.7)
05. 민간임대주택 정책	2 (3.0)
06. 지자체의 주거정책	3 (4.5)
07. 주민참여 현장사례	1 (1.5)
08. 주거복지 평가지표	1 (1.5)
09. 주택금융	4 (6.1)
10. 도시재생 및 주거재생	6 (9.1)
11. 주거복지 전문인력 양성	1 (1.5)
12. 중앙공기업(LH)의 역할 평가	1 (1.5)
13. 부동산정책 진단	1 (1.5)
14. 주택산업 발전 방향	1 (1.5)
15. 주거복지기술 개발 및 동향	2 (3.0)
16. 주거복지센터, 정책전달체계, 주거서비스	8 (12.1)
17. 기업의 사회공헌	1 (1.5)
18. 주거실태 및 정책 관련 통계 개선	1 (1.5)
19. 주택임대운영 및 주택관리	1 (1.5)
20. 해외의 주거정책 사례	1 (1.5)
21. 그린뉴딜 등 타 분야와의 연계	1 (1.5)
22. 기타(포럼 발전 방안, 정책 회고 등)	4 (6.1)
계	66 (100)

한편, 주거복지포럼 개최 시기와 주제를 연계하여 살펴보면 표 3 및 그림 2와 같이 정리할 수 있다. 박근혜 정부와 문재인 정부의 재임 시기로 구분할 경우, 정책공약 및 주거복지로드맵 등 분석이나 주택소요 및 수요 대응, 공공임대주택 등 부담가능주택정책과 관련한 주제들은 양 시기에 유사한 빈도로 주거복지포럼에서 다뤄졌다. 이 주제들은 시기와 무관하게 항상적으로 주거복지포럼에서 다뤄진 주제들로서 그만큼 정책적 중요도가 높은 것들이라 할 수 있다.

표 3 정부별 주거복지포럼 주제 분포

포럼 주제 분류	횟수	
	박근혜 정부 (2013~2016)	문재인 정부 (2017~2021)
01. 정책공약 및 주거복지로드맵 등 분석	2	3
02. 인구변화, 주거취약계층 등 수요/소요 대응	3	3
03. 주거급여 등 수요자지원정책	2	–
04. 공공임대주택, 사회주택 등 부담가능주택정책	5	6
05. 민간임대주택 정책	2	–
06. 지자체의 주거정책	2	1
07. 주민참여 현장사례	1	–
08. 주거복지 평가지표	1	–
09. 주택금융	3	–
10. 도시재생 및 주거재생	4	2
11. 주거복지 전문인력 양성	1	–
12. 중앙공기업(LH)의 역할 평가	1	–
13. 부동산정책 진단	1	–
14. 주택산업 발전 방향	1	–
15. 주거복지기술 개발 및 동향	1	1
16. 주거복지센터, 정책전달체계, 주거서비스	1	6
17. 기업의 사회공헌	1	–
18. 주거실태 및 정책 관련 통계 개선	1	–
19. 주택임대운영 및 주택관리	1	–
20. 해외의 주거정책 사례	–	1
21. 그린뉴딜 등 타 분야와의 연계	–	1
22. 기타(포럼 발전방안, 정책 회고 등)	4	–
계	38	24

그러나 주거급여 등 수요자지원정책, 민간임대주택 정책, 주택금융 등의 주제는 박근혜 정부 시기에 주거복지포럼에서 다뤄졌지만 문재인 정부 시기에는 활발히 다뤄지지 않았다. 또한 문재인 정부 시기에 빈번히 다뤄졌지만 박근혜 정부 시기에 거의 논의되지 않았던 주거복지포럼 주제로는 주거복지센터·정책전달체계·주거서비스가 있다. 이처럼 특정 주제들은 각 시기의 정책적 관심이나 이슈에 따라 주거복지포럼에서 다뤄지는 빈도에서 일정 정도 차이가 나타나고 있음을 알 수 있다.

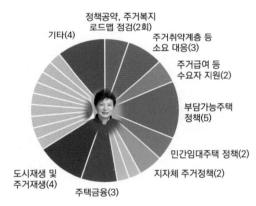

그림 2 정부별 주거복지포럼 주제 분포

3. 주거정책의 변천

이상에서 지난 10여 년 동안 개최되었던 주거복지포럼의 주제들을 나름의 기준에 따라 분류하여 그 특성을 살펴보았다. 2022년 9월까지 총 66회를 거치면서 다양한 주제가 다뤄졌고, 시기에 따라 다루는 주제의 범위도 변화되었음을 개략적으로 알 수 있었다. 이하에서는 연도별로 구분하여 살펴봄으로써 해당 시기의 주거정책과 그에 조응한 주거복지포럼의 주제들을 구체적으로 검토하고자 한다.

1) 2013년

2013년은 제18대 대통령으로 박근혜 대통령이 취임한 해였다. 박근혜 대통령 취임 이후 정부는 새로운 공공임대주택 유형으로 행복주택 공급을 추진하기 시작했다. 기존 공공임대주택은 연령·세대에 대한 고려 없이 주로 소득과 자산을 중심으로 입주자를 선정해 왔지만, 행복주택은 청년층을 대상으로 공급한다는 점에서 기존 공공임대주택과 차이가 있었다. 하지만 입주 대상이 상이함에도 불구하고 행복주택 공급에 대한 지역주민들의 반발이 거세게 나타나면서 공급 초기에 어려움이 컸다. 또한, 행복주택 공급 추진과 함께 정부는 생애주기별 맞춤형 복지라는 기조 하에 국민기초생활보장제도상의 각종 복지급여들을 개별급여화 하는 정책을 추진했다. 그에 따라 주거급여를 개별급여로 분리하기 위한 논의들이 진행되기 시작했다.

한편, 이 시기의 주택시장은 글로벌 금융위기의 여파로 침체상태가 지속되고 있었는데, 이는 여러 부문에 영향을 미쳤다. 미분양 주택이 줄어들지 않는 등 주택 거래 부진이 이어졌다. 또한 공기업의 재무구조 악화와 주택가격 하락이 지속될 가능성도 있었다. 특히 주택가격 상승의 기대감이 줄어들면서 임대인들이 주택운용이익을 높이기 위해 전세를 월세로 전환하거나 임대보증금을 인상하는 추세가 강화되기 시작했다. 임차인들은 상대적으로 주거비 부담이 적은 전세를 원했지만 임대인들은 저금리 상황에서 운용수익을 높이기 위해 월세를 선호했다. 이러한 미스매치는 임대차시장의 불안을 유발하여 임차인의 주거비 부담을 가중시키는 결과를 낳았다.

이에 정부는 침체된 주택시장을 다시 활성화시키기 위해 '주택시장의 정상화'라는 기조하에 각종 규제완화 및 자가 구입 촉진과 관련한 정책을 추진했다. 후자와 관련하여 주택구입자금 지원제도를 일원화하고 공유형 모기지 등 새로운 지원수단을 도입한 것이 이때였다. 또한 임대차시장의 불안을 완화하기 위해 민간임대주택을 활용하는 준공공임대주택 제도를 도입했으며, 공기업의 재무구조 악화와 주택가격의 하향화를 방지하기 위해 대규모 택지개발사업의 상당수를 중지 또는 지연시키는 조치들이 이루어졌다.

이러한 정책 여건을 배경으로 제1회 주거복지포럼은 '박근혜 정부의 주거복지정책 공약 분석'을 주제로 개최되었다. 새롭게 들어선 정부의 전반적인 정책추진방향을 개괄하고 정책추진의 장애요인 또는 실현 가능성을 검토하는 자리로 기획했다. 제2회 주거복지포럼 역시 박근혜 정부가 강조한 생애주기별 맞춤형 복지 기조에 입각하여 '생애주기·소득계층에 따른 주거복지방향'을 주제로 개최했다. 제1회와 제2회가 총론적인 측면에서 정부의 정책기조를 검토하고 실현방안을 모색하고자 한 자리였다면, 그 이후에 개최된 주거복지포럼은 각론에 초점을 맞추었다.

'주택바우처 도입을 고려한 새로운 주거복지 체계'(제4회), '행복주택 공급방안'(제5회), '전월세난에 대응한 주택정책 방향'(제8회)은 이 시기 주거정책의 분야별 주요 쟁점들을 다루기 위해 기획한 주제들이었다. 그러나 2013년 주거복지포럼의 주제들은 중앙정부 차원의 정책적 쟁점에 한정되지 않았다. 현장탐방을 진행하고 비수도권 지역의 지자체가 당면한 주거문제와 정책과제를 살펴봤으며, 초청강연을 진행하는 등의 기획을 통해 주거정책을 바라보는 시야를 넓히고자 했다.

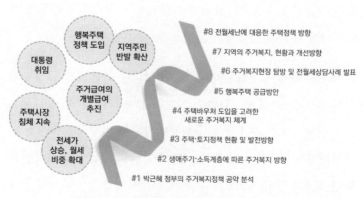

그림 3 2013년 주요 주거정책과 주거복지포럼 주제

2) 2014년

2014년 들어서 행복주택 정책은 초기의 갈등을 넘어 서서히 자리를 잡아가고 있었다. 정부는 지역주민들과의 갈등 극복을 위해 후보지에 대해 지자체와 협의할 수 있는 구조를 만들었고, 청년, 신혼부부, 노인 등 수요자 맞춤형 공급모델을 고안했으며, 주차장 및 공원 설치 등에 대한 건설기준도 정립했다. 이러한 일련의 노력을 통해 반대여론은 점차 잦아들었다. 더불어 2004년과 2005년에 각각 시범사업 형태로 도입되었던 매입임대주택과 전세임대주택의 거주 기한인 10년이 도래함에 따라 정부는 이를 20년으로 연장하여 현 거주자들의 주거안정을 기하고자 했다.

7월에는 개별급여로서 주거급여 시범사업이 진행되었다. 「주거급여법」은 2014년 1월에 제정되었지만 「국민기초생활보장법」 개정이 늦어지면서 10월에서야 시행되었다. 시범사업은 법 시행 전에 이루어졌다. 23개 시범사업지역을 선정하여 7월부터 3개월 동안 수급자들에게 주거급여를 지급했고, 대상자의 만족도와 전달체계에 대한 점검을 진행했다.

한편, 2014년에도 소위 주택시장의 정상화를 위한 각종 규제완화 조치는 지속적으로 추진되었다. 기부채납 부담기준 완화, 청약자격 중 무주택세대주 요건 폐지, 주택전매제한 및 거주의무기간 완화, 토지거래허가구역 추가 해제, 개발부담금의 개발비용 인정범위 확대, 재건축연한 30년으로 단축, 재건축사업 소형주택 의무공급 비율 폐지, 민영주택 소형주택 건설·공급 자율화, 리츠 투자 규제 완화 등은 모두 2014년에 이루어진 주요 규제완화 조치들이었다.

더불어 주택시장 정상화와 별도로 주택임대차시장 선진화 방안이 2월에 발표되었다. 위에서 언급했듯이, 임대차시장에서 수급의 미스매치로 인한 전세가격 불안이 지속되고 월세부담이 가중되는 상황에 대한 해결책을 모색하고자 하는 배경에서 정부의 대책이 제시되었다. 여기에는 공공임대리츠를 통한 10년 공공임대주택 공급 확대, 민간주도의 임대주택 리츠 활성화, 단기적인 임대주택 입주물량 확보, 민간임대주택 공급 활성화를 위한 세제·금융지원 강화 및 규제 완화, 과세방식 정비, 저리의 주택구입자금 지원 및 월세부담 완화를 통한 전세쏠림현상 완화, 주택임대차시장 인프라 구축 등이 세부 정책으로 거론되었다. 그 밖에 정부는 주택임대관리업을 신설하였는데, 자가관리형·위탁관리형 등의 유형으로 구분하고 등록절차를 정비했다. 이를 통해 민간부문의 임대주택시장 참여를 유도하고자 했다.

이상과 같은 정책변화를 배경으로 2014년에는 총 10회의 주거복지포럼이 개최되었는데, 포럼 형식도 초청강연(3회), 정책간담회(1회), 대토론회(1회) 등 다양했다. 2014년에 처음으로 개최된 제9회 주거복지포럼은 국토교통부 관계자를 초청하여 '2014년 주택정책 방향'을 공유하는 자리로서 기획했으며, 제11회 주거복지포럼은 '주거복지정책의 회고'를 주제로 전임 국토교통부장관의 초청강연을 진행했다. 이와 같이 거시적인 측면에서의 논의를 진행하면서 한편으로는 2014년에 나타난 각종 정책변화와 관련된 주제도 주거복지포럼에서 다루었다. '주거급여사업의 시행과 발전방향'(제13회), '주택대출규제 완화'(제14회), '도시재생과 주거복지'(제15회), '행복주택'(제16회), '보편적 주거복지 확대를 위한 금융의 역할'(제17회) 등은 그에 해당하는 주제였다.

이에 더하여 주거복지포럼은 정책현안뿐만 아니라 현행 주거정책이 제대로 짚지 못하고 있는 주제들도 다루고자 했다. 주거취약계층이 집중적으로 거주하는 비닐하우스촌, 고시원, 단독주택 거주지에서의 다양한 실천(제10회)을 소개했으며, '주거복지 평가지표와 과제와 개선방향'(제12회), '주거복지 전문인력 양성과 활용의 제도화'(제18회) 등의 주제는 주택시장 정상화에 집중하고 있었던 정부가 충분히 고려하지 못하고 있었던 정책과제이기도 했다.

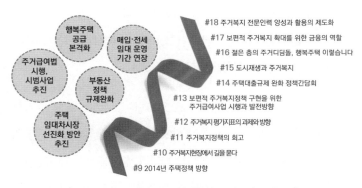

그림 4 2014년 주요 주거정책과 주거복지포럼 주제

3) 2015년

2015년 들어서 새롭게 등장한 정책은 소위 뉴스테이New Stay로 불리는 기업형 주택임대사업 육성 정책이었다. 정부는 주택임대차시장에서 전세의 월세 전환, 전세가격 상승이 저소득층뿐만 아니라 중산층의 주거안정마저 위협하고 있다는 판단에서 이러한 정

책을 구상하게 되었다. 임대료 급등 없이 최소 8년 이상 거주할 수 있는 기업형 임대주택을 집중적으로 육성하여 중산층이 양질의 민간임대주택에서 안정적으로 거주하도록 하는 데 목적이 있었다. 1월에 해당 정책이 발표된 이후 8월에 「민간임대주택에 관한 특별법」이 제정되면서 법적 근거도 정비했다. 당시 정부는 택지 지원, 공급촉진지구 지정, 허브 리츠 설립, 정비사업 연계, 공적 보증 강화, 각종 규제완화 등을 통해 민간임대사업자의 기업형 임대주택 공급을 촉진하고자 했다.

또한, 6월에는 「주거기본법」이 제정되면서 주거정책 강화를 위한 또 다른 한걸음을 내딛게 되었다. 기존 「주택법」에서 주택종합계획(이후 주거종합계획), 주택정책심의위원회(이후 주거정책심의위원회), 최저주거기준, 주거실태조사 등의 관련 규정을 옮겨오고, 주거권 명시, 주거복지센터 설치, 주거복지정보체계 운영, 주거복지 전문인력 양성 등에 대한 규정을 새롭게 추가했다. 「주거기본법」은 12월에 시행령이 국무회의를 통과하면서 동월에 시행되기 시작했다.

9월에 들어서자 정부는 '서민·중산층 주거안정 강화방안'을 발표했다. 이 대책에는 1월에 발표한 뉴스테이 공급을 본격적으로 추진하는 동시에 「주거기본법」 제정을 계기로 저소득가구, 독거노인, 대학생 등에 대한 주거지원을 강화하는 것을 내용으로 하고 있었다. 2013년 이후 추진된 정부의 주거정책이 아직 성과를 체감하기에 부족하다는 평가를 배경으로 기존에 추진해온 정책의 속도를 높이고자 했다. 그 연장선상에서 집주인이 기존 주택을 철거하고 대학생 및 독거노인을 위한 다가구주택을 신축하도록 지원하는 집주인리모델링임대주택 시범사업이 12월에 추진되었으며, 국민들이 주거복지 정보를 쉽게 알아볼 수 있도록 '마이홈 포털(www.myhome.go.kr)'을 개설하고, 전국에 36개의 '마이홈 상담센터'를 설치하여 주거지원에 대한 전문적인 상담서비스를 제공하도록 했다.

한편, 「주택도시기금법」이 6월부터 시행됨에 따라, 국민주택기금이 주택뿐만 아니라 쇠퇴한 도시에도 지원되어 주거환경의 질을 높이고 도시에 활력을 불어넣는 주택도시기금으로 재탄생하게 되었다. 이 과정에서 주택도시기금의 전담운용기관으로서 주택도시보증공사가 출범했다. 더불어 10월에는 행복주택의 첫 입주가 이루어졌고, 지자체 공모로 행복주택을 공급하는 방식이 고안되기도 했다. 이뿐만 아니라 기초지자체가 공공임대주택 건설을 제안하고 사업비 일부를 분담하는 등 지역주도의 상향식 공급모델도 공공임대주택 정책의 일환으로 시행되었다. 2014년에 시범사업을 추진했던 주거급여는 시범사업 평가 및 준비 과정을 거친 후 7월부터 본격적으로 시행되었다.

2015년에 주거복지포럼은 총 10회가 개최되었다. 이 시기에는 비수도권의 도시재생전략과 주거정책을 연계하고(제21회), 서민주거지원에서 주택금융의 역할(제22회)을 모색하며, 공공임대주택의 공공성 강화를 위한 제도개선 방안(제25회)을 타진하는 주제들이 기획되었다. 이 주제들이 정부정책의 변화과정에서 드러난 현안과 밀접한 관계가 있는 것이라면, 그 이외에도 주거정책의 다양한 주제들이 주거복지포럼에서 다뤄졌다. 주거정책에 대한 지자체 참여가 촉진되는 상황에서 지자체 주거복지평가의 필요성

(제23회)이 강조되거나 주거 관련 산업(제26회), 주거복지기술(제27회) 등과 같이 새로운 영역의 이슈들이 주거복지포럼을 통해 발굴되었다. 또한, 주택시장이 점차 회복기에 접어드는 상황을 목도하면서 부동산정책의 흐름과 차년도 주택시장 전망 속에서 향후 주거정책의 방향을 논의하는 자리(제20회, 제24회)가 마련됐다는 점도 이 시기 주거복지포럼에서 다룬 주제의 특징이라할 수 있다.

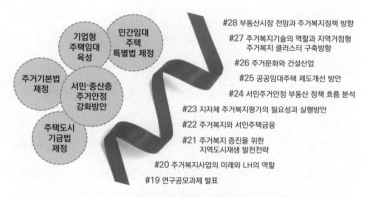

#28 부동산시장 전망과 주거복지정책 방향
#27 주거복지기술의 역할과 지역거점형 주거복지 클러스터 구축방향
#26 주거문화와 건설산업
#25 공공임대주택 제도개선 방안
#24 서민주거안정 부동산 정책 흐름 분석
#23 지자체 주거복지평가의 필요성과 실행방안
#22 주거복지와 서민주택금융
#21 주거복지 증진을 위한 지역도시재생 발전전략
#20 주거복지사업의 미래와 LH의 역할
#19 연구공모과제 발표

기업형 주택임대 육성
민간임대 주택 특별법 제정
주거기본법 제정
서민·중산층 주거안정 강화방안
주택도시 기금법 제정

그림 5 2015년 주요 주거정책과 주거복지포럼 주제

4) 2016년

4월 28일 정부는 '맞춤형 주거지원을 통한 주거비 경감방안'을 발표했다. 임대주택에 대한 수요가 증가함에 따라 최저소득계층은 정부가 직접 지원하되, 서민과 중산층을 위한 다양한 장기 임대주택은 민관협력을 통해 확충한다는 방향이 제시되었다. 이에 정부는 행복주택과 뉴스테이 공급물량을 각 15만 호까지 늘려서 2017년까지 총 30만 호를 공급하는 계획을 수립했으며, 그 밖에 저소

득층 및 생애주기별 특화형 임대주택 공급 확대, 집주인매입임대사업·공공임대리츠·근로자임대 등 민간 참여를 통한 임대주택 확충, 전월세 등 주거비지원 강화, 주거복지 지원체계 및 주택임대차 시장 인프라 개선 등을 향후 과제로 제시했다.

그 연장선상에서 7월에는 공공임대주택 입주자의 소득 및 자산기준을 정비하여 고액자산을 보유한 입주자가 공공임대주택에 계속 거주하는 등의 문제를 해소하고, 공공임대주택을 정부의 주거지원이 보다 절실한 사람들에게 공급할 수 있는 근거를 마련했다. 또한 청년 창업인, 프리랜서, 예술인, 취업준비생 등 소득이 일정하지 않은 가구들의 행복주택 입주가 허용되었으며, 공공임대주택 입주자 선정 시 금융자산을 포함한 자산기준이 적용되기 시작했다. 매입임대주택의 경우, 입주자 선정기준에 소득 대비 임차료 부담 및 최저주거기준 미달 여부가 반영되었으며, 주거비 부담이 높은 주거급여 수급자에게는 매입임대주택 또는 전세임대주택이 우선 공급되도록 하였다.

노인가구에게는 공공실버주택이 공급되기 시작했는데, 성남 위례에서 첫 입주자를 모집했다. 공공실버주택은 노인가구를 대상으로 영구임대주택 수준의 저렴한 임대료로 공급되는 주택으로, 복지관이 병설되어 노인가구에게 적합한 복지서비스를 제공한다. 사회적주택이라는 유형도 새롭게 고안되어 시범사업이 추진되었는데, 사회적주택은 한국토지주택공사가 매입한 임대주택을 비영리법인, 협동조합, 사회적 기업, 대학교 등이 운영하면서 청년층 등에게 저렴한 임대료와 서비스를 제공하는 프로그램이었다. 그 외에도 당시 정부가 강력하게 추진했던 뉴스테이 공급 정책은 입주자를 모집하기 시작했으며, 서울 문래지구에 제1호 공급촉진지구가 지정되었다. 또한, 뉴스테이 서비스 인증제도를 실시하여 분양주택 수준의 주택품질과 돌봄, 가사, 하자서비스 등 맞춤형 주거서비스를 제공하도록 했다.

한편, 11월 3일 정부는 '실수요 중심의 시장형성을 통한 주택시장 의 안정적 관리 방안'을 발표했다. 국내외 저금리 기조가 지속되 고 늘어난 유동성이 주택시장으로 유입되면서 일부 지역에서 국 지적인 주택가격 불안 양상이 나타나고 있었기 때문이다. 이에 실수요자에 대한 금융지원은 지속하되, 서울, 경기·부산 중 일부 지역, 세종시 등은 맞춤형 청약제도 조정 및 과도한 투자수요 관 리를 선별적으로 적용하고, 정비사업 투명성 강화 및 청약시장 불 법행위 근절 조치가 시행되었다.

2016년의 주거복지포럼은 전년도와 마찬가지로 총 10회가 개최 되었다. 위와 같은 정부의 주거정책 변화방향에 맞추어 '전세임 대와 매입임대를 고려한 향후 임대주택 공급방안'(제29회), '사회 초년생과 고령자의 주거문제와 정책방안'(제32회), '주택임대관 리업 발전방안'(제35회), '공공성 있는 임대주택의 지속 공급 방 안'(제33회) 등의 주제로 주거복지포럼이 기획되었다. 또한 이전 시기와 마찬가지로 주거복지 차원에서 도시재생이 갖는 의미와 가능성이 지속적으로 논의돼왔다. '빈집을 활용한 근린재생과 주 거복지 실현'(제30회), '한옥지역 재생계획과 주거환경증진 전략' (제37회)은 그 배경에서 기획된 주제들이었다. 더불어 주거정책 수립에 필요한 거시적인 주제, 정책적으로 검토가 필요한 주제 등에 대한 발굴 노력도 계속 이뤄졌는데, 그에 따라 '저출산 사회에 대응한 주거복지 정책방향'(제38회), '기업의 사회공헌과 주거복지 그리고 일자리'(제31회), '주거영역의 통계 프레임워크와 통계현황'(제34회)이 주거복지포럼의 주제로서 논의되었다.

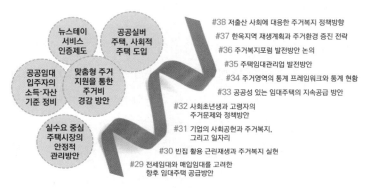

그림 6 2016년 주요 주거정책과 주거복지포럼 주제

5) 2017년

2017년 5월, 문재인 대통령이 취임하면서 새로운 정부가 들어섰다. 2016년 11월 3일 부동산대책 발표에도 불구하고 주택시장의 불안이 지속되면서 새로운 정부로서는 주택시장을 안정화시키는 것이 우선적인 과제가 되었다. 이에 6월 19일 관계부처 합동으로 '주택시장의 안정적 관리를 위한 선별적·맞춤형 대응방안'을 발표했다. 서울, 부산 등에서 국지적 과열 현상이 지속됨에 따라 과열지역에 대한 선별적 대응을 하고, 과열지역을 선별·추가하여 조정대상지역으로 관리하는 방안 등이 제시되었다.

그 후, 8월 2일에는 추가대책으로서 '실수요 보호와 단기 투기수요 억제를 통한 주택시장 안정화 방안'을 발표했다. 서울을 중심으로 주택시장 과열이 재연되고 서울전역, 과천, 세종시 등으로 확산됨에 따라 주택시장 불안을 조기에 진화할 필요성이 대두됐다. 이에 다주택자의 양도차익에 대한 과세체계를 정비하고 금융규제를 통해 단기 투자유인을 억제하고자 했다. 그밖에 임대주택 등록을 유도하여 다주택자의 사회적 역할을 강화하고, 도심 및 도심 인근에 실수요자를 위한 임대·분양주택 공급을 확대하며, 실수요자를 위한 청약제도 개편 등을 추진하는 계획도 발표했다.

이처럼 주택시장 불안에 대한 정책적 대응이 이루어지는 과정에서 정부는 11월 29일에 '사회통합형 주거사다리 구축을 위한 주거복지로드맵'을 발표했다. 이 로드맵에서는 청년, 신혼부부, 노인, 취약계층 등 생애단계별·소득수준별 맞춤형 주거지원, 무주택 서민·실수요자를 위한 공적 주택 100만 호 공급, 분양가상한제가 적용되는 민영주택용 공공택지 공급, 공공임대주택 유형 통폐합 및 대기자 명부제도 개선, 주거복지센터 전문인력 확충 등의 계획이 제시되었다. 더불어 박근혜 정부에서 추진한 뉴스테이 사업은 임대료 수준 및 입주자격에서 공공성을 강화한 공공지원 민간임대주택으로 탈바꿈되었다.

한편, 정부는 12월 13일에 '집주인과 세입자가 상생하는 임대주택 등록 활성화 방안'을 발표하였다. 현실적으로 자가소유를 촉진하고 공적 임대주택 공급을 확대하더라도 사적 임대주택에 거주하는 임차인의 주거불안을 완전히 해소하기는 어렵다는 인식하에서 세제혜택 등을 통해 집주인의 자발적 임대주택 등록을 유도하고 해당 임대주택의 공공성을 높이는 정책을 추진하고자 했다.

2017년은 정부출범과 동시에 주택시장 안정과 주거복지의 강화를 위한 정책을 동시적으로 추진해야 했던 시기라 할 수 있다. 이 시기에 주거복지포럼은 총 8회 개최되었다. 박근혜 정부 초기와 마찬가지로 '새정부 주택정책의 과제와 발전방향'(제42회), '사회적 가치 창출 패러다임과 연계한 주거복지 구현'(제46회)을 주제로 기획하여 새정부 출범에 따른 거시적인 관점에서의 정책방향을 논의했다. 또한 정부의 주거복지 강화 기조에 부응하여 '지방주거복지 기반 및 전달체계 구축방향'(제39회), '공공임대주택 대기자명부 제도개선 방안'(제41회), '소규모 주택정비를 통한 임대주택 확충과 주거복지 실현'(제43회), '주거복지센터 확대 및 주거복지 전달체계 발전방안'(제44회) 등 세부 정책과제를 논의하기도 했다. 이와 함께 '해외주거복지 관련 정책 및 사례발표'(제40회), '리모델링 정책 기술 세미나'(제45회)가 추가로 기획되었는데, 이를 통해 주거정책의 내용을 풍부히 하는 계기로 삼고자 했다.

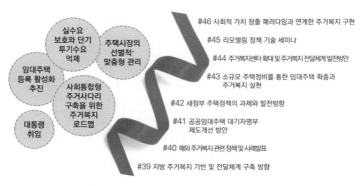

그림 7 2017년 주요 주거정책과 주거복지포럼 주제

6) 2018년

2018년 들어서 정부는 전년도 11월에 발표한 주거복지로드맵의 후속 조치를 시행했다. 목돈 마련이 어려운 청년들에게 낮은 이자의 전세대출과 월세대출 한도 상향을 적용하고 신혼부부 전용 주택구입·전세 자금 상품도 출시했다. 또한 소년소녀가정 등 보호아동, 아동이 있는 저소득가구, 아동공동생활가정 등 저소득 아동에 대한 주거지원이 강화되었다. 4월에는 주거정책의 추진 동력을 확보하고, 중장기 계획인 '주거복지 로드맵'을 성공적으로 추진하기 위해 국토교통부 내에서 주거복지정책을 전담할 '주거복지정책관'을 신설했다.

더불어 정부는 10월 24일에 '취약계층·고령자 주거지원 방안'을 추가로 발표했다. 여기에는 주거급여 수급자의 공공임대주택 입주지원 강화, 취약계층 주거지원사업 전면 개편, 공공임대주택 보증금 부담 완화, 공공임대주택 상시지원, 고시원 매입형 공공리모델링 사업, 보호종료아동 주거지원 통합서비스 제공 등이 포함돼 있었다.

또한, 10월부터 주거급여제도에서 부양의무자 기준이 폐지됐다. 이전에는 부양의사가 없어도 부양의무자가 있다는 사실만으로 주거급여 수급신청이 불가능했거나 선정과정에서 탈락했었기 때문에 그동안 부양의무자 기준의 폐지를 요구하는 주장이 지속적으로 제기돼 왔다. 그리고 11월에는 처음으로 신혼희망타운이 위례신도시에 착공되었다. 신혼희망타운은 공공분양주택의 일종으로 신혼부부에게 시세보다 저렴한 가격으로 집을 공급하며,

국공립어린이집 등을 설치하여 보육서비스를 제공하는 기능을 함께 갖추게 된다.

한편, 하반기 들어서 주택시장이 서울 등 일부 지역에서 과열현상을 다시 보임에 따라 정부는 서울과 수도권에서 9곳을 투기지역 및 투기과열지구로 추가 지정했고, 9월 13일에는 관계부처 합동으로 '주택시장 안정대책'을 발표했다. '투기수요 근절, 맞춤형 대책, 실수요자 보호'라는 3대 원칙 아래 투기수요 차단 및 실수요자 보호, 서민주거안정 목적의 주택공급 확대, 조세정의 구현, 지방 주택시장에 대한 맞춤형 대응을 위한 대책을 제시했다.

또한 9월 21일에는 주택공급에 초점을 맞춰 '수도권 주택공급 확대 방안'을 발표했다. 이 대책에서는 수도권 공공택지를 통한 30만 호 추가 공급, 신혼희망타운 조기 공급, 도시규제 완화 및 소규모 정비사업 활성화를 통한 도심 내 주택공급 확대 등이 제시되었다. 그 이후 정부는 12월 19일에 '제2차 수도권 주택공급 계획'을 발표하면서 국토교통부, 서울시, 인천시, 경기도의 MOU 체결을 바탕으로 15.5만 호의 입지를 확정지었다. 이때부터 소위 3기 신도시의 윤곽이 드러나기 시작했는데, 정부는 대책 발표 후 남양주 왕숙, 하남 교산, 인천 계양, 과천을 대규모 택지지구로 지정했다.

2018년 주거복지포럼은 이전 시기에 비해 다소 개최 횟수가 줄어 총 6회가 개최되었다. 이 시기의 주거복지포럼은 정부의 부동산 대책보다는 주거복지와 관련된 주제로 기획되었다. '공공임대주택 유형통합과 주거비 지원'(제47회), '청년·신혼부부 주거지원 정책의 미래'(제48회), '주거복지의 지역생태계와 연계한 주거생활서비스 구현'(제49회), '주거취약계층의 더 나은 주거지원을 위해'(제50회), '도시재생 뉴딜, 주거복지 실현과 사회적 경제 활성화'(제51회) 등의 주제에서 알 수 있듯이, 공공임대주택 운영, 청년층 및 주거취약계층 지원, 주거서비스 제공, 도시재생과의 연계 등 주로 주거복지로드맵에서 제시한 세부 정책들을 논의 주제로 다뤘다. 이와 더불어 11월에는 주거복지로드맵 발표 1주년을 맞이하여 그간 정부가 시행해 온 주거정책을 종합적으로 진단하는 포럼도 개최했다.

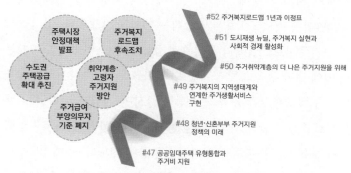

그림 8 2018년 주요 주거정책과 주거복지포럼 주제

7) 2019년

2017년 12월 발표한 '임대주택 등록 활성화 방안' 이후 신규 임대사업자 및 임대주택 수가 크게 증가했다. 이에 정부는 등록임대주택의 체계적인 관리를 위해 '등록임대주택 관리 강화방안'을 1월에 발표했다. 여기에는 임대등록시스템 자료 일제정비, 세제감면 시 임대료 증액제한 등 의무준수 검증 강화, 임차인 권리 강화를 위한 등록임대주택 부기등기제 도입, 의무 임대기간 내 양도

금지 위반 등에 대한 제재 강화 등에 대한 내용이 담겼는데, 이 조치들로 임차인의 거주 안정성이 향상될 것으로 기대했다. 이와 같은 임차인 보호조치는 4월에도 추가로 발표되었다. 임대보증금 보증가입 의무대상을 확대하고 임대조건 위반에 대한 임대사업자의 과태료 부과기준을 마련하는 내용으로 「민간임대주택에 관한 특별법」이 개정되었고, 10월부터 시행되었다.

더불어 이전 시기와 마찬가지로 공적 임대주택의 공급과 주거취약계층 지원을 위해 다양한 조치들이 도입·시행되었다. 첫째, 2월에는 사회적 경제주체가 공급하는 임대주택인 사회주택을 2022년까지 매년 2천 호씩 공급하는 계획을 발표했다. 이미 2017년 주거복지로드맵에서 사회주택 공급 확대가 언급되었기 때문에 이에 대한 후속 조치라고 할 수 있다. 정부는 사회주택 공급을 위해 주택도시기금 융자·보증상품 출시 등 자금조달 지원, 주택도시보증공사 산하 사회주택금융지원센터 설립, 한국토지주택공사 보유 부지를 활용한 시범사업 등을 추진했다. 둘째, 2월부터 영구임대주택 단지에 주거복지사를 배치하여 취약계층 돌봄서비스와 커뮤니티 활성화를 지원하는 시범사업을 시작했다. 주거복지사들은 관리사무소에 상주하면서 입주민의 주거복지 욕구를 파악하고 외부자원을 연계한 주거서비스를 제공하는 역할을 담당하게 되었다. 셋째, 10월에는 관계부처 합동으로 '아동주거권 보장 등 주거지원 강화대책'을 발표했다. 미성년 아동이 있는 다자녀 가구, 쪽방 등에 살고 있는 비주택 거주자 등에 대해서는 기존의 주거복지로드맵에서 세밀한 지원이 어려워 추가적인 보완이 필요하다는 논의가 있었다. 이에 다자녀 가구에 대해서는 공공임대주택의 다자녀가구 유형을 신설하여 적정 주거면적을 확보하고, 보호종료아동 등에 대해서는 주거지원 강화를 통해 홀로서기를 지원하며, 비주택 거주 가구는 공공임대주택 정착과 자활에 이르기까지 빈틈없는 지원을 할 수 있도록 했다. 넷째, 청년등 젊은 계층이 주거비 걱정 없이 직장생활, 자기계발 등에 매진할 수 있도록 공급하는 '일자리 연계형 지원주택'의 후보지로 총 11곳 2,675호를 최종 선정했다. 일자리 연계형 지원주택의 부지는 창업지원주택, 지역전략산업 지원주택, 중기근로자 지원주택으로 구분하고 지자체 공모방식으로 결정했다.

한편, 주택시장 안정을 위한 대책 발표는 2019년에도 지속되었다. 5월 7일에는 '제3차 신규택지 추진계획'을 발표했다. 수도권에 총 28곳 11만 호 입지가 확정됐으며, 이를 위해 국토교통부, 서울시, 경기도, 대도시광역교통위원회가 MOU를 체결했다. 이 계획에 따르면 고양 창릉, 부천 대장이 3기 신도시 개발지역으로 추가됐으며, 중소 규모의 택지로 26곳이 선정됐다. 또한 10월 1일에는 관계부처 합동으로 '최근 부동산 시장 점검 결과 및 보완방안'을 발표했다. 2018년 9월 13일 '주택시장 안정대책' 발표 이후, 일부 지역의 이상과열 징후에 대한 맞춤형 대응 및 보완책 마련이 필요했기 때문이다. 이에 정부는 관계기관 합동 현장점검 및 상시조사체계 운영, 대출규제 보완, 분양가상한제 적용 방식 보완 등의 조치를 새롭게 발표했다. 마지막으로 12월 16일는 관계부처 합동으로 '주택시장 안정화 방안'이 다시 발표되었다. 주택가격 상승에 대한 기대로 매수세가 확대되면서 갭투자 등 투기수요가 유입되고 있다는 판단이 있었기 때문이다. 정부는 이 대책 발표를 통해 투기적 대출수요 규제 강화, 주택보유부담 증가, 양도소득세제도 보완, 투명하고 공정한 거래질서 확립, 실수요 중심의 공급 확대와 관련한 각종 조치들을 발표했다.

주택시장 안정을 위한 대책발표를 제외하면, 2019년은 사회주택
을 포함한 공적 임대주택 공급과 주거취약계층 지원을 확대하는
정책이 강조되었다고 할 수 있다. 게다가 후자와 관련하여 지원
대상인 주거취약계층의 범위가 넓어지면서 주거서비스의 필요
성에 대한 공감대도 확산되었다. 전년도와 동일하게 총 6회가 개
최된 주거복지포럼은 이러한 주제들에 초점을 맞추었다. '주거,
복지 그리고 서비스'(제53회), '주거복지서비스 고도화와 주거복
지센터의 역할'(제54회), '사회주택의 지속가능한 공급을 위한 금
융지원방안'(제55회), '공익적 임대주택 공급 확대를 위한 민간의
역할'(제56회), '주거취약계층 실태와 정책 개선방안'(제57회)의
주제는 모두 정부의 주거정책과 관련된 것들이었다. 더불어 2019
년의 마지막 주거복지포럼은 2018년과 마찬가지로 '주거복지로
드맵 2년, 성과와 이정표'라는 주제로 개최되어 주기적인 정부정
책 평가를 진행했다.

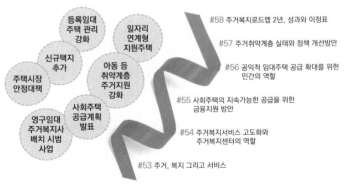

그림 9 2019년 주요 주거정책과 주거복지포럼 주제

8) 2020년~2022년 9월

2020년 3월, 정부는 2019년 10월에 발표한 '아동 주거권 보장 등 주거지원 강화대책'의 후속조치로서 비주택거주자 주거상향 지원 사업에 본격 착수했다. 서울, 경기, 인천, 광주 등 11개 지자체를 선도지자체로 선정하여 당사자에 대해 이주상담, 주택물색, 이사 지원 등의 서비스를 제공하도록 했다. 또한 같은 달에 정부는 '주거복지로드맵2.0'을 새롭게 발표했다. 2017년에 발표한 주거복지로드맵 중반기를 맞아 성과와 한계를 평가·보완하고, 포용국가 및 1인가구·저출산·고령화 등 시대적 과제에 대응하기 위한 정책과제를 제시했다.

2020년 1월부터 정부는 쪽방지역을 공공주택지구로 지정하여 공공주택사업을 추진하는 방안을 모색하기 시작했다. 1월에 '영등포 쪽방촌 주거환경 개선 및 도시 정비를 위한 공공주택사업 추진계획'을 발표하고 7월에 해당 지역을 공공주택지구로 지정했으며, 같은 해 12월에는 대전역 인근 쪽방지역을 공공주택지구로 지정했다. 또한 2021년 2월에는 서울역 인근 쪽방지역에 대해서도 공공주택 및 도시재생사업 추진계획을 발표하는 등 2년 동안 쪽방지역에 대한 대대적인 정비계획이 제시되었다.

2020년 7월에는 정부의 국정과제인 계약갱신청구권과 전월세상한제 도입을 담은 「주택임대차보호법」 개정안이 국회를 통과하고 바로 시행됐다. 이에 따르면, 임차인이 희망하는 경우 1회에 한해 계약 갱신을 청구할 수 있으며, 계약 갱신 시 임대료 상한도 5% 범위 내로 제한되었다. 또한, 2021년 6월에는 '전월세신고제'가 시행되었다. 전월세신고제는 임대차 계약 당사자가 임대기간, 임대료 등의 계약내용을 신고하도록 하여 임대차 시장 정보를 투명하게 공개하고 임차인의 권익을 보호하기 위해 도입된 제도라 할 수 있다.

같은 해 11월에 정부는 관계부처 합동으로 2022년까지 전국에 11.4만 호의 전세형 주택을 공급하는 '서민·중산층 주거안정 지원 방안'을 발표했다. 정부는 전세가격 상승이 서민·중산층의 주거 불안과 직결된다는 인식 하에 신축 위주의 주택을 단기간에 대량 공급하는 방안을 추진했다. 그 일환으로 정부는 2022년까지 중산층에게 공공전세주택을 한시적으로 1.8만 호를 공급하고자 했다.

2022년 1월에는 통합공공임대주택에 대한 입주자 모집공고가 처음으로 실시됐다. 그동안 정부는 2017년 주거복지로드맵에 따라 통합공공임대주택의 제도설계를 논의해 왔다. 그 결과로 시행된 통합공공임대주택은 기존 공공임대주택에 비해 수요자의 접근성을 높이고 다양한 계층이 함께 거주할 수 있다는 장점이 있었다. 또한 같은 해 5월에는 '청년 월세 한시특별지원사업'을 위한 모의계산서비스를 개시했다. 이 사업은 2022년부터 만 34세 이하의 청년에 대해 월 최대 20만 원씩 최장 12개월에 걸쳐 월세를 지원하게 된다.

이상에서 2020년 이후 추진된 주요 주거정책을 살펴봤지만, 이외에도 노후 공공임대주택에 대한 그린리모델링사업 착수(2020년 7월), 재난 피해를 입은 유자녀 가정에 대한 주거지원 강화(2020

년 8월), 상가·관광호텔 등 비주택 매입(2021년 2월), 공공매입약정에 의한 테마형 매입임대주택 1천 호 시범사업 추진(2021년 9월), '누구나집' 시범사업 사업자 선정(2021년 11월) 등이 있었다.

한편, 주택가격 불안이 지속되면서 주택시장 안정을 위한 수요규제 및 주택공급 대책도 연이어 발표되었다. 2020년 정부는 '투기수요 차단을 통한 주택시장 안정적 관리 기조 강화'(2월 20일), '수도권 주택공급 기반 강화 방안'(5월 6일), '주택시장 안정을 위한 관리방안'(6월 17일), '서울권역 등 수도권 주택공급 확대방안'(8월 4일)을 발표했다. 또한 2021년에는 2025년까지 서울 32만 호, 전국 83만 호 주택 부지를 추가 공급하는 '공공주도 3080+, 대도시권 주택공급 획기적 확대방안'(2월 4일), 3기 신도시로 광명 시흥을 추가 발표한 '신규 공공택지 추진계획'(2월 24일)이 발표되었고, 하반기에는 지분적립형·이익공유형 분양주택 등 공공자가 정책의 제도화가 이루어졌다.

이 시기에 주거복지포럼은 총 8회 개최되었다. 코로나19 감염 확산의 영향으로 포럼 기획 및 운영에 어려움이 있었고, 그 결과 2020년에 1회, 2021년에 3회, 2022년 상반기에 2회 개최에 그쳤다.

여전히 주택가격 상승 등 주택시장 불안이 거의 모든 주거 이슈를 잠식하는 상황에서 주거복지포럼은 향후 정부정책이 더욱 고려해야 할 주제를 발굴하고자 했다. 주택과 사회적 경제를 그린뉴딜 관점에서 기획·논의(제59회)했으며, 코로나19 감염 확산 속에서 주거위기가구에 대한 지원방안을 모색(제60회)하고, 국민임대주택 공급 20주년을 맞이하여 학술세미나(제61회)를 개최하기도 했다. 주거서비스 활성화를 위해 주거복지센터의 발전방향(제62회)을 논의한 것도 이와 같은 맥락에서 기획되었다. 더불어 새로운 정부가 들어설 때마다 주거복지포럼은 항상 정부정책방향에 대한 토론을 진행했었다.

이에 따라 2022년의 첫 번째 주거복지포럼은 '새정부의 주택공급 확대를 위한 민간·공공협력과제'(제63회)를 주제로 진행되었다. 특히 제64회 주거복지포럼은 '경기지역 맞춤형 주거복지 실현방안 및 향후 과제'라는 주제로 기획되었다. 국가단위가 아닌 특정 지역에 초점을 맞춰 주거정책의 과제를 모색하는 자리는 이전에도 간헐적으로 있었지만, 지역중심의 주거복지에 대한 논의가 점차 체계적으로 운영되는 출발점이 될 것으로 예상된다. 한편, 65회와 66회는 각각 주택금융과 주거취약계층 지원을 주제로 개최되었는데, 이 주제들은 모두 새정부가 들어선 이후 정책적 쟁점으로 부각된 것들이었다.

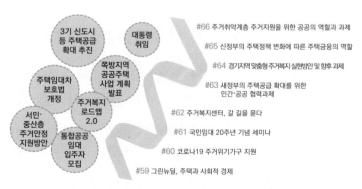

그림 10 2020년 이후 주요 주거정책과 주거복지포럼 주제

4. 나오며

이상에서 지난 10여 년간의 주거정책 변천과 주거복지포럼의 개최 현황을 연도별로 살펴봤다. 코로나19 감염 확산으로 포럼개최가 어려웠던 시기를 제외하면 주거복지포럼은 대체로 세 가지 방향에서 기획되었음을 알 수 있다.

하나는 거시적 또는 종합적인 측면에서 주제를 기획했다. 새롭게 들어선 정부의 주거정책 방향의 적절성을 진단하고, 연도별로 성과를 평가하는 등의 주제가 이에 해당한다.

이와 달리 정부가 추진하고 있는 개별정책들에 대한 논의를 심화시키는 주제도 있었다. 공공임대주택, 주거급여, 주거복지센터, 주택금융 등의 주제에 대해 정책진단, 개선과제 모색 등 구체적인 논의를 진행했다.

마지막으로는 현행 정부 정책에서 본격적으로 다뤄지고 있지는 않지만, 현행 주거상황을 고려했을 때 추가적인 검토가 필요한 과제들을 발굴하여 포럼의 주제로 삼았다. 이러한 세 가지 성격의 주제가 주거복지포럼을 통해 매년 종합적으로 논의되면서 주거정책을 바라보는 시야를 넓히고 정책변화를 촉발하는 저변을 형성하는 데 기여했다고 할 수 있다.

앞으로의 주거복지포럼 역시 지난 시기에 해 온 만큼 그대로 지속된다면 우리 사회에 유의미한 존재로 남게 될 것이라 확신한다. 주거정책과 관련된 시민단체든, 연구집단이든 주거복지포럼만큼 꾸준한 활동을 해 온 조직은 찾아보기 어렵기 때문이다. 그럼

그림 11 지난 10년간 주거복지포럼의 기획방향

에도 앞으로의 주거복지포럼이 지난 10년의 경험과 성과를 넘어 서고자 한다면, 주거복지포럼에서 새로운 '역동성'을 어떻게 만 들어나갈 것인지에 대한 고민이 필요하다고 생각한다.

(사)한국주거복지포럼이 출범하고 주거복지포럼이 시작될 때만 해도 주거 이슈와 관련된 활동을 하는 조직들이 많지 않았지만 지 금은 직간접적으로 주거 이슈를 다루는 조직이나 모임들이 많이 생겨났다. 학계 또는 연구자 중심의 포럼에서 벗어나 시민사회의 다양한 조직들의 참여와 상호교류를 활성화하고, 양자를 연결하 는 가교역할을 주거복지포럼이 적극적으로 수행한다면 새로운 주거 이슈의 발굴과 대안 모색에 크게 기여할 수 있을 것이다.

이것이 내적인 측면의 역동성이라면, 외적인 역동성은 주거복지 포럼의 활동이 실질적인 정책변화에 기여할 때 확보될 수 있을 것 이다. 물론 그동안 주거복지포럼의 활동이 정책변화에 전혀 기여 하지 않은 것은 아니나, 정책변화를 위한 활동을 더욱 적극적으로 모색할 필요가 있다. 내적으로 확보한 역동성을 바탕으로 개선이 필요한 정책과제가 확인되었다면, 이를 현실에 반영하기 위한 노력이 함께 이루어질 때 주거복지포럼의 사회적 효용성이 빛을 발할 수 있을 것이다. 이를 위해 각종 캠페인을 기획하거나 정책관계자들과의 간담회, 사회적 여론 형성 등 여러 방법들을 동원할 수 있을 것이다. 물론 이것은 쉬운 일이 아니다. 어쩌면 지난 10년에 비해 더욱 독립적인 조직으로서 자신의 위치를 재설정해야 하는 부담을 지게 될 수도 있을 것이다.

앞으로의 활동방향을 어떻게 설정하든 (사)한국주거복지포럼이 운영하는 주거복지포럼은 주거 이슈를 지속적으로 논의할 수 있는 우리 사회의 중요한 자산임이 분명하다. 그렇기에 앞으로도 주거복지포럼은 지속되어야 하며, 우리나라 주거정책의 질적인 발전을 선도할 수 있는 주체로서 주거복지포럼의 위상과 역할을 계속 키워나갈 필요가 있다.

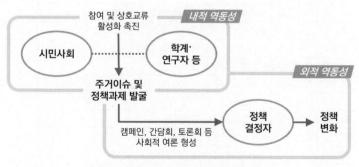

그림 12 향후 주거복지포럼의 활동방향 제언

부록. 주거복지포럼 개최 현황 (2013.03~2022.09)

회차	개최 연월	주제	주제 분류
제1회	2013.03	박근혜 정부의 주거복지정책 공약 분석	01
제2회	2013.04	생애주기·소득계층에 따른 주거복지 방향	02
제3회	2013.05	주택·토지정책 현황 및 발전방향	22
제4회	2013.07	주택바우처 도입을 고려한 새로운 주거복지 체계	03
제5회	2013.08	행복주택 공급방안	04
제6회	2013.09	주거복지현장 탐방 및 전월세상담 사례 발표	05
제7회	2013.10	지역의 주거복지, 현황과 개선 방향	06
제8회	2013.11	전월세난에 대응한 주택정책 방향	05
제9회	2014.02	2014년 주택정책 방향	01
제10회	2014.03	주거복지 현장에서 길을 묻다(비닐하우스 협동조합, 단비하우스)	07
제11회	2014.04	주거복지정책의 회고	22
제12회	2014.05	주거복지 평가지표의 과제와 방향	08
제13회	2014.06	보편적 주거복지정책 구현을 위한 주거급여사업시행과 발전 방향	03
제14회	2014.07	주택대출규제완화(LTV와 DTI 완화)에 대한 정책간담회	09
제15회	2014.09	도시재생과 주거복지	10
제16회	2014.10	젊은층의 주거디딤돌, 행복주택 이렇습니다	04
제17회	2014.11	보편적 주거복지 확대를 위한 금융의 역할	09
제18회	2014.12	주거복지 전문인력 양성과 활용의 제도화	11
제19회	2015.03	연구공모과제 발표	22
제20회	2015.04	주거복지사업의 미래와 LH의 역할	12
제21회	2015.05	주거복지증진을 위한 지역도시재생 발전전략	10
제22회	2015.06	주거복지와 서민주택금융	09
제23회	2015.07	지자체 주거복지평가의 필요성과 실행 방안	06
제24회	2015.10	서민 주거안정 부동산 정책 흐름 분석	13
제25회	2015.10	공공임대주택 제도개선 방안 : 공공성 강화를 중심으로	04
제26회	2015.10	주거문화와 건설산업	14
제27회	2015.11	주거복지기술의 역할과 지역거점형 주거복지 클러스터 구축 방향	15
제28회	2015.12	2016년 부동산시장 전망과 주거복지정책 방향	16
제29회	2016.04	전세임대와 매입임대를 고려한 향후 임대주택 공급 방안	04
제30회	2016.05	빈집을 활용한 근린재생과 주거복지 실현	10

회차	개최연월	주제	주제분류
제31회	2016.06	기업의 사회공헌과 주거복지 그리고 일자리	17
제32회	2016.07	사회초년생과 고령자의 주거문제와 정책 방안	02
제33회	2016.09	공공성 있는 임대주택의 지속 공급 방안	04
제34회	2016.10	주거영역의 통계 프레임워크와 통계 현황	18
제35회	2016.10	주택임대관리업 발전방안	19
제36회	2016.11	주거복지포럼 발전방안 논의	22
제37회	2016.11	한옥지역 재생계획과 주거환경증진 전략	10
제38회	2016.12	저출산 사회에 대응한 주거복지 정책 방향	02
제39회	2017.01	지방 주거복지 기반 및 전달체계 구축 방향	06
제40회	2017.04	해외주거복지 관련정책 및 사례 발표	20
제41회	2017.05	공공임대주택 대기자 명부(예비입주자 선정) 제도개선 방안	04
제42회	2017.06	새 정부 주택정책의 과제와 발전 방향	01
제43회	2017.07	소규모 주택정비를 통한 임대주택 확충과 주거복지 실현	10
제44회	2017.09	주거복지센터 확대 및 주거복지 전달체계 발전 방안	16
제45회	2017.09	리모델링 정책 기술 세미나	15
제46회	2017.11	사회적 가치 창출 패러다임과 연계한 주거복지 구현	04
제47회	2018.04	공공임대주택 유형통합과 주거비 지원	04
제48회	2018.05	청년·신혼부부 주거지원 정책의 미래	02
제49회	2018.06	주거복지의 지역생태계와 연계한 주거생활서비스 구현	16
제50회	2018.07	주거취약계층의 더 나은 주거지원을 위해	02
제51회	2018.09	도시재생 뉴딜, 주거복지 실현과 사회적경제 활성화	10
제52회	2018.11	주거복지 로드맵 1년과 이정표	01
제53회	2019.03	주거, 복지 그리고 서비스	16
제54회	2019.06	주거복지서비스 고도화와 주거복지센터의 역할	16
제55회	2019.07	사회주택의 지속가능한 공급을 위한 금융지원 방안	04
제56회	2019.09	공익적 임대주택 공급 확대를 위한 민간의 역할	04
제57회	2019.11	주거취약계층 실태와 정책 개선방안(상담, 주거지원)	16
제58회	2019.11	주거복지 로드맵 2년, 성과와 이정표	01
제59회	2020.12	그린뉴딜, 주택과 사회적경제	21
제60회	2021.03	코로나-19 주거위기가구 지원을 위한 국회 토론회	02
제61회	2021.11	국민임대 20주년 기념 학술세미나	04
제62회	2021.11	주거복지센터, 갈길을 묻다.	16
제63회	2022.04	새정부의 주택공급 확대를 위한 민간·공공협력 과제	01

회차	개최 연월	주제	주제 분류
제64회	2022.06	경기지역 맞춤형 주거복지 실현방안 및 향후 과제	16
제65회	2022.07	신정부의 주택정책 변화에 따른 주택금융의 역할	09
제66회	2022.09	주거취약계층 주거지원을 위한 공공의 역할과 과제	02

* 주제 분류 : 01. 정책공약 및 주거복지로드맵 등 분석, 02. 인구변화, 주거취약계층 등 수요/소요 대응, 03. 주거급여 등 수요자지원정책, 04. 공공임대주택, 사회주택 등 부담가능주택정책, 05. 민간임대주택 정책, 06. 지자체의 주거정책, 07. 주민참여 현장사례, 08. 주거복지 평가지표, 09. 주택금융, 10. 도시재생 및 주거재생, 11. 주거복지 전문인력 양성, 12. 중앙공기업(LH)의 역할 평가, 13. 부동산정책 진단, 14. 주택산업 발전 방향, 15. 주거복지기술 개발 및 동향, 16. 주거복 지센터, 정책전달체계, 주거서비스, 17. 기업의 사회공헌, 18. 주거실태 및 정책 관련 통계 개선, 19. 주택임대운영 및 주택관리, 20. 해외의 주거정책 사례, 21. 그린뉴딜 등 타 분야와의 연계, 22. 기타(포럼 발전방안, 정책 회고 등)

주거복지금융 변천사

김덕례
(고려대학교 겸임교수)

1. 들어가며

'주거복지금융'이라는 단어는 없다. '주거복지'와 '금융복지'라는 단어는 있지만, 두 단어를 결합한 주거복지금융은 아직까지 낯설다. 주거복지housing welfare라는 단어가 주택정책 목표로 중요하게 다루어지기 시작한 것도 그리 오래되지 않았다.

노무현 정부(2003~2008)에 이르러 서민주거안정을 위한 주거복지의 중요성을 강조하면서 '주거복지와 주거생활의 질적 수준 향상을 통한 집 걱정 없는 사회구현'을 주택정책의 목표로 설정하였고, 1차 장기주택종합계획(2003~2022) 수립을 계기로 주거복지 중심의 주택정책 전환을 위한 제도 정비를 시작하였다(이창효, 2021).

주거복지 역사가 20여 년이 넘어서고 있지만, 주거복지가 금융대상이라는 인식은 크지 않다. 재정을 기반으로 하는 정책 영역이라는 인식이 크다. 매년 1조 원 이상의 재정을 투입하는 주거급여가 대표적인 주거복지 프로그램이다. 정부 재정과 주택도시기금을 활용하여 다양한 주거복지사업을 추진하고 있지만, 지속가능한 주거복지사업 추진을 위한 재원확보는 여전히 풀어야 할 과제다.

주거복지 예산을 무한정 늘릴 수도 없고, 주택도시기금도 함부로 사용하기 어렵다. 주택도시기금은 일반국민에게 돌려줘야 하는 부채성 자금이다. 즉 주택도시기금은 일반 국민이 주택청약을 하기 위해 가입한 청약통장 월납입금으로 구성된다. 따라서 청약통장을 해지하면 언제든지 돌려줘야 하는 돈인 것이다. 그렇기 때문에 주거복지 수요가 늘어날수록 필요한 재원을 어떻게 조달할 것인가는 매우 중요한 문제이다.

주거복지 대상은 주로 저소득가구나 주거취약계층이다. 고정수입이 없는 가구도 많다. 경제활동이 어려운 기초생활수급가구나 장애인가구도 있다. 이들은 일반 시중은행의 자금 활용이 어렵다. 신용등급이 낮아 일반 시중은행의 대출 자체가 어렵기 때문이다. 높은 이자를 감당하는 것도 어렵다. 상환능력도 취약하다. 그렇지만 이들 가구도 생계를 유지하거나 주거비를 마련하는 과정에서 자금지원을 필요로 한다.

주거취약계층에게 필요한 자금은 신용등급이 낮더라도 제공될 수 있어야 하고, 금리가 낮아 이자부담도 크지 않아야 한다. 때로는 상황에 따라 이자 없이 빌려주기도 해야 하고, 상환조건 없는 보조가 필요한 경우도 있다.

이렇듯 주거복지 대상가구에게 필요한 자금은 일반 시중은행처럼 정형화된 방식으로 일률적으로 상환받기 어렵다. 주거복지 대상가구에 따라 필요한 자금 종류가 다양한 만큼, 상환할 수 있는 방식도 제각각이지만 가구특성을 고려한 주거자금 공급방식이 매우 제한적인 것이 현실이다.

서민주택금융 정책자금으로 주택도시기금과 주택금융신용보증기금이 있다. 일반 시중은행보다 낮은 금리로 서민가구에게 유리한 조건으로 자금을 공급한다. 그러나 이 자금들도 신용등급이 낮은 취약계층과 상환능력이 없는 가구는 활용할 수 없다. 제도권 금융의 사각지대가 있는 것이다.

제도권 금융을 쓸 수 없는 사각지대에 있는 계층을 대상으로 민간에서 자율적으로 금융을 공급하는 조직들이 있다. 사회연대은행, 청년연대은행토닥, 광주청년드림은행, 대구청년은행 디딤등 다양한 사회적 금융기관들이 만들어지면서 제도권 금융정책의 사각지대를 지원하고 있다. 그러나 아직까지 주거분야에 대한 지원 프로그램은 매우 취약한 상황이다.

이에 본고에서는 금융 관점에서 주거복지를 지원하는 금융지원체계를 살펴보고자 한다. 서민주택금융으로 대표되는 주택도시기금과 주택금융신용보증기금의 발전과정을 정리하고 서민주택금융이 가져야 하는 특성에 대해 기술한다. 또한 민간의 주거지원 금융프로그램 사례를 소개하고, 주거복지와 사회적 금융을 연계한 주거복지금융의 필요성과 중요성을 살펴본다.

2. 주거복지와 금융복지

1) 주거복지

'주거복지housing welfare'는 사전적으로 "주거 측면에서 기본적인 욕구를 충족할 수 없는 계층을 대상으로, 국가나 사회가 제공하는 주택 서비스"로 정의한다(우리말샘 사전). 마이홈[1]에서는 "쾌적하고 안정적인 주거환경에서 인간다운 주거생활을 할 권리"의 실현을 목표로, 국민 모두가 "부담 가능한 비용으로", "일정 수준 이상의 주거환경"을 누릴 수 있도록 제공되는 지원의 의미로 주거복지 개념을 정하고 있다.

주거복지정책의 목표는 주거안정성 확보, 주거의 질 향상, 주거비 부담의 적정화다(그림 1 참조). 이러한 정책목표를 달성하기 위한 정책수단으로 현물보조방식과 현금보조방식을 활용한다. 주택수당을 제공하거나, 임대료를 보조하거나 융자하는 방식이 대표적인 현금보조방식이다. 현금보조를 통해 저소득층의 주거비 부담을 완화해서 주거불안을 해소해 주는 것이다. 주거취약계층일수록 주거비 부담을 낮춰줄 수 있는 임대료 보조나 지원정책은 매우 중요하다. 지원규모가 클수록 주거비 부담을 낮출 수 있지만, 재원이 한정되어 있기 때문에 지원규모를 무한정 늘릴 수만은 없다. 결국 주거비 부담을 낮추기 위한 재원을 어떻게 마련할 것인가가 주거복지정책에서 매우 중요하다.

1 　마이홈(https://www.myhome.go.kr/hws/portal/cont/selectWlfrHousingView.do#guide=WH001)

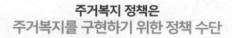

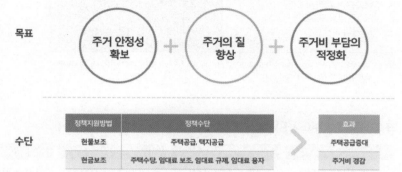

출처 : 마이홈(https://www.myhome.go.kr/hws/portal/cont/selectWlfrHousingView.do#guide=WH001)

그림 1 주거복지정책과 지원수단

주거복지정책은 생산자와 수요자 지원을 통해서 목표를 달성한다. 임대료 등 주거비 현금지원, 저리자금 융자, 주택개량 지원 등을 통해 수요자의 주거안정을 지원한다.

표 2에서 보는 바와 같이 임대료 부담능력이 취약한 소득 1~2분위에게는 임대주택이나 주거급여를 제공한다. 자가구입 능력이 취약한 소득 3~4분위에게는 전월세자금을 지원하고, 정부지원 시 자가구입이 가능한 소득 5~6분위에게는 주택구입자금 지원을 강화한다.

소득 7분위 이상 가구는 자력으로 시장에서 자가구입이 가능한 계층이기 때문에 정부가 특별히 정책적으로 개입하지 않고 시장 기능에 일임하고 있다.

표 1 주택복지정책 유형

생산자 지원	수요자 지원
− 주택공급과 관련된 지원 　(보조금, 금융, 세제) − 택지 공급	− 임대료 등 주거비 현금지원 − 저리자금 융자 　(주택구입자금, 전세자금대출 등) − 주택개량 지원

출처 : 마이홈(https://www.myhome.go.kr/hws/portal/cont/selectWlfrHousingView.
　　do#guide=WH001)

표 2 소득계층별 주요 지원 사업

1~2분위	3~4분위	5~6분위	7분위 이상
임대료 부담능력 취약계층	**자가 구입능력 취약계층**	**정부지원시 자가구입 가능계층**	**자력으로 자가구입 가능계층**
- 영구임대주택 - 다가구 등 기존주택 매입임대 - 기존주택 전세임대 - 소형 국민임대주택 공급 - 주거급여 지원 확대	- 국민임대주택 집중 공급 - 불량주택 정비 활성화 - 전·월세자금 지원 확대	- 중소형주택 저가 공급 - 주택구입자금 지원 강화	- 시장기능에 일임 - 모기지론 등 금융지원

출처 : 마이홈(https://www.myhome.go.kr/hws/portal/cont/selectWlfrHousingView.do#guide=WH001)

소득 3~6분위는 주택자금(전월세자금, 구입자금) 지원정책이
있지만, 소득 1~2분위를 대상으로 하는 주택자금 지원정책은 마
땅히 없다. 재정을 투입하여 추진하고 있는 공공임대정책과 주거
급여정책만 있다. 공공임대에 입주하지 못하거나, 주거급여를 받
지 못한 소득 1~2분위 가구는 주거불안정에 노출될 수밖에 없다.
주거급여를 받은 가구라고 할지라도 살고 있는 주택의 임대료를
주거급여로 충당하지 못한다면 주거가 여전히 불안정하다.

추가적인 자금 융통이 필요하지만, 소득 1~2분위 가구들은 임대
료 부담능력이 취약하기 때문에 정상적인 금융공급을 받기도 어
렵다. 이들 계층도 생활하다 보면 주거비를 포함해 다양한 생활

자금이 필요하지만, 일반 금융기관에서 융통하기 어렵다. 큰 목돈이 아니라 몇 개월 월세가 급전으로 필요할 수 있지만, 담보능력이 없고 신용이 낮기 때문에 선뜻 돈을 융통해주는 금융기관이 없다. 빌려주는 금융기관이 있다고 할지라도 그림 2에서 보는 바와 같이 500만 원 미만의 소액대출 금리가 일반 주택담보대출보다 1.3~1.8배 정도 높다.

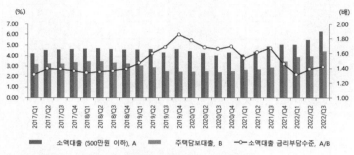

출처 : 한국은행 경제금융통계시스템 예금은행 대출금리 토대로 재정리

그림 2 예금은행 대출금리(신규취급액 기준) 비교

지난해 3분기 주택담보대출 금리는 4.43%였지만, 소액대출 금리는 6.31%였다. 2019년 4분기에는 소액대출 금리(4.58%)가 주택담보대출금리(2.47%)보다 무려 1.85배 높았다. 결국 주거취약계층, 저소득층이라 할지라도 일반 시중은행에서 소액대출을 받으려면 높은 금리를 지불해야 하는 것이 현재 금융상황이다. 이들에게 필요한 것은 몇 달치 월세나 부족한 임차보증금 일부를 마련하기 위해 필요한 자금을 융통하고자 할 때, 높지 않은 저리의 금리로 돈을 빌려줄 수 있는 금융시스템과 금융기관이다. 저소득층의 주거안정을 위한 주거복지사업에는 지금과 다른 주거자금공급

방식이 필요한 것이다.

표 3 예금은행 대출금리(신규 취급액 기준) 비교

(단위: %, 배)

연도	소액 대출	주택 담보 대출	소액 대출 부담	연도	소액 대출	주택 담보 대출	소액 대출 부담	연도	소액 대출	주택 담보 대출	소액 대출 부담
2017/Q1	4.19	3.19	1.31	2019/Q1	4.54	3.08	1.47	2021/Q1	4.10	2.67	1.54
2017/Q2	4.51	3.23	1.40	2019/Q2	4.62	2.88	1.60	2021/Q2	4.39	2.72	1.61
2017/Q3	4.54	3.27	1.39	2019/Q3	4.29	2.54	1.69	2021/Q3	4.86	2.90	1.68
2017/Q4	4.62	3.38	1.37	2019/Q4	4.58	2.47	1.85	2021/Q4	5.07	3.47	1.46
2018/Q1	4.63	3.46	1.34	2020/Q1	4.44	2.50	1.78	2022/Q1	5.06	3.86	1.31
2018/Q2	4.70	3.47	1.35	2020/Q2	4.25	2.53	1.68	2022/Q2	5.48	3.95	1.39
2018/Q3	4.59	3.36	1.37	2020/Q3	4.03	2.43	1.66	2022/Q3	6.31	4.43	1.42
2018/Q4	4.54	3.26	1.39	2020/Q4	4.30	2.54	1.69				

출처 : 한국은행 경제금융통계시스템 예금은행 대출금리 토대로 재정리
주 : 소액대출(500만 원 이하, A), 주택담보대출(B), 소액대출금리부담(A/B)

주거복지사업에 필요한 모든 재원을 정부재정으로 충당할 수 없
다. 늘어나는 주거복지수요를 감당하려면 다양한 금융을 활용해
야 한다. 그러나 주거복지사업은 수익을 기대할 수 없는 사업이
대부분이기 때문에 높은 사용료(이자)를 지불해야 하는 일반 시
중은행의 금융을 적극적으로 활용하기 어렵다. 특히 지금과 같이
주거복지 대상가구의 특수성을 고려하지 않고 있는 전통적인 금융
방식만으로는 주거복지사업을 확대해 가는 것이 어려울 수 있다.

2) 주택금융과 금융복지

소득 3~6분위의 주거비부담 완화와 주거안정을 위해 전월세자
금이나 주택구입자금을 융자해준다. 이를 위해 정부가 내 집 마

련 및 전월세자금을 지원(보증)하고 서민주거안정지원을 위한 공적자금을 조성한다. 대표적인 지원기관으로 주택도시기금을 운용·관리하는 〈주택도시보증공사〉와 주택금융의 장기적·안정적 공급을 지원하는 〈한국주택금융공사〉가 있다. 주택도시기금은 1973년에 설치되었으며, 한국주택금융공사가 운용하고 있는 주택금융신용보증기금은 1988년에 설치되었다.

표 4 서민 주택금융기금 비교

구분	주택도시기금	주택금융신용보증기금
설립근거	주택도시기금법 제3조	한국주택금융공사법 제47조
설치일	1973년 1월	1988년 1월
설립목적	공공주택 건설, 도시재생 활성화 등에 필요한 자금 확보 저리의 주택자금 지원으로 무주택 서민층의 주거안정 도모	주택건설업자 및 주택수요자에게 주택자금을 원활하게 공급하도록 보증지원, 근로자·서민층의 주거안정 도모
재원	국민주택채권, 청약저축 등	정부출연금, 금융기관 출연금 등
관리기관	국토교통부 (주택도시보증공사 위탁)	한국주택금융공사
감독기관	국토교통부	금융위원회

출처 : 마이홈(https://www.myhome.go.kr)

두 기금 모두 서민과 중산층을 위한 금융이다. 통상적으로 금융이란 '돈의 흐름'을 일컫는다.[2] 사람들이 '금융회사'를 통해 돈을 빌리거나 빌려주면 돈이 이쪽에서 저쪽으로 흘러가게 되는데, 이런 돈의 흐름이 바로 금융이다. 돈을 필요로 하는 사람(수요자)과 돈을 공급하는 사람(공급자)은 금융시장에서 만나게 되고, 이들 사이에 금융거래가 이루어진다. 금융시장에서 돈의 수요와 공급

....
2   금융위원회 홈페이지(https://www.fsc.go.kr/kids/kd020101)

에 따라 이자율, 즉 금리가 결정된다. 주택도시기금과 주택금융신용보증기금에 쌓인 공적자금은 일반 시중은행보다 낮은 금리로 서민과 중산층에게 빌려준다. 공짜로 보조해주는 자금이 아니기 때문에 대출조건에 부합해야 하고, 반드시 일정기간 안에 상환해야 한다. 그리고 소득수준 등 조건에 따라 정해지는 금리수준에 맞춰 매월 이자도 내야 한다. 금리는 돈을 빌려야 하는 저소득계층에게 매우 중요하다.

문제는 이러한 공적자금을 빌릴 수 없는 소득 1~2분위의 주거취약계층이다. 이들에게도 돈을 빌려줄 수 있는 금융공급기관이 필요하다. 주거복지를 위해 새로운 개념의 금융이 필요한 것이다. 금융복지[3]가 있다. 과도한 빚으로 어려움을 겪고 있는 사람들의 어려움을 해소해주고 부채의 악순환에서 벗어날 수 있도록 지원하는 금융이다. 재무상담을 통해 수입과 지출을 관리해 가계부채가 악성화되는 것을 사전에 방지해주고 건강한 가계로 자립과 성장할 수 있도록 도와주는 금융이다. 주거복지에도 이러한 금융이 필요하다. 조건에 맞는 사람들에게만 돈을 빌려주는 그런 금융이 아니라 주거복지 차원에서 필요한 돈을 빌려주고 상환해나갈 수 있도록 지원해주는 금융이 필요하다. 제도권 금융이 담당하기 어려운 부분이기 때문에 금융사각지대를 해소할 수 있는 사회적 금융이 성장하고 있다.

----

3 주택분야에는 낯설지만 금융복지, 금융복지상담센터, 금융복지상담사 제도가 있다. 주거복지 분야에 접목하고 있는 주택금융, 서민주택금융을 확장하여 소득 1~2분위의 주거취약계층에게도 공급 가능한 금융과 연계한 주거복지금융을 확장할 수 있는 기반을 조성해나갈 필요가 있다.

한국사회가치연대기금Korea Social Value and Solidarity Foundation, SVS, 서
울시 사회투자기금, 사회투자지원재단, 사회연대은행, 서민금융
진흥원, 오마이컴퍼니(크라우드펀딩), 서민주택금융재단, 청년
연대은행토닥, 광주청년드림은행, 대구청년연대은행 디딤, 청년
미래은행 등 많은 사회적 금융기관들이 다양한 금융지원사업을
추진하고 있다. 이들 사업 중에는 취약계층의 주거관련 사업들이
일부 포함되어 있다. 주거 이외에 취업, 재무상담, 부채해결, 경제
교육 등 다양한 분야의 금융지원을 하고 있지만 주거안정을 주목
적으로 하고 있지는 않다. 주거취약계층의 주거안정을 위해 필요
한 금융을 안정적으로 공급할 수 있는 비제도권(민간)의 다양한
금융지원체계 기반을 구축할 필요가 있다.

3. 전통적 서민주택금융의 발전과정

1) 제도권 서민주택금융의 구조

현재 제도권 서민주택금융의 주요한 역할은 주택도시기금(주택
도시보증공사)과 주택금융신용보증기금(한국주택금융공사)이
담당하고 있다. 1960년대 들어 한국주택금고를 설치하고 이후에
한국주택은행이 설립되면서 서민주택금융 기반이 처음으로 마
련됐다고 볼 수 있다. 1980년대에 국민주택기금이 신설되고, 주
택은행이 민영화·통합화 과정을 거치면서 일반상업은행으로 변
화되었다.

주택사업공제조합으로 시작한 대한주택보증공사가 주택도시보증공사로 전환되면서 국민주택기금도 주택도시기금으로 이름을 바꾸고 주택도시보증공사에서 전담하여 관리하게 되었다. 1980년대 설치된 주택금융신용보증기금도 2000년대 한국주택금융공사가 설립되면서 공사에서 운영·관리하고 있다.

이상의 흐름을 볼 때, 제도권 서민주택금융은 외환위기 전후와 2015년을 기점으로 구조가 크게 달라졌다. ① 주택은행, 국민주택기금, 주택사업공제조합, 주택금융신용보증기금 체계는 외환위기를 지나면서 ② 국민주택기금, 대한주택보증회사, 한국주택금융공사(한국주택금융신용보증기금)로 재편되었다가, 2015년 이후에 ③ 주택도시보증공사(주택도시기금)와 한국주택금융공사(주택금융신용보증기금)로 이원화되었다.

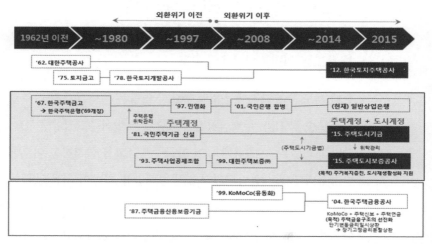

자료 : 이용만·김덕례(2015), 「주택도시금융의 과거와 미래」, 주택도시금융컨퍼런스, 주택도시보증공사

그림 3 제도권 서민주택금융의 구조

2) 한국주택금고와 한국주택은행

1967년 3월 30일에 「한국주택금고법」에 의거하여 '한국주택금고' 가 설립되었고, 1969년 1월 4일 「한국주택은행법」에 의거하여 '한국주택은행'으로 명칭이 변경되었다. 당시 한국주택금고는 서민 주택(아파트 포함) 자금의 자조적 조성을 뒷받침하고 서민주택 자금의 공급과 관리의 효율화를 목적으로 설치했다. 당시 자본금 은 100억 원으로 하고, 정부와 정부 이외의 자가 출자하며 정부는 그 2분의 1 이상을 출자하도록 했다. 국민은행도 금고의 자본금 일부를 출자할 수 있도록 했다.

표 5 한국주택금고의 주요 업무

1. 주택의 건설, 신규주택의 구입 및 대지조성에 관한 자금의 융자와 관리
2. 표준설계로 된 소규모 주택건설용 기자재의 생산과 운용을 하거나 또는 하고자 하는 지방자치단체와 지방중소기업에 대하여 그 생산과 운용에 필요한 자금의 융자와 관리
3. 주택부금 및 예금의 수입
4. 주택채권의 발행
5. 주택복권의 발행
6. 전 각호의 업무에 부대되는 업무로서 재무부장관의 승인을 받은 업무

출처 : 법제처 국가법령정보센터, 「한국주택금고법」

한국주택금고는 우리나라 주택금융을 전담해서 운영하는 한국 주택은행으로 발전되었다(한국주택금융공사, 2016). 1967년에 설립된 한국주택금고는 서민의 주택마련을 위한 주택자금 지원 을 전담하는 금융기관으로 정비해 나아갔지만, 정부에서는 민간 자본을 통한 주택공급 확대가 필요한 상황이었다.

한국주택금고의 역할만으로 부족해지자, 한국주택금고의 자금

조달기능을 강화할 수 있도록 조직을 강화하여 한국주택은행으로 새롭게 출범시켰다. 한국주택은행은 공공주택을 공급하던 대한주택공사와 함께 서민주택공급과 금융지원의 큰 역할을 담당하게 되었다.

한국주택은행의 역할은 1972년 「주택건설촉진법」 제정 및 '국민주택자금'이 조성되면서 달라진다. 서민을 위한 국민주택 건설이 시급했던 정부는 국민주택자금을 조성할 수 있는 법적 근거를 마련했고, 한국주택은행과 지방자치단체의 국민주택사업특별회계가 조성하도록 했다. 주택은행은 국민주택채권 발행, 정부로부터의 차입, 외국자본의 차입, 주택복권의 발행(수익금) 등의 방식으로 국민주택자금을 조달했고, 이를 위해 별도의 계정을 설치해서 운용했다.

이 당시만 하더라도 소비자의 주거복지보다는 절대적으로 부족했던 주택공급에 정책적으로 집중했던 시기로, 주로 주택공급에 필요한 자금조성을 위한 금융이 발전해 나갔다.

3) 국민주택기금과 주택금융신용보증기금 설립

1980년대부터 주택금융시장에 경쟁체제가 도입되고 민간 부문에서 다양한 상품이 나타나기 시작했으나 대부분 근로자 등 일정 수준의 구매능력을 갖춘 예비소유자들의 구입자금 형성을 위한 상품으로 서민층이 이용하는 데는 한계가 있었다. 따라서 정부에서는 무주택서민을 위한 지원방안을 체계화할 필요가 있어 국민주택기금을 1981년에 설치하고 서민주택금융의 역할을 부여했다(한국주택금융공사, 2016).

즉 정부는 1980년대 복지사회 구현을 위하여 정부가 역점사업으로 추진하고 있던 주택건설종합계획을 성공적으로 달성하기 위하여 필요한 주택자금의 조달재원을 확대하기 위해 국민주택기금 설치가 필요했고, 이를 위해 「주택건설촉진법」을 개정하게 된다. 이처럼 당시까지만 하더라도 국민주택기금은 주택건설 공급 지원을 위한 주요한 자금조달 수단으로 활용되고 있었다. 국민주택기금을 활용해 국민주택을 분양받는 사람들에게 융자해주는 사업도 1981년 「주택건설촉진법」이 일부 개정되고 관련 조문이 신설되면서 시작되었다.

표 6 국민주택기금의 조성 재원

1. 정부의 출연금 또는 예탁금
2. 국민복지연금특별회계법에 의해 조성된 기금 등에 의한 예탁금
3. 국민주택채권·국민주택기금채권 및 주택복권의 발행으로 조성된 자금
4. 국민주택을 분양받고자 하는 자의 저축자금
5. 주택건설 또는 대지조성사업을 위하여 외국으로부터 차입하는 자금
6. 국민주택기금의 회수금·이자수입금과 국민주택기금운용으로 생기는 수익
7. 국민주택사업시행에 따른 부대수익

출처 : 법제처 국가법령정보센터, 「주택건설촉진법」

국민주택기금은 2000년대 들어 성격이 달라진다. 2003년 5월 「주택건설촉진법」이 「주택법」으로 개정되면서 국민주택기금의 근거법이 「주택법」으로 변경되었다. 근거법의 변화는 국민주택기금의 지향점이 '주택공급 확대'에서 '주거복지 향상'으로 변화되었다는 점에서 의미를 찾을 수 있다(한국주택금융공사, 2016).

「주택건설촉진법」이 주택보급률을 높이고 무주택 서민의 주거 안정을 확보하기 위해 주택공급 확대를 지향했다면 개정된 「주택법」은 질적 개념을 중시하여 쾌적한 주거생활을 통한 주거복지 향상을 지향하고 있다.

표 7 지원 중지·폐지된 자금

〈금융위기 이전에 폐지된 상품〉			
전세금차액자금, 표준화자재생산설비자금, 리모델링사업자금, 전세금반환자금, 대지조성자금, 주택재개발조합원전세자금, 도시재정비자금			
〈중지된 상품〉			
대출상품명	대출잔액(억) ('21.11월 말)	폐지예정일	비 고
부도 사업장 정상화 촉진자금	1	2030년 11월	'05년 1월 중지
노후 위험 주택 재건축 자금	25	2023년 3월	'08년 10월 중지
농어촌 주택 개량자금	1,947	2028년 10월	'10년부터 농림부 이전
근로자·서민구입자금	3,441	2033년 12월	'13년 12월 중지
근로자·서민중도금자금	61	2033년 12월	'13년 12월 중지
근로자·서민주택 전세자금	5,641	2022년 12월	'14년 12월 중지
저소득가구 전세자금	2,336	2030년 3월	'14년 12월 중지
주거약자 건설자금	18	2034년 10월	'15년 5월 중지
주거약자 개량자금	18	2033년 12월	'15년 5월 중지
집주인 건설개량형 임대주택자금	129	신규 공급 중단	'19년 4월 중지
집주인 매입형 임대주택자금	71	신규 공급 중단	'19년 4월 중지
세일스앤리스백자금	31	신규 공급 중단	'21년 7월 중지
개발 이주자 전세자금	–	신규 공급 중단	6개월 단위로 연장 가능 기간 제한 없음
생애최초 주택구입(중도금)자금	8,061	2036년 6월	중도금대출 취급자의 구입자금 추가지원 가능

출처 : 국토교통부, 2021, 2021년 주택도시기금편람

이러한 제도 변화에 기인하여 국민주택기금의 활용목적도 저소득·무주택자 등 주거복지 차원에서 지원이 필요한 계층에 대한

주택 지원에 관한 사항까지 확장되었다. 1994년에 무주택 서민을 위해 신설했던 근로자·서민주택구입자금, 근로자·서민전세자금은 이후에 출시된 내 집 마련 디딤돌대출과 버팀목 전세자금대출로 통합되면서 중단되었다.

이외에도 표 7에서 보는 바와 같이 많은 주거지원 자금들이 신설되었다가 금융위기 이전에 폐지되었거나, 중단되면서 폐지를 앞두고 있다.

1987년에 「근로자의 주거안정과 목돈 마련 지원에 관한 법률」(이하 주거안정법)이 제정되었다. 당시 주택가격이 상승하면서 근로자의 주택구입자금이 부족해져 주택가격의 일정 부분을 초과하는 대출자금에 대해서는 신용보증이 필요하였다.

그러나 당시 저소득·서민층의 경우에는 일반적으로 신용평가가 좋지 않아 정부에서는 이들의 신용을 보완하고 사후관리를 체계적으로 할 수 있는 방안이 필요하게 되었다(강미나 외, 2011). 이러한 시대적 필요에 따라서 정부는 주거안정법을 제정하고 '주택금융신용보증기금'을 설치하였다.

주택금융신용보증기금을 통해서 주택수요자는 융자금액의 상향 조정을 받아 내 집 마련에 도움을 받을 수 있게 되었고, 기존 보증제도로 사용되고 있던 인적 보증의 대체보증수단으로 활용할 수 있게 되었다. 금융기관 입장에서도 대출자산의 건전성을 확보할 수 있고 대출업무에 대한 관리비용을 절감할 수 있어 업무를 효율적으로 수행할 수 있게 되었다.

주택금융신용보증기금은 설치 당시 한국주택은행이 관리했다가 1998년에 관리기관이 신용보증기금으로 변경되었다. 1988년부터 1996년까지 보증규모는 약 16조 원(167만 호) 규모에 이르렀다. 개인주택자금보증 비중이 전체 51.5% 수준으로 민간 금융기관에서 자금을 조달하기 어려웠던 저소득·서민층에게 주택구입 및 임차자금을 지원하여 주거안정에 기여하였다(한국주택금융공사, 2016).

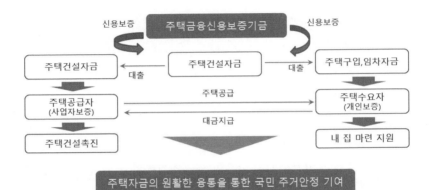

출처 : 한국주택금융공사, 2016, 한국의 주택금융 70년사

그림 4 주택금융신용보증기금의 운용구조

4) 한국주택금융공사 설립과 주택도시기금 설치

1980년대 이후 서민주택금융의 중심축은 국민주택기금이었다. 그러나 국민주택기금은 정부가 관리하는 융자성 기금 성격을 가지고 있어서 저소득·서민층이 이용할 수 있는 상품을 충분히 공급하는 것에는 한계가 있었다.

그러던 중 2004년 한국주택금융공사가 설립되면서 서민주택금융의 활용 범주가 넓어졌다.

한국주택금융공사는 신용보증기금에서 관리하던 주택금융신용보증기금과 유동화를 담당하던 코모코, 주택연금을 통합하여 설립되었다. 보증과 유동화기능이 보충되면서 한국주택금융공사는 저소득·무주택 서민의 내 집 마련을 지원하기 위해 금리우대 보금자리론을 2005년에 처음으로 출시하였다.

당시 1년간 한시적으로 공급되는 상품으로 운용되었지만, 차입자가 부담하는 금리가 소득을 기준으로 차등적으로 낮게 책정되었다는 점에서 서민주택금융에서 중요한 역할을 하는 계기가 되었다. 최근 소비자를 위한 다양한 주거보증상품을 출시하면서 서민주택금융기관으로서 역할을 강화해 나아가고 있다.

표 8 한국주택금융공사의 주요기능과 역할

주요기능과 역할	세부내용
보금자리론과 적격대출 공급	무주택자가 금리변동 위험 없이 안정적인 대출금 상환이 가능한 10년 이상 장기고정금리 원리금 분할상환 방식의 모기지론인 보금자리론과 적격대출 공급
주택보증 공급	국민들의 주거안정을 위해 금융기관으로부터의 전세자금대출 및 아파트중도금 대출 등에 대한 보증서를 발급해 오고 있으며, 주택건설사업자를 대상으로 하는 아파트 건설자금 대출에 대한 주택보증 지원
주택연금 공급	만 55세 이상의 고령층을 대상으로 보유하고 있는 주택을 담보로 금융기관으로부터의 종신연금 수령을 보장하는 주택연금 업무를 수행함으로써 노후복지향상에 기여
유동화증권 (MBS, MBB) 발행	금융기관으로부터 주택저당채권을 양도받아 이를 기초로 유동화증권(MBS, MBB) 발행, 투자자들에게 판매함으로써 채권시장으로부터 장기저리의 자금을 안정적으로 조달하여 대출재원을 획기적으로 확충

출처 : 한국주택금융공사 홈페이지

1981년에 설치되어 서민주택금융으로 30년간 중요한 역할을 담당해 온 국민주택기금은 2014년에 큰 전환점을 맞이한다. 정부는 국민주택기금을 주택도시기금으로 개편하는 작업에 착수했다. 주택분야에만 지원하던 기금을 도시 분야까지 확대하여 지원할 수 있도록 했다. 이를 위해 주택계정(단일계정)을 주택계정과 도시계정으로 구분했다. 도시재생 수요가 증가하고 있었지만, 주택계정만 있었던 국민주택기금으로는 도시재생에 필요한 재원을 공급하는 것에 한계가 많았기 때문이다.

한계를 보충하기 위해 기존의 융자방식에 의존했던 자금지원방식을 출자, 보증 등 다양한 방식으로 지원할 수 있도록 개편하고, 지원대상을 도시분야까지 확대했다.

이러한 내용을 체계적으로 뒷받침하기 위해 「주택도시기금법」을 2015년에 제정하였다.

「주택법」에서 규정하고 있던 '국민주택기금'과 '대한주택보증(주)'을 분리하여 「주택도시기금법」으로 이관하면서 대한주택보증(주)은 주택도시기금을 관리하는 주택도시보증공사가 되었다. 이로써 분양보증을 담당하던 주식회사 대한주택보증회사는 서민주택금융의 주요한 정책기금인 주택도시기금을 관리하는 공공정책금융기관으로 바뀌게 되었다.

현재 주택도시기금이 지원하는 주거복지사업은 그림 5와 같이 크게 주택건설사업, 주택전세 및 구입수요자 자금, 주거환경개선사업 등 3개 영역으로 추진하고 있다.

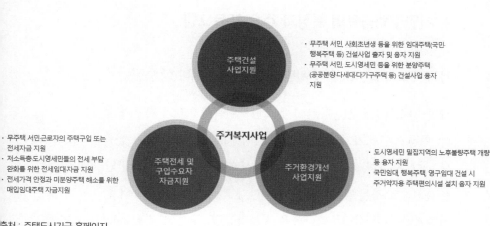

출처 : 주택도시기금 홈페이지

그림 5 주택도시기금이 지원하는 주거복지사업

주택도시보증공사는 주거복지 증진과 도시재생 활성화를 위한
금융을 담당하는 기관으로 국민 주거안정 금융확대, 미래 도시정비
금융 강화를 목표로 다양한 금융상품을 출시하여 공급하고 있다.

**국민 주거안정
금융 확대**

1. 서민실수요자 주거안전망 강화
2. 주택공급 활성화 및 안정화
3. 포용적 적극적 이행관리로
   국민부담 완화

**미래 도시정비
금융 강화**

1. 민간주도의 도시전환 촉진
2. 주거환경의 질과 도시활력 제고
3. 지속적인 도시정비 거버넌스 구축

**ESG 경영
선도**

1. 친환경·신뢰기반의지속가능
   경영체계 확립
2. 안전·사람 존중의 사회 구현
3. 국민체감의 맞춤형 금융
   서비스 강화

**스마트 혁신금융
인프라 조성**

1. 주택도시금융 선도 이니셔티브
   (initiative) 확보
2. 재무건전성 및 리스크 관리 강화
3. 디지털인프라 구축 및 경영
   효율화

출처 : 주택도시보증공사 홈페이지

그림 6 주택도시보증공사의 전략목표 및 전략과제

4. 서민주택금융의 특징과 주요 프로그램

1) 주거복지 증진을 위해 서민주택금융이 갖춰야 할 특징[4]

서민·저소득층은 신용등급이 낮고 담보취득이 어려운 가구가 많다. 일용직 근로자가 많아 소득의 안정성도 확보되지 않은 경우도 많다. 따라서 서민·저소득층을 대상으로 하는 금융은 일반인을 대상으로 하는 금융과는 달라야 한다. 즉 서민·저소득층의 주거복지를 위한 서민주택금융은 지불가능성, 안정성, 위험공유, 자산축적기능의 특성을 갖춰야 한다.

우선 '지불가능성Affordability'이란 상환해야 하는 주택담보대출의 원리금 규모가 가구소득의 일정 비율 이하로 책정되어 생활에 무리한 영향을 주지 않아야 한다. 상환해야 하는 원리금 규모가 가구소득의 일정 수준을 넘어버리면, 부채가 부채를 불러와 서민가구를 고위험군으로 전락시킬 수 있다. 따라서 가구소득을 고려한 상태에서 원리금을 지속적으로 상환할 수 있는 주택금융 상품이 필요하다.

서민주택금융은 '안정성Stability'도 갖춰야 한다. 변동금리에 기초한 주택담보대출이나 거치기간 후 만기일시상환 방식의 주택금융 상품은 소비자의 원리금 상환 상황에 변동이 발생할 경우, 금융에 대한 충분한 지식을 가지고 있지 않은 채무자의 상환 부담을

---

4   김덕례·노승한·이용만(2015.6), 「서민주거지원을 위한 주택금융의 역할과 과제」, 한국
     주택금융공사·한국주거복지포럼·한국주택학회 공동주택 정책세미나

가중시켜 생계유지 자체를 위협할 수 있다. 일반적으로 가구는 자기통제self-control가 부족하여 미래에 발생할 원리금 지급의 변동이나 소득 변동에 미리 대처하기 어렵다. 원리금 지급액이 급격히 변동하는 것을 사전에 방지해야(안정성 확보) 그나마 미래에 나타날 수도 있는 지불가능성 문제를 피할 수 있다.

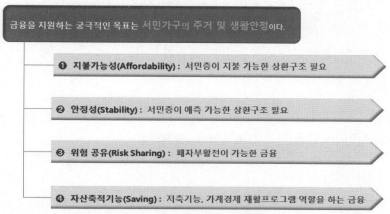

자료 : 김덕례·노승한·이용만(2015.6), 「서민주거지원을 위한 주택금융의 역할과 과제」, 한국주택금융공사·한국주거복지포럼·한국주택학회 공동주택 정책세미나

그림 7 서민주택금융이 갖춰야 할 특징

서민주택금융은 '위험공유Risk Sharing'가 가능해야 한다. Mian and Sufi(2014)는 저서 〈House of Debt〉에서 대출기관과 차입자 간의 위험Risk과 수익Profit에 대한 공유Sharing가 필요하다고 주장하고 있다. 위험관리 측면에서 소비자보다 많은 정보와 경험 및 전문지식을 가지고 있는 대출기관이 금융위험에 대한 책임을 금융소비자와 나눌 수 있어야 한다. 따라서 금융소비자 보호 및 대출기관의 책임성 강화가 가능한 주택금융 상품이 필요하다.

서민주택금융은 '자산축척기능Saving'도 중요하다. 서민들이 내 집을 마련하는 과정에서 가장 큰 제약 요인은 '자산제약'이다. 일 반적으로 자기통제가 약해 노후를 대비한 자산축척을 스스로 하기는 것이 어렵다(강제저축의 필요성). 주택금융을 통해 강제적으로 자산축척이 이루어지도록 할 필요가 있다.

예를 들어, 원리금균등상환이나 원금균등상환을 통해 자산축척을 유도할 수도 있고 주택구입에 필요한 자기자금을 저축하도록 하면서 이를 저리의 주택구입자금대출과 연계하는 것도 고려해 볼 수 있다.

2) 서민주택금융 주요 프로그램과 공급현황

주택도시기금 융자사업은 표 9에서 보는 바와 같이 주택구입자 금과 주택전세자금으로 공급하고 있다. 1997년에 4.6조 원에 불 과했던 주택도시기금 융자규모는 2005년에 10조 원을 넘어섰고, 2018년에 22.9조 원을 기록하면서 급성장하였다(그림 8 참조). 2021년 주택도시기금 융자규모는 30.6조 원으로 크게 증가하였 다. 주택도시기금 여유자금도 2021년에는 47.4조 원 규모로 크게 증가하였다.

2014년부터 2021년까지 8년 동안 주택도시기금 대출을 통해 전국 적으로 약 206.3만 호 주거를 지원했다(그림 9 참조). 서울에 23% (약 47.5만 호), 인천·경기 34%(약 70.7만 호), 지방광역시 15%(약 31.9만 호), 기타 도지역에 27%(약 56.2만 호)를 지원했다.

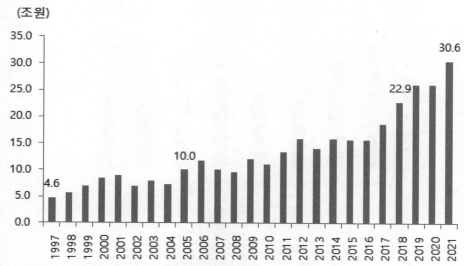

(조 원)

자료 : 통계청 국가통계포털, 주택도시기금 운용현황 자료 재분석

그림 8 주택도시기금 융자규모 추이

표 9 주택도시기금의 수요자지원 금융상품

주택구입자금(6개)	주택전세자금(12개)
신혼부부전용 구입자금 신혼희망타운전용 주택담보장기대출 내집마련디딤돌대출 수익공유형모기지 손익공유형모기지 오피스텔구입자금	중소기업취업청년 전월세보증금 대출 노후고시원거주자 주거이전 대출 전세보증금반환보증(전세금안심대출보증) 청년전용보증부월세대출 청년전용버팀목전세자금 비정상거처 이주지원 버팀목전세자금 전세피해 임차인 버팀목전세자금 주거안정월세대출 신혼부부전용전세자금 버팀목전세자금 갱신만료임차인 지원 버팀목전세자금

출처 : 주택도시기금 홈페이지 내용을 토대로 재정리

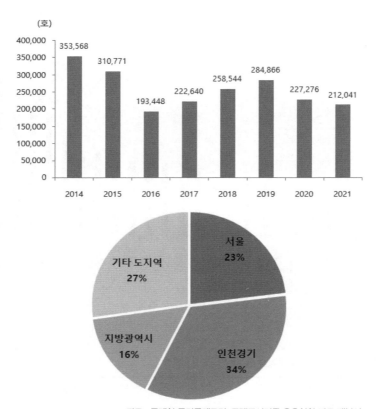

자료 : 통계청 국가통계포털. 주택도시기금 운용현황 자료 재분석

그림 9 주택도시기금 대출지원 주택 수 및 지역별 지원 비중

주택도시보증공사도 다양한 보증상품을 공급하고 있다(표 10 참조). 2021년에 64.4만 호 보증지원을 했으며, 이 중에서 수요자 보증지원주택이 약 98.6%로 대부분을 차지하고 있으며, 보증액도 154조 원에 이른다.

표 10 주택도시보증공사와 한국주택금융공사의 수요자지원 금융상품

주택도시보증공사	한국주택금융공사
〈전세 세입자〉 전세보증금반환보증 전세금안심대출보증 〈주택 구입 및 입주〉 주택임차자금보증 주택구입자금보증 〈재개발·리모델링〉 정비사업자금대출보증 리모델링자금보증 〈임대사업〉 전세임대주택전세보증금반환보증 임차료지급보증 임대주택매입자금보증 〈단독주택〉 단독주택 품질보증 단독주택 준공보증	〈주택보증〉 전세/월세자금보증 　－ 일반전세자금보증 　－ 집단전세자금보증 　－ 특례전세자금보증(무주택청년, 다자녀가구, 　　　정책서민금융이용자, 신용회복지원자 등) 　－ 협약전세자금보증(서울시 신혼부부, 대전시 　　　청년, 부산시 청년, 광양시 청년, 한부모 등) 　－ 월세자금보증 중도금보증 　－ 일반/집단중도금 　－ 연계형 특례중도금 　－ 분납임대주택 특례중도금 구입자금보증 전세보증금반환보증 임대보증금 반환자금 보증 〈주택담보대출〉 보금자리론: 일반, 특례 디딤돌대출 적격대출: 기본형, 금리고정형

출처 : 주택도시보증공사, 한국주택금융공사 홈페이지 내용을 토대로 재정리

표 11 주택도시보증공사의 보증상품별 보증규모

구분	건수(호)			금액(억 원)		
	2019	2020	2021	2019	2020	2021
합계	461,705	545,144	644,331	1,753,210	2,113,718	2,361,031
소계(%)	451,810	535,640	635,042	992,036	1,242,124	1,546,136
	97.9	98.3	98.6	56.6	58.8	65.5
전세보증금반환	156,095	179,374	232,150	306,444	372,595	515,508
전세자금대출특약	118,963	128,385	162,273	168,291	194,463	256,758
주택임차자금	784	4,444	2,730	578	3,786	6,215
임대보증금	1,144	2,314	35,006	159,208	217,075	341,123
주택구입자금	124,512	161,081	167,905	227,099	302,096	305,822
정비사업자금	50,284	59,630	34,396	126,076	134,139	108,700
리모델링자금보증	–	344	527	–	976	1,805
전세임대주택 전세보증금반환	2	4	1	461	486	45
임차료지급	6	5	5	661	684	647
임대주택매입자금	20	59	49	3,218	15,824	9,513

자료 : 통계청 국가통계포털, 주택도시보증공사 보증발급 내역 자료 재분석

한국주택금융공사의 주택금융신용보증기금의 보증잔액은 2021년 기준으로 186.7만 호에 대해서 약 123.8조 원에 이른다(표 12 참조).

표 12 한국주택금융공사의 주택금융신용보증기금 잔액현황

시점	보증승낙		보증해지		보증잔액	
	세대수(호)	금액(억 원)	세대수(호)	금액(억 원)	세대수(호)	금액(억 원)
2000	526,424	109,463	379,635	84,551	1,165,965	156,549
2010	295,114	114,903	262,768	80,187	657,347	192,053
2020	928,304	646,593	773,569	487,586	1,774,496	1,057,518
2021	910,810	650,943	817,686	538,472	1,867,620	1,169,990
2022.11	75,178	61,853	68,502	55,867	1,917,073	1,238,210

자료 : 통계청 국가통계포털, 주택금융신용보증 잔액현황

5. 대안적 주거복지금융의 확산: 사회적 금융의 도입과 활용

서민주택금융의 양대 축을 이루고 있는 주택도시기금과 주택금융신용보증기금은 주거복지사업으로 다양한 금융지원 정책을 추진하고 있다.

그러나 두 자금에서 공급하는 금융상품은 일정 자격조건을 가진 사람들을 대상으로 하는 융자(보증)기반이기 때문에 시중은행보다 낮은 금리를 책정하지만 상환을 전제로 한다. 상환능력이 부족한 소비자는 여전히 금융공급에 제약을 받을 수밖에 없다. 이러한 계층에게도 자금을 공급할 수 있는 대안적 금융으로 사회적 금융Social Finance의 중요성이 강조되고 있다.

사회적 금융Social Finance은 사회적 가치Social Value 실현을 재무적 이익Financial Return과 함께 추구하는 금융이다. 금융위원회는 2018년 2월 8일에 「사회적 금융 활성화 방안」을 발표했다. 이는 사회적 경제 부문에 대해 정부차원에서 수립한 최초의 정책이다. 사회적 금융은 협의적으로 사회적 가치 창출을 목적으로 사회적 경제기업(사회적 기업, 협동조합, 자활기업, 마을기업 등) 등에 투자·융자·보증을 통해 자금을 지원하는 금융활동을 의미한다.

광의적으로는 투자·융자·보증뿐만 아니라 보조금Grant와 기부도 포함하거나 사회적 가치를 넓게 적용하여 환경·사회·지배구조 ESG 우수기업에 투자하는 사회책임투자SRI까지 포괄한다.[5]

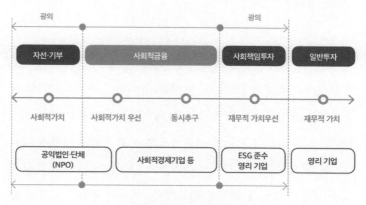

그림 10 사회적 금융 개념

지난 정부에서는 주거복지로드맵을 마련하면서 표 13과 같은 주

---

5   한국사회가치연대기금 홈페이지(https://www.svsfund.org/social-fund) 참조하여
     정리

거지원 방안을 발표했다. 누가, 어떠한 재원으로 어떤 방법으로 어떻게 할 것인가에 대한 구체적인 실천전략이 필요하다. 비영리 재단을 활용하고 금리를 낮춰주고 긴급지원주택을 신속히 공급 하기 위해서는 기존의 전통적 서민주택금융으로는 한계가 있다.

표 13 주거복지로드맵에서 제시한 주거취약계층 지원방안

임시거처가 필요한 가구 → 긴급지원주택 도입	
비주택 거주자 → 취약계층 주거지원사업 활성화	
아동이 있는 빈곤가구 → 전세임대 무상지원 및 50% 저렴하게 지원	**누가 ?**
취약계층 지원사업 확대 → 보증금 50만원 수준으로 거주	**어떤 재원으로 ?**
주택자금 지원 확대 → 버팀목 전세대출 금리 0.2%p 우대	**어떤 방법으로 ?**
소액 주거비 대출 → 비영리 재단 등 활용, 무이자 긴급주거비 대출('19년)	**어떻게 ?**
그룹홈 지원 활성화 → 주거급여 지급, 전세임대주택 지원	

자료 : 김덕례, 「사회적 금융을 활용한 주거취약계층 지원방안 모색」, 한국주거복지포럼, 한국도시연구소, 새로운 사회를 여는 연구원 공동세미나, 2018

사회문제를 해결하고 사회가치 실현을 위한 사회적 금융이 다양 한 분야에서 활발히 확산되고 있지만, 아직까지 주거분야에는 적 극적으로 접목되지 못하고 있다. 사회주택을 공급하는 사회적 기 업이나 임차보증금 지원에 제한적으로 사회적 금융이 활용되고 있지만, 앞으로는 취약계층의 주거복지 증진을 위한 사회적 금융 의 적극적인 도입과 활용이 필요하다. 재정과 주택도시기금 등 제도권 금융에 기반한 금융공급 방식으로는 신용등급이 낮고 소 득이 일정하지 않은 저소득층에게 필요한 자금을 공급하기 어렵 기 때문이다.

주거복지가 필요한 저소득·주거취약계층에게는 무이자나 낮은 금리로 상환기간이 긴 금융상품이 필요하다. 서민가구 중에는 낮

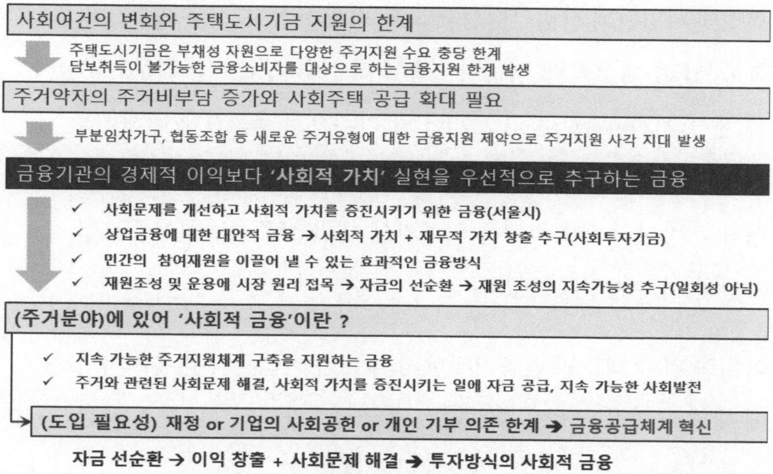

| 사회여건의 변화와 주택도시기금 지원의 한계 |
| 주택도시기금은 부채성 자원으로 다양한 주거지원 수요 충당 한계
담보취득이 불가능한 금융소비자를 대상으로 하는 금융지원 한계 발생 |

| 주거약자의 주거비부담 증가와 사회주택 공급 확대 필요 |
| 부분임차가구, 협동조합 등 새로운 주거유형에 대한 금융지원 제약으로 주거지원 사각 지대 발생 |

| 금융기관의 경제적 이익보다 '사회적 가치' 실현을 우선적으로 추구하는 금융 |
| ✓ 사회문제를 개선하고 사회적 가치를 증진시키기 위한 금융(서울시)
✓ 상업금융에 대한 대안적 금융 → 사회적 가치 + 재무적 가치 창출 추구(사회투자기금)
✓ 민간의 참여재원을 이끌어 낼 수 있는 효과적인 금융방식
✓ 재원조성 및 운용은 시장 원리 접목 → 자금의 선순환 → 재원 조성의 지속가능성 추구(일회성 아님) |

| (주거분야)에 있어 '사회적 금융'이란 ? |
| ✓ 지속 가능한 주거지원체계 구축을 지원하는 금융
✓ 주거와 관련된 사회문제 해결, 사회적 가치를 증진시키는 일에 자금 공급, 지속 가능한 사회발전 |

| (도입 필요성) 재정 or 기업의 사회공헌 or 개인 기부 의존 한계 → 금융공급체계 혁신 |
| 자금 선순환 → 이익 창출 + 사회문제 해결 → 투자방식의 사회적 금융 |

자료 : 김덕례, 「사회적 금융을 활용한 주거취약계층 지원방안 모색」, 한국주거복지포럼, 한국도시연구소, 새로운 사회를 여는 연구원 공동세미나, 2018

그림 11 주거복지를 위한 사회적 금융 활용의 필요성

은 신용등급과 높은 리스크로 저금리의 제도권 금융공급을 받을 수 없는 금융사각지대가 발생하게 된다. 이들을 위한 금융이 필요한데, 그 역할이 가능한 것이 사회적 금융이다.

사회적 금융을 적극적으로 주거복지 분야에 접목하게 되면, 부채성 기금인 주택도시기금을 지나치게 낮은 금리나 제로금리로 자금을 공급하지 않아도 되기 때문에 주택도시기금의 건전성을 제고할 수 있다.

사회적 금융을 실천하고 있는 다양한 기관에서 주거비 경감을 위한 다양한 주거지원사업을 하고 있다. 2018년에 설립한 한국사회가치연대기금은 '서울시 사회주택 임대보증금 반환보증사업'을 추진하고 있다. 이 사업은 주거취약계층의 임대보증금 보호와 사

회주택 사업자의 사업안정성 제고를 위해 서울시, 신용보증기금, 한국사회주택협회와 '서울시 사회주택 안심보증 추진 업무협약'을 체결(2020년 8월)하고 2020년 말 기준으로 총 5건에 대해 1억 6,000만 원을 대출했다. 당시 고시원, 빈집 등을 리모델링해 재임대하는 방식의 사회주택은 입주자에 대한 보증금반환보증보험 가입이 어려운 상황이었다.

이처럼 일반 제도권 금융기관에서 대출이 어려운 주거복지사업에 대해 사회적 금융을 추구하는 한국사회가치연대기금이 자금을 공급하여 사업추진이 가능했던 사례이다.

또 다른 사례로 사회연대은행의 '청년주거자금대출'이 있다. 독립생활청년의 주거불안 해소와 경제적 자립 지원을 위해 임차보증금을 대출지원하여 주거안정 및 경제적 자립지원을 하는 프로그램이다. 1명당 2,000만 원 이내에서 무이자로 대출을 받을 수 있고, 4년 이내에 원금균등분할 또는 만기일시상환을 하면 된다. 이 경우처럼 제도권 금융기관에서는 무이자 지원은 불가능하다. 그렇지만 사회적 금융을 실천하는 기관에서는 조성재원의 성격에 따라 필요한 계층에게는 무이자로 금융을 공급하기도 한다.

크라우드펀딩 방식으로 필요한 자금을 조달하기도 한다. 오마이컴퍼니는 사회변화를 꿈꾸는 혁신가를 지지하고 돕는 크라우드펀딩 플랫폼이다. 그림 12에서 보는바와 같이 다양한 분야의 투자·후원이 가능하다.

| 리빙 | 환경 | 푸드 | 문화·출판 | 뷰티·패션 | 반려동물 | 테크 | 교육 | 영화·미디어 | 여행·체험 | 지역재생 | 소셜·캠페인 |

출처 : 오마이컴퍼니 홈페이지(https://www.ohmycompany.com)

그림 12 오마이컴퍼니의 투자·후원영역

사회주택을 공급하는 녹색친구들은 오마이컴퍼니의 크라우드 펀딩 플랫폼을 통해 제로에너지빌딩 사회주택사업을 위해 34명의 투자를 받아 2억의 투자금을 유치했다.

아이부키도 반려인 맞춤형 주택공급을 위해 20명으로부터 5,800만 원의 투자금 유치에 성공했다. 휴식은 노후화된 고시원을 리모델링하여 안전하고 쾌적한 원룸형 쉐어하우스를 개발·운영하는 기업으로 노원점 오픈을 위해 필요한 자금 4,000만 원 투자금 유치에 성공했다.

출처 : 오마이컴퍼니 홈페이지(https://www.ohmycompany.com)

그림 13 오마이컴퍼니의 크라우드펀딩 투자를 통한 주택공급 사례

서민주택금융재단에서도 주거취약계층 사회공헌사업을 하고 있다. 서울시 한부모가족지원센터와 협약한 '저소득 한부모가족 주

거자금 소액대출' 사업이다. 2022년 3월에 8차년도 사업을 시행했다. 저소득 한부모가족 1세대당 최대 500만 원의 주거자금(임차보증금)을 무이자로 대출해준다. 최장 60개월 분할상환하면 된다. 임차보증금이 부족한 한부모가족에게 무이자로 장기간 빌려주기 때문에 매우 긴요하게 활용될 수 있다. 이들 가구가 일반 시중은행이나 주택도시기금 등의 제도권 금융기관으로부터 자금 융통이 어렵다는 점을 고려할 때 이러한 자금공급은 주거복지 증진을 위해 매우 중요하다. 한시사업으로 2020년에 주거복지연대와 협약한 '주거취약계층 주거공간 확보를 위한 융자사업', 사회연대은행과 협약한 '보호종료 청소년 주거금융 지원사업'도 추진했다.

주거분야의 사회적 금융 실현 모델 : 서울시 사회투자기금(위탁 한국사회투자)

자료 : 김덕례, 「사회적 금융을 활용한 주거취약계층 지원방안 모색」, 한국주거복지포럼, 한국도시
연구소, 새로운사회를 여는 연구원 공동세미나, 2018

그림 14 주거분야 금융공급체계 개선을 위한 구조(안)

그림 14에서 보는 바와 같이 금융분야에서는 서민금융을 실천하기 위해 주택금융신용보증기금과 한국주택금융공사가 추진하는 제도권 금융 외에 서민금융진흥원을 설치하고, 최근에 한국사

회가치연대기금을 설치했다. 이를 통해 제도권 금융기관에서 감당하기 어려운 서민금융복지를 실천해 나아가고 있다. 주거복지를 담당하고 있는 국토교통부도 주택도시기금과 주택도시보증공사의 제도권 금융기관과 별도로 서민주택금융을 총괄할 수 있는 별도의 기구가 필요하다. 이러한 기구를 통해 사회적 금융을 실천할 수 있도록 금융공급체계를 보완할 필요가 있다.

지속가능한 주거복지사업을 이어가기 위해서는 주거복지에 사회적 금융 개념을 적극적으로 결합해야 한다. 잔여적 주거복지에서 일반적·보편적 주거복지로 확장해 나아가려면 주거복지자금은 기하급수적으로 증가할 수밖에 없기 때문에 금융의 활용과 접목은 더욱더 중요해질 수밖에 없다. 정부의 제도권 금융뿐만 아니라 민간의 자금을 다양하게 활용할 수 있는 사회적 금융의 중요성은 더 커질 것이다. 이제 주거도시분야도 기존이 전통적 서민주택금융의 틀을 넘어서서 주거복지금융 혁신을 이루어보면 어떨까.

:: 참고문헌

강미나 외, 「한국 주택금융제도의 역사적 개관」, 국토연구원, 2011

김덕례·노승한·이용만, 「서민주거지원을 위한 주택금융의 역할과 과제」, 한국주택금융공사·한국주거복지포럼·한국주택학회 공동주택 정책세미나, 2015.6

김덕례, 「사회적 금융을 활용한 주거취약계층 지원방안 모색」, 한국주거복지포럼, 한국도시연구소, 새로운사회를 여는 연구원 공동세미나, 2018

이용만·김덕례, 「주택도시금융의 과거와 미래」, 주택도시금융컨퍼런스, 주택도시보증공사, 2015

이창효, 주거안정을 위한 주거복지 정책의 흐름과 방향, 대전세종포럼, 2021 겨울 통권 제79호, 대전세종연구원

손재영 외, 「한국의 주택금융 70년사」, 한국주택금융공사, 2016

국토교통부, 2021년 주택도시기금편람, 2021

마이홈 홈페이지(https://www.myhome.go.kr)

금융위원회 홈페이지(https://www.fsc.go.kr/kids/kd020101)

한국주택금융공사 홈페이지(https://www.hf.go.kr/ko/index.do)

주택도시기금 홈페이지(https://nhuf.molit.go.kr/)

주택도시보증공사 홈페이지(https://www.khug.or.kr/index.jsp)

한국사회가치연대기금 홈페이지(https://www.svsfund.org/social-fund)

오마이컴퍼니 홈페이지(https://www.ohmycompany.com)

서민주택금융재단 홈페이지(http://www.hff.or.kr/subcont/subcont0205.asp)

사회연대은행 홈페이지(https://www.bss.or.kr/load.asp?subPage=115)

한국은행 경제통계시스템(https://ecos.bok.or.kr/#/)

통계청 국가통계포털(https://kosis.kr/index/index.do)

법제처 국가법령정보센터(https://www.law.go.kr/)

「한국주택금고법」, 「주택건설촉진법」

주거복지 실현 수단으로써
공공임대주택 정책의 발전 경로와 미래

박미선
(국토연구원 주거정책연구센터장)

**주거복지 실현
수단으로써
공공임대주택
정책의 발전
경로와 미래[1]**

1. 서론

공공임대주택은 공공부문이 공적인 자금을 동원하여 시장에서
자력으로 거처를 마련하거나 유지하기 어려운 이들을 대상으로
저렴하게 안정적으로 거처를 제공함으로써 이들의 주거권을 보
장하는 역할을 담당하고 있다. 공적자금을 활용하여 임대주택을
공급한 역사는 1971년까지 거슬러 올라간다. 당시 대한주택공사
가 서울 개봉지구에 13평 규모의 임대주택 300호를 건설하였는데
1년 후 분양하는 초단기 임대주택이어서 공공임대주택의 범주에
들어가지는 못한다. 1980년대에 건설된 장기임대주택도 임대료
규제가 포함되지만 5년이어서 기간이 짧다. 어찌 보면 1988년 이
후 주택가격 급등, 전세가격 급등으로 주거안정이 사회문제가 된
시점에 촉발된 2백만 호 주택공급 계획의 영구임대가 공공임대

---

1   본 고는 2022년 주거복지포럼 10주년 기념 대토론회에서 발표한 내용을 기초로 작성된
것임을 밝힘.

주택에 가장 근접한 정책으로 볼 수 있다. 당시 계획 기간이 1988년에서 1992년이었던 것을 고려하면, 한국의 공공임대주택 역사는 약 35년, 인간의 성장에 비유하자면 청년 시점이라 할 것이다. 이 글은 35년 정도 지나는 과정에서 공공임대주택 정책이 어떠한 경로를 거쳐 발전해왔는지, 향후 어떤 경로로 가게 될 것인지, 이를 위해 무엇이 필요한지를 고민하는 목적으로 시작되었다.

전후 세계에서 가장 가난한 국가 중 하나였던 대한민국이 이제 1인당 국민소득 3만 달러를 넘어섰다고 한다. 경제의 성장만큼 주택의 건설이 있었고, 이때 시장에 참여하기 어려운 이들을 위한 공공부문의 참여가 있었다. 그 대표적인 결과물이 공공임대주택이다. 국가 재건 시기에 주택부문은 경제성장의 도구로, 임금 근로자와 일자리 창출의 수단으로, 자가 소유를 통한 사회 안정 달성의 도구로 다양한 역할을 담당한다. 공공임대주택의 대상자도 최저소득계층에서 청년, 신혼부부 등 시대적 상황을 반영하여 변화하고 있다. 공급자도 국가공기업 뿐 아니라 지방공기업, 민간사업자까지 참여하는 방식으로 다양해지고 있다. 소형주택의 대량공급 위주에서 점차 특색 있는 테마를 갖춘 임대주택도 등장하고 있고, 서비스를 추가하려는 노력도 이어지고 있다. 이런 변화 속에 한국의 공공임대주택 정책은 어디로 가고 있는지, 어디로 갈 것인지의 고민이 필요하다. 근 미래에 공공임대주택 재고가 2백만 호가 될 것이고, 이런 고민은 지속적으로 이어져야 할 것이다. 이 글에서는 공공임대주택 정책의 역할과 발전 경로를 정의하고 향후 어디로 갈 것인지, 그 미래의 가능성을 생각한다. 그리고 주거복지 실현 수단으로서 공공임대주택의 성과와 명암을 살펴본다. 마지막으로 이들을 바탕으로 향후 공공임대주택이 지속가능하게 발전하기 위해 필요한 과제를 공급측면, 수요측면, 관리측면, 그리고 사회적 포용 측면에서 들여다본다.

2. 공공임대주택 정책의 발전 경로

1) 공공임대주택의 역할

공공임대주택은 시장에서 자력으로 최소한의 거처를 마련하거나 유지하기 어려운 이들을 위한 주거권 보장의 대표적인 정책 수단이다. 따라서 거의 모든 선진국에서 정부나 공공부문이 직접 공급하는 공공부문의 주택이 있다. 사회주택이나 공공임대주택 등 국가별로 각기 고유의 용어를 사용하는데 몇 가지 공통점을 갖는다. 이는 주체, 재원, 비용, 대상 측면에서 확인된다. 제일 먼저 공급 주체는 공공 또는 제한적 영리를 추구하는 공적 성격을 지닌 주체가 주로 공급한다. 재원은 공적 자원이 투입된다. 정부 재정이나 예산이 투입되는 경우, 특수 목적 기금이 투입되는 경우 등이다. 공급된 주택의 주거비는 시장가격보다 저렴하게 유지되어야 한다. 따라서 수혜 대상은 시장에서 자유롭게 자신의 거처를 마련할 수 있는 이들이 아니다. 자력으로 거처를 마련하거나 유지할 수 없는 이들에게 안정적으로 거처를 제공하는 것이다. 따라서 공적 주체가, 공적 자금을 활용하여, 시장보다 저렴하게, 안정적으로 거처를 제공하는 것이 공공임대주택을 대표하는 특징이다. 그렇기 때문에 공공임대주택은 주거권을 보장하기 위한 수단으로 지위를 인정받는 것이다.

국내 공공임대주택은 어느 정도 위치인가? 국토교통부에 따르면 무주택 서민의 주거안정을 위해 '주거복지로드맵'을 발표한 이후, 공공임대주택을 대폭 확대 공급한 결과 10년 이상 장기 공공임대주택의 재고는 170만 호를 넘어섰고, 재고율은 8% 수준으로 추산된다고 한다.[2] 실제로 2021년 말 기준 공공임대주택 재고는 1,775,276호로 발표되고 있다. 국민임대가 58.6만 호로 33%를 차지하는 대표적인 임대주택 유형이고, 다음으로 전세임대(29.4만 호, 16.6%), 영구임대(21.6만 호, 12.2%), 매입임대(20.1만 호, 11.3%) 순이다.[3]

2) 공공임대주택 모델과 발전 경로

국내보다 앞서 사회주택을 공급했던 서구에서는 사회주택 배분 모델을 그 목적과 대상자 특성으로 몇 가지로 구분하고 있다. 가장 보편적인 모델에서는 모두에게 물리적으로 적절한 주택에 거주하는 것을 목적으로 하므로 전체 인구가 배분의 대상이 된다. 대표적인 국가로 네덜란드, 덴마크, 스웨덴 등을 거론하는데 대체로 사회주택 비중이 높은 국가들이다. 반면, 가장 잔여적인 모

----

2 대한민국 정책브리핑https://www.korea.kr/news/policyNewsView.do?newsId=148892502 (2023.1.19. 최종 접속)
3 국토교통통계누리 https://stat.molit.go.kr/portal/cate/statView.do?hRsId=37&hFormId=840&hDivEng=&month_yn= (2023.1.19. 최종 접속)

델을 취하는 국가에서는 주택시장에서 배제된 사람들을 지원하는 제한적 목적을 달성하는 수단으로 사회주택을 활용한다. 따라서 취약가구나 특수 계층이 배분의 대상이 된다. 이들 국가는 대체로 사회주택 비중이 낮은 편이지만 10%대의 영국, 프랑스 등도 잔여적인 모델을 취하는 국가로 분류되기도 한다. 그 중간에 위치한 일반모델에서는 주택시장에 접근하기 어려운 사람을 지원하기 위한 목적으로 사회주택을 공급하며, 취약계층이나 특수계층 뿐 아니라 일정 소득 이하 가구도 배분 대상이 된다. 해당 국가들의 사회주택 비중도 차이가 큰데, 오스트리아와 같이 20%를 넘는 국가가 있는가 하면, 그리스나 스페인과 같이 5% 미만의 재고를 취하는 국가도 있다(UN, 2015).

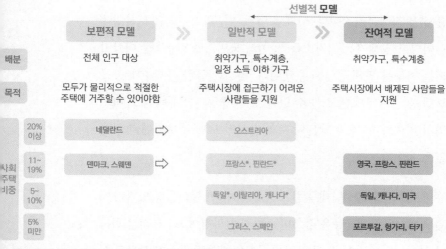

출처 : UN(2015). Social Housing in the UNECE Region을 바탕으로 작성

그림 1 사회주택 배분 모델과 특징

한국은 공공임대주택 공급의 역사가 길지는 않지만, 짧은 기간 동안 상당한 재고 확충을 해 왔다. 공공임대주택 공급의 역사는 경제 수준 향상과 함께 했다고 해도 과언이 아니다. 공공임대주택 역사의 주요 지점이 소득수준 향상의 분기점과 오버랩된다. 이는 1인당 GDP가 1만 달러, 2만 달러 3만 달러가 되는 시점과 비교해 보면 쉽게 이해할 수 있다. 경제성장 과정에서 중산층을 주력으로 하는 주택공급이 이루어지지만, 취약계층을 위한 공공임대주택도 종류와 대상자를 확대해 왔다. 대상자도 취약계층에서 점차 일정 소득 이하 대상자로 확대되고 있다.

초기의 공공임대주택은 국내 소득수준이 5천 달러가 되는 시점에 영구임대주택이 공급되기 시작하면서 본격화된다. 5개 신도시 건설을 포함한 2백만 호 주택공급은 국내 주택공급 역사에 획을 긋는 정책분기점이다. 이때 도입된 영구임대주택은 도시영세민이라고 칭해지는 최저소득층, 현재 국민기초생활보장 대상이 되는 가구를 위해 공급된 주택이다. 앞서 언급한 사회주택 공급 모델 중 잔여적 모델로 볼 수 있다. 또한 공공임대주택 재고 비중 역시 미미하여, 가장 낮은 수준의 잔여적 모델로 보기에 이의가 없을 것이다.

흥미로운 점은 1990년대 중반 소득수준이 1만 달러를 넘었다가 90년대 말 IMF 구제금융을 겪으면서 다시 하락하여 1만 달러를 회복한 시점이 2000년이고, 이 시점은 국민임대주택 공급이 시작된 시기와 거의 유사하다. 이렇게 국민임대주택을 공급하면서 공공임대주택 공급의 양적 확충이 가속화된다. 국민소득 2만 달러를 넘고 나서 다시 2008년 미국발 금융위기 사태로 2만 달러 이하로 하락했다가 2.5만 달러가 되는 시기에 행복주택 공급이 시작된다. 행복주택은 그동안 공공임대주택 공급에서 고려되지 못하던 청년층을 위해 도입된 대표적인 사업으로 정책 대상과 배분 구조에 큰 획을 긋는 정책이라고 판단된다. 그 이후 대상자의 소득 수준을 점차 올려가며, 일정소득 이하 가구를 대상으로 지원하는 일반 모델로 점차 변모해 간다. 즉, 아래의 그림에서 보듯이 우측 하단 아래에 위치하던 국내의 공공임대주택 정책이 좌측 중반으로까지 이동해가는 것으로 이해할 수 있다.

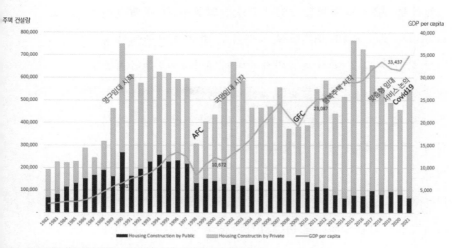

자료 : 국토교통부(주택건설량), 세계은행(1인당 GDP)을 바탕으로 작성

그림 2 소득수준 향상과 공공임대주택 건설의 분기점

이제 국민소득 3만 달러 시대로 접어들면서 새로운 논의가 시작되고 있다. 물리적 공급을 넘어서 서비스까지 결합된 공공임대주택으로 질적 상승을 고민하고 있는 것이다. 그동안 공급자 위주

로 공급되던 공공임대를 수요자 맞춤형으로 고민하고, 수요자의 취약성을 고려한 서비스를 연계하고자 한다. 물론 3만 달러를 넘어선 후에 이번에는 코로나-19라는 예기치 못한 감염병으로 인하여 다시 한번 소득수준 하락을 경험 중이다. 그동안의 만 달러 단위로 증가와 하락을 겪었던 경험에 비추어보면 그다지 놀라운 일도 아니긴 하다.

3) 공공임대주택 정책의 향후 전개

어디로 갈 것인가에 대해 고민하기 위해 그동안의 공공임대주택 정책의 특징을 정리할 필요가 있다. 그동안의 공공임대주택 정책의 변화는 공급생산과 배분방식, 사업자, 주변 환경 측면에서 정리할 수 있다. 그림 3에서 보는 바와 같이 대표적인 변화는 소품종 대량 생산 방식에서 다품종 소량 생산으로 생산양식이 변화한 것을 들 수 있고 이제 점차 돌봄과 지원 서비스가 결합된 방식이 시범적으로 시도되고 있다. 양적 확대의 시기에서 질적 개선을 논의하고 서비스를 지원하는 방식으로 변모하고 있다. 첫 번째 시기는 저소득층을 위한 제한적인 공급, 도시 외곽에 홀로 떨어진 섬처럼 공급되던 소형주택 위주의 대량공급 방식이다. 두 번째 시기는 점차 입주민의 수요에 대응하는 방식으로 맞춤형 임대주택이 공급되고 입지가 도시 외곽에서 점차 도시 내로 옮겨오는 시기이다. 이제 택지가 있는 곳에 공급되던 방식 외에도 테마형으로 기획한 상품이 공급된다.

첫 번째 시기의 공급업자는 국가공기업이 거의 독점에 가깝게 공급했다면, 두 번째 시기에는 중대형 공공부문 경쟁자가 나타나는 때이다. 지방 공기업의 영향력이 커지는 시기라고 볼 수 있다. 따라서 기존의 중앙집중형 의사결정으로부터 지자체 의사결정의 파워가 증가하고 있다. 하향식 공급방식이 상대적으로 상향식 방식과 결합되는 것으로 이해할 수 있다. 세 번째 시기는 물리적 주택 공급에 더하여 주거 유지를 지원하는 서비스와 거주민의 삶을 고려하는 방식으로 변화하는 때이다. 이제 민간부문에서 공급하는 사업자의 사업방식에도 관심을 갖게 되고 사회적으로도 민간에서처럼 유연하게 대응하라고 공공부문 사업자에게 주문하기 시작한다. 독점적 사업자 지위에 대한 변화를 요구하는 때이다. 이는 3만 달러 시대에 걸맞은 정책을 추구하라는 사회적 압력의 반영으로 볼 수 있다.

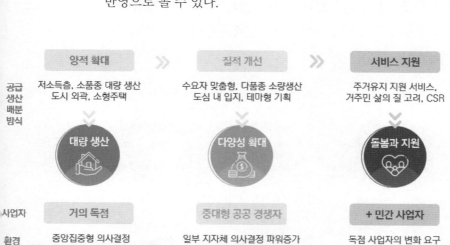

출처 : 저자 작성

그림 3 한국 공공임대주택 정책 변화

이제 어디로 갈 것인가? 한국 공공임대주택 정책 발전 경로를 사회주택 배분 모델과 사회주택 비중에 오버랩해 볼 때, 현재 3가지 옵션이 가능할 것으로 보인다. 1번 경로는 지속적으로 발전하는 경로로 3만 달러 이상의 시대로 발전해가면서 사회주택 비중도 10% 대로 진입하면서 보편적 모델로 발전해가는 경우이다. 2번 경로는 현재의 일반모델에서 대상자를 모든 일반대상으로 확대하기보다 사회주택 비중을 서서히 증가시켜가는 것이다. 역시 제한적이나마 발전하는 형태이다. 3번 경로는 다시 오른쪽으로 또는 과거로 회귀하는 잔여모델로 가는 것이다. 마치 미국이 공공임대주택의 재정소요 증가와 빈곤 집중, 사회적 문제 집중으로 인해 추가적인 건설을 하지 않고 대규모 집중형 건설에서 소규모 소득계층 혼합형으로 분산하는 정책을 사용한 것을 생각하면 쉽게 이해할 수 있을 것이다. 어디로 갈 것인지는 3가지 경로 모두 가능하다.

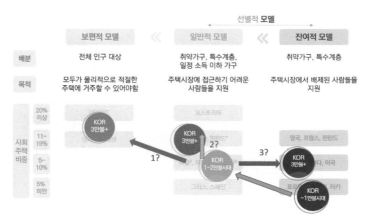

출처 : UN(2015). Social Housing in the UNECE Region을 바탕으로 저자 작성

그림 4 한국 공공임대주택 정책 발전 경로와 미래

이는 정부의 정책방향과도 밀접하게 연동되지만, 그 정책방향을 결정하는 것은 국민의 수준과 시대적 요구에 영향을 받는다고 본다. 우리 사회는 무엇을 원하는가, 어디로 가는 것이 바람직한가에 대한 사회적 논의와 숙의, 합의가 필요해 보인다.

3. 주거복지 실현 수단으로써 공공임대주택

1) 주거권 구성 요소와 주거정책의 골자

주거권은 인간의 존엄을 유지하기 위해 확보되어야 하는 인권의 하나로, 유엔 해비타트를 중심으로 주거권 논의가 활성화되어 있다. 적정 주거에 대한 국가의 책임과 노력을 이행할 것을 촉구하고 있다. 역사적으로는 1976년 해비타트 I, 1996년 해비타트 II, 2016년 해비타트 III를 통하여 주거권에 대한 논의가 발전 및 강화되고 있다. 1976년 밴쿠버 선언을 통하여 정부는 지속가능한 인간 정주지 및 도시화의 필요성을 인식할 것으로 제언하였으나, 비공식주거 중심의 주거문제를 인식하고 국가별 실행안으로까지 발전시키지 못하였다. 이후 1996년 이스탄불 선언을 통하여 주거권을 하나의 권리로 인식하고, 주거권의 주요 요소를 명확화하며 주거권 실현을 위한 중앙과 지방정부의 역할 강화를 촉구하였다. 국내의 재개발을 통한 강제철거의 비인간적 개발에 대한 우려와 정부에 대한 대안 촉구 등의 노력으로, 해비타트 II 이후 최저주거기준 설정 등이 이어지는 성과를 거두었다. 가장 최근에는 2016년 에콰도르 키토에서 개최된 해비타트 III 회의 결과인 키토 선언에서는 주거권 논의가 도시권으로 확대되면서 지속가능한 발전을 위한 자원이자 사회통합 및 평등을 위한 수단으로 도시화를 인식하는 등 지평이 확대되고 있다(박미선 외. 2019).

주거의 개념에는 물리적 거처로서의 주택과 사회적 의미의 주거가 모두 포함된다. 물리적 거처인 주택과 관련된 주거권은 인간다운 생활이 가능한 시설과 서비스가 가능한 거처에서 생활할 권리를 의미한다. 인간다운 생활은 단순한 지붕과 벽 같은 건축 자체 구비 이상의 의미로 자연재해 위협으로부터의 안전, 가구구성원이 쾌적한 삶을 누리기 위한 기초 편의시설인 상하수도와 전기설비 등이 갖추어져야 함을 뜻한다. 사회적 의미의 주거는 특정 거처에 거주하는 것이 적절한 사회적 문화적 경제적 환경을 향유할 수 있어야 함을 의미하며, 이때 부당한 사생활 침해나 강제퇴거 등의 위협에서 보호받고, 직장이나 이웃관계, 적절한 문화생활을 향유할 수 있는 사회관계망으로부터 배제당하지 않아야 함을 의미한다.

주거권은 모든 사람이 적절한 주거를 향유할 권리 또는 인간의 존엄성을 유지할 수 있는 데 적합한 주택을 향유할 권리, 주거에 관한 국민생활 최저선의 확보를 의미한다. 주거권의 구성 요소는 사회권규약위원회가 채택한 일반논평 제4호와 제7호를 통해서 파악할 수 있다. 1991년 일반논평 제4호는 적절한 주거의 세부내용으로 점유의 법적 안정성, 생활서비스의 이용가능성, 주거비용의 적정성, 물리적 거주적합성, 사회적 접근성, 주거입지의 적합성, 주택건축의 문화적 적절성으로 구체적으로 제시하였다.

우선, 점유의 법적 안정성security은 점유형태와 상관없이 모든 사람은 강제퇴거, 괴롭힘 또는 기타 위협으로부터 법적인 보호를 받을 수 있는 점유에 대한 법적 안정성을 보장받음을 의미한다.

두 번째 생활서비스의 이용가능성availability은 인간다운 주거생활을 누리기 위해서는 주택 외부에 있는 다양한 서비스, 물자, 시설, 기반시설(천연자원, 공동자원, 안전한 식수, 요리·난방·조명에 필요한 에너지, 위생, 세면시설, 음식저장수단, 폐기물 처리시설, 하수시설, 비상 서비스 등)을 이용할 수 있어야 함을 의미하며 주거지의 조건으로 이해할 수 있다.

세 번째 주거비용의 적정성affordability은 주거와 관련된 비용 지출이 다른 기본적인 수요의 확보 및 충족을 위협하지 않거나 제한하지 않는 수준이 되어야 함을 의미하는 것으로 해당 국가에서 주거 관련 비용의 비율이 소득수준에 적합하도록 보장하는 조치를 취하도록 요구하고 있다. 따라서 국가는 소득 대비 임대료 비율Rent to Income Ratio, RIR과 같은 지표를 활용해서 주거비용의 적정성을 사회 전체적으로 관리하는 한편 주거비용을 부담할 수 없는 사람들에게 주거비 보조, 주택금융 제공, 임대료 인상 제한 등과 같은 조치를 취해야 한다.

네 번째, 물리적 거주적합성habitability은 개별 주택이 적절한 주거를 충족하기 위해 필요한 조건(충분한 공간, 추위, 습기, 더위, 비, 바람. 해충 등)을 의미하고 적정주거의 가장 기초적인 구성요소가 된다.

다섯 번째, 사회적 접근성accessibility은 권한을 갖는 자들 모두에게 접근 가능하도록 허용해야 한다는 것인데, 국가가 주거취약계층을 특별히 배려할 것을 요구한다.

여섯 번째, 주거입지의 적합성location은 주거공간은 직장, 의료서비스 기관, 학교, 탁아시설 및 기타 사회적 시설에 근접한 장소에 있어야 하는 것으로 정의된다. 기반시설과 접근가능하지 않은 주택의 공급을 지양해야함을 의미한다.

마지막으로 주택건축의 문화적 적절성cultural adequacy은 주택 건축방법, 사용되는 건축자재, 이들을 지원하는 정책들은 문화적 정체성과 주택의 다양성 표현을 적절히 할 수 있어야 하는 것으로 정의된다.

2) 주거권 구성 요소 측면에서 본 공공임대주택의 성과

주거권 구성 요소에 따라 공공임대주택 거주가구의 주거 수준 향상을 살펴보면, 우선 점유의 안정성이 확보되고 있음을 알 수 있다. 다인가구에 비해 상대적으로 열위에 놓인 1인가구를 대상으로, 공공임대에 입주할 수 있을 정도의 저소득인 가구만을 비교하였다. 유사한 소득수준인 저소득 가구가 민간임대시장에서 거처를 마련하는 경우와 공공임대에 입주한 경우를 비교하면, 공공임대에 거주한 경우는 평균 5.9년의 거주기간을 보이고 있으나 저소득 민간임차가구의 2.5년으로 절반 이하의 점유 기간을 보인다. 1인 가구의 연령에 따라서도 유사한 차이를 보인다. 공공임대 거주를 통해 점유 안정성을 보장받고 있음을 쉽게 확인할 수 있다.

표 1 1인 가구 연령대별 평균 거주 기간 비교

(단위 : 년)

구분	공공임대	민간임대(저소득)
전체	5.9	2.5
청년	2.1	0.9
중장년	5.1	3.3
노인	8.0	5.6

자료 : 국토교통부. 2019. 주거실태조사 원 자료를 바탕으로 작성: 박미선. 우지윤(2021) [1인가구 연령대별 주거취약성 보완방안] p.17에서 재인용

주거비용의 적정성 측면에서 공공임대와 민간임대에 거주하는 저소득가구를 비교하면, 평균적으로 민간임대에 거주하는 저소득1인가구의 월 소득 대비 주거비 부담이 23.8%(중위값 기준)로 주거비 부담이 높게 나타난다. 공공임대 거주가구의 주거비 부담은 절대적인 수준은 낮지만, 소득도 낮아 비율로 표시되는 주거비용 부담정도에서는 민간임대에 비해 현저하게 낮은 값으로 나타나지는 않는다.

표 2 1인 가구 연령대별 주거비용 부담 비교

(단위 : %)

구분	평균 기준		중위값 기준	
	공공임대	민간임대(저소득)	공공임대	민간임대(저소득)
전체	18.0	26.8	23.6	23.8
청년	14.2	27.4	12.3	23.0
중장년	17.0	22.1	18.1	18.3
노인	23.6	31.3	27.5	31.8

자료 : 국토교통부. 2019. 주거실태조사 원 자료를 바탕으로 작성: 박미선. 우지윤(2021) [1인가구 연령대별 주거취약성 보완방안] p.16에서 재인용

공공임대주택에 거주함으로써 얻는 대표적인 편익 중 하나는 주택 이외 거처에서 주택으로의 이주를 들 수 있다. 저소득 민간임대 거주가구 중 주택 이외 거처 거주비율은 11.9%로 상당하다. 연령대별로는 특히 4050 중장년 1인 가구는 16.6%가 주택 이외 거처에 거주하는 것으로 분석된다. 공공임대 거주를 통해 적정 거처를 보장받고 있음을 알 수 있다.

표 3 1인 가구 연령대별 주택 이외 거처 거주가구 비율 비교

(단위 : %)

구분	공공임대			민간임대(저소득)		
	주택	오피스텔	주택 이외 거처	주택	오피스텔	주택 이외 거처
전체	99.9	0.1	—	81.0	7.1	11.9
청년	99.3	0.7	—	78.4	10.7	10.9
중장년	100.0	—	—	79.3	4.2	16.6
노인	100.0	—	—	88.4	1.9	9.6

주 : 주택은 단독주택, 아파트, 연립·다세대, 비거주용 건물 내 주택이 포함되어 있고, 주택 이외 거처에는 오피스텔을 제외한 고시원, 판잣집, 비닐하우스, 기타 등이 포함됨
자료 : 국토교통부. 2019. 주거실태조사 원 자료를 바탕으로 작성: 박미선. 우지윤(2021) [1인 가구 연령대별 주거취약성 보완방안] p.16에서 재인용

3) 주거취약계층 변화와 상존

주거복지 실현수단으로서 공공임대주택의 성과를 보는 방법 중 하나는 물리적 거처로서의 적정한 거처를 갖추지 못한 이들이 공공임대주택을 통해 수혜를 받았는지 확인하는 것이다.

이런 의미로 최저주거 기준 미달가구의 변화를 살펴보는 것이 의미가 있다. 주거실태조사를 통해 확인할 수 있는 최저주거 기준 미달가구의 변화는 경제성장만큼이나 성공적이라고 할 수 있다.

2006년 총 가구의 16.6%가 기준 미달에 해당하는 수준이었으나 가장 최근인 2020년 기준 4.6%로 하락하였기 때문이다. 가구 수 기준으로는 268.5만(2006년) 가구가 92.1만(2020년)으로 축소되었으니 1/3 수준으로 하락한 것이다.

(단위 : 만 가구, %)

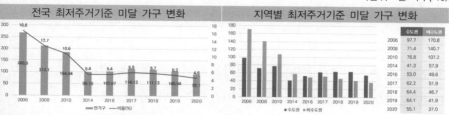

자료 : 국토교통부. 각년도. 주거실태조사 원자료를 바탕으로 작성

그림 5 최저주거기준 미달 가구 변화

지역별로는 수도권과 비수도권으로 나누어 볼 수 있다. 동일 기간의 추세는 수도권보다 비수도권에서의 기준미달가구 축소가 두드러진다. 170.8만(2006년) 가구에서 37만(2020년) 가구로 비수도권에서의 기준미달이 감소하였다.

그러나 수도권의 경우는 약간 다른데 97.7만(2006년) 가구의 미달이 55.1만(2020년)으로 감소한 것은 맞지만, 2010년대 들어 수도권은 오히려 약간 증가양상을 보이기도 한다. 수도권으로의 인구밀집과 저렴한 주택 부족, 저소득가구 상존, 청년 이동과 '지옥고'로 불리는 도시 내 비적정 거처의 증가 등이 원인으로 보인다.

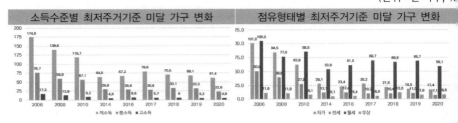

자료 : 국토교통부. 각 년도. 주거실태조사 원자료를 바탕으로 작성

그림 6 특성별 최저주거기준 미달 가구 변화

소득계층별 최저주거기준 미달가구 변화를 살펴보는 것도 의미가 있다. 저소득가구의 경우 기준미달가구가 174.5만(2006년)에서 61.4만(2020년)으로 거의 1/3 수준으로 감소하였다. 그러나 2020년 기준 중고소득에서의 기준미달가구는 미미하다.

전국적으로 기준미달가구가 4.6% 수준이지만, 저소득층에서는 그 비율이 8%에 이를 정도로 훨씬 높다. 여전히 저소득층의 주거권을 보장하기 위한 정책 수단이 지속적으로 요구된다는 의미로 해석된다.

상당한 노력으로 공공임대주택 재고를 확충하는 성과를 거두었음에는 이견이 없으나, 우리 사회에는 여전히 적정주거에 미치지 못하는 이들이 상존하고 있음도 잊지 말아야 한다.

4. 공공임대주택 정책 지속가능성과 미완의 과제

1) 공급 측면의 지속가능성

공공임대주택 공급 주체를 고려할 때 국내 상황은 OECD 다른 국가들과 상당한 차이를 보인다. 이는 국가나 지자체와 같은 공공부문의 공적기구가 공급하는 비중이 상당히 높은 것인데, 특히 국가 공기업 비중이 절대적이고, 다음으로 지역단위의 공기업이 주된 공급 주체이다. 한국과 유사한 구조를 보이는 곳은 이탈리아나 뉴질랜드 정도이나 이들 국가는 사회주택 비중 자체가 낮은 국가로 앞서 살펴본 사회주택 배분 모델에서 잔여형 모델에 가까운 국가이다. 따라 한국처럼 상당한 재고를 갖고 시장에 접근하기 어려운 이들을 대상으로 공급하는 일반적 모델을 취하는 국가들의 공급자 구조와는 차이가 난다. 예를 들면, 오스트리아나 네덜란드, 잉글랜드 등 재고 비중이 높거나 보편적 모델을 채택하는 국가는 공급주체가 다양함을 알 수 있다. 비영리, 제한적 영리를 취하는 공급업자들 다수가 공급하는 방식이다.

한국의 공공임대주택 공급에서 공급주체의 지속가능성에 대한 논의가 필요한 시점이다. 그동안 국가 공기업의 일사분란한 조직력과 실행력을 바탕으로 빠른 기간 동안 소품종 대량 생산을 통해 재고를 확충한 성과가 인정된다. 그러나 과연 이런 방식이 미래에도 지속가능할 것인지는 의문이다. 다품종 소량생산과 서비스 결합 등 좀 더 소프트한 공급과 운영이 필요한 시기에 접어들었다. 물론 지금도 공사에서 다양한 취약계층을 위한 시범적 사업을 추진하고 있다. 리빙랩으로의 기능을 수행하고 이를 통해 성공사례로 생산된다. 그러나 공공부문이라는 특수성이 갖는 한계도 존재한다. 국정과제 지원에 매진하는 장점이 있는 반면, 시장변화와 수요자 대응에 있어 민간부문보다 민첩할 것을 기대하는 것은 무리이다. 또한 시기에 따라 공공기관에 요구하는 기준이 계속 변화한다. 국가가 수행할 역할이나 민간에서 공급되지 않는 재화나 서비스를 공기업을 통해 대행함에도 불구하고, 효율성과 이윤, 재정건전성 등 민간의 성과지표를 요구하기도 한다. 태생하게 된 본연의 가치와 운영과정에서의 가치 사이에 긴장관계가 조성되는 것이다.

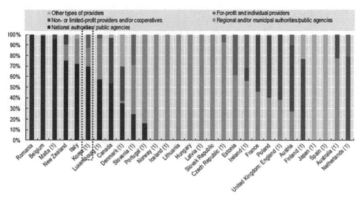

출처 : OECD. social rental housing stock
(https://www.oecd.org/els/family/PH4-2-Social-rental-housing-stock.pdf)

그림 7 OECD 국가의 사회주택 공급자 종류별 비중, 2020년 이후 최신

공급 측면에서 또 고려할 점은 도시 관리 측면이다. 선진국에 들어섰다고 하지만, 여전히 주택의 공급 논리가 도시관리 논리를 압도한다. 도시계획이나 관리를 위한 계획보다 정부의 주택공급 기

조가 우선한다. 공공임대주택의 공급에서도 여전히 공급량 산정에서 공간이 중요하지 않다. 공간이 빠진 탈맥락적 의사결정이 이루어진다. 전국 물량이 결정되면 그걸 할당하는 방식이다. 수요가 많은 곳에 더 지을 것인가, 수요가 없는 곳에 지을 것인가의 문제에 봉착한다. 사실 공급 가능한 택지가 조성되는 곳에 공급된다고 봐야할 것이다. 수요가 많은 수도권에 더 많이 공급하면, 수도권 집중에 기여하는 방식이라는 비판에 직면하고, 택지가 많은 지방에 공급한다면 공가가 발생하는 곳에 건설했다고 비판받는다. 언론이 비판하기도 하고, 국회에서 지적받기도 한다. 이로 인해 기관평가에서 부정적인 평가를 받게 되면 불이익의 여파가 크다.

공공임대주택이 건설되는 지역의 입장에서도 생각해 보자. 광역시도에 주거정책심의위원회가 설치되었다. 그러나 5년에 한 번 열린다고 해도 과언이 아닐 정도로 무력화되어 있다. 유명무실하다. 5년에 한번 주거종합계획을 수립할 때 개최되고는 거의 유명무실한 위원회이다. 주거기본법에서 주거정책심의위원회의 역할은 최저주거기준 등 설정 및 변경, 주거종합계획의 수립 및 변경, 택지개발지구, 분양가상한제 적용지역, 투기과열지구 지정 및 해제, 기타 주거정책 및 주택의 건설공급거래에 관한 사항을 심의한다고 적시하고 있다(「주거기본법」 제8조). 시·도의 주거정책심의위원회는 시·도의 주거종합계획 수립 및 변경, 택지개발지구 지정·변경 및 해제, 이외에는 지역에서 주거복지 등 주거정책 및 주택의 건설·공급·거래에 관한 중요한 정책으로서 시도지사가 심의에 부치는 사항이라고 되어 있다(「주거기본법 시행령」 제11조). 그러나 시도의 주거종합계획을 수립하는 경우가 아니고는 딱히 지역의 주거정책심의위원회가 하는 일이 없다. 지역에서 도시계획, 건축, 교통 등 각종 개발사업과 관련된 위원회가 지속적으로 개최되는 것과는 차이가 크다. 공공임대주택 공급과 관련하여 지역에서는 복지비용 지출이 증가하기 때문에 반기지 않는다. 취약계층을 위해 존재해야 하는 국가와 지방정부는 그들의 거처 마련을 위한 정책 수단을 반기지 않는 것인가? 시도의 주거정책심의위원회가 현재 법에 기술된 제한적 역할에서 벗어나도록 재정비해야 한다.

2) 관리 측면의 지속가능성

그동안 공공임대주택은 공급자 중심적이었다. 얼마나 많은 양을 건설할 것인가에 더 많은 관심과 노력을 기울였다고 본다. 관리는 물리적 관리가 좀 더 주안점이었다고 하면, 입주민의 역량강화에 대한 관심도 증가하고 있다. 다양한 서비스 결합을 위해 노력하는 점 등을 통해 알 수 있다. 앞으로의 관리 중에 노후화하는 공공임대주택을 어떻게 재건축할 것인가 하는 문제를 진지하게 고민할 시점이다.

재건축 방식은 극단적인 선례가 존재한다. 예를 들면 미국의 경우처럼 공공임대주택의 사회적 병리현상, 저소득층 집중 문제를 완화하기 위하여 멸실 후 분산, 저밀, 소득 계층 혼합형으로 재건축하는 방식이 있다. HOPE VIHousing Opportunity for People Everywhere

로 명명된 방식이다. 이와는 거의 대척점에 있는 방식이라고도 할 수 있는데 싱가포르의 공공주택 재건축 방식이다. 물론 싱가포르의 주택은 공공임대주택이 아닌 정부의 법정기구인 주택개발청HDB, Housing Development Board이 건설공급하고 1999년 토지임대부로 공급한 공공자가주택이다. 노후한 공공주택 중 개발잠재력이 높은 블록에 대해 선택적으로 전략적인 재건축을 실시하는데, 인근에 이주단지를 건설하고 해당 부지는 복합 고밀로 재활용한다. 과연 국내의 공공임대주택은 어느 쪽에 더 가까운가 고민할 시점이다.

자료 : 미국 Schwartz. 2021. Housing Policy in the United States pp. 163-164.
　　싱가포르. https://www.99.co/singapore/insider/hdb-sers-sites-before-after-nostalgia/

그림 8 미국과 싱가포르 공공주택 재건축 사례

3) 수요 측면의 지속가능성

세 번째 고민의 지점은 입주자의 취약성과 관련된 수요 측면의 지속가능성이다. 취약계층을 보호하기 위한 목적을 충실히 이행한 결과는 저소득층 밀집을 유발하게 되고 이들의 주거이동이 쉽지 않다. 공공임대주택을 떠나는 경우, 유사한 비용으로 마련할 수 있는 주택이 민간임대시장에서는 질적으로 매우 낮은 수준이거나, 유사한 질적 수준을 갖춘 저렴한 주택이 거의 존재하지 않기 때문이다. 이와 함께 거주자의 지역고착으로 고령, 독거 세대가 증가하고 있다. 영구임대주택 14.1만 세대 중 독거세대는 8.7만 세대이고, 독거세대 중 65세 이상 노인은 4.7만으로 대다수를 차지하고 있다. 심지어 2015년 이후 영구임대주택 입주자의 자살 224명, 고독사가 183명이 확인되기도 한다(더불어민주당 허영 의원실 보도자료 2020.10.7). 이런 수요 측면의 취약성은 기존의 공공임대주택 공급과 관리방식에 대한 질적 도약이 필요함을 알려주는 시그널이 될 수 있다.

앞서 공공임대주택이 어느 경로로 발전할 것인가에 대한 발전경로의 대안에서 보듯이 민간임대주택에 대응력이 생길 만큼 양적으로도 증가하면서(경로1) 이와 함께 서비스가 결합된 방식으로 발전할 수 있다. 이 과정에서 공급자의 역할 뿐 아니라 수요자의 역할도 중요하다. 권리와 의무에 대한 이해가 제고되어야 한다.

미국의 공공임대주택이 집중형 단지형 공급에서 분산형으로 바뀐 배경 중 하나는 공공임대주택 입주자의 낮은 소득수준과 반사회적 행동양식이 영향을 미쳤다. 초기에 공공임대주택을 건설하면서 입주자 소득 수준을 고려하여 소득의 25%를 임대료로 지불하고, 나머지는 정부에서 보조하던 정책이 수정된다. 입주민 소득은 상승하지 않고 그에 비해 관리비용이 높아지면서 정부의 부담이 지속적으로 상승해갔기 때문이다. 따라서 초기에 25% 입주민 부담은 30%로 기준이 상승하게 되고, 이것이 최종적으로 미국에서 주거비 부담과 관련된 정책을 펼칠 때 기준이 되는 주거비부담선이 된다. 입주민의 낮은 소득과 함께 반사회적 행동으로 인해, 후속적으로 입주민에게 원 스트라이크 아웃 정책이 도입된다. 한 번이라도 마약, 약물 등 범죄에 연루되거나 형을 살게 되면 공공임대주택에서 퇴거시키는 것이다. 공동주택에서의 삶은 바로 인접한 이웃이 있기 때문에 공간적 인접에 따른 외부효과의 영향력이 크다. 따라서 다 같이 지켜야 하는 규율이 있을 수밖에 없다. 이는 모든 이를 위한 것이다.

또 다른 극단적 사례이긴 하지만 싱가포르의 경우에도 공공기구를 통해 공급한 공공자가주택에 거주할 때 요구되는 생활준칙 같은 것이 있다. 일정한 주기로 건물의 외벽을 도색하는 것도 하나의 예이다. 또한 고층 아파트로 건설된 싱가포르 단지 특성상 고층에서 물건을 투기하는 행위가 엄격하게 금지되어 있다. 만일 물건 투기가 발견되면 벌금이 매겨지고 퇴거당하게 되며 여기에서 끝나지 않고, 후속적으로 공공자가주택에 재입주가 금지될 정도이다. 이런 사례를 무조건 따라하자는 주장은 아니다. 그러나 공공임대주택의 고층에서 물건을 던져 위험한 상황이 발생했다는 이야기가 처음 있는 일이 아니다. 민원이라는 이름으로 무질

서와 공동생활을 방해하는 행위를 묵인하는 게 정답은 아니다. 그래서 수요 측면에서도 공공임대주택이 지속가능하기 위해 고민할 지점이라고 주장하는 것이다.

4) 사회적 포용성 측면의 지속가능성

마지막으로 지속가능한 공공임대주택은 차별과 혐오를 넘어서는 사회적 지속가능성 측면에서 고민해야 한다. 공공임대주택의 차별은 여러 방식으로 발전해 왔는데, 차별이 드러나는 방식이 가시적으로 눈에 띄는 방식에서 덜 눈에 띄면서 미묘한 방식으로 변화해 왔다. 즉, 공공임대주택 건설 초기에는 도시 외곽에 기반시설이 충분치 못한 곳에 건설되면서 가시적으로 차별받았다면, 점차 도시 내에 입지하게 되면서 분양주택과 함께 건설되는 과정에서 단지의 외곽에 향이나 소음 등에서 불리한 곳에 배치되는 방식으로 차별받는다. 분양주택과 달리 소형으로 건설되는 공공임대주택은 계단형이 아닌 복도형으로 건설되는 경우가 많고 한 층에 여러 세대가 배치되다보니 동의 모양만으로도 어느 정도 차이가 발생하기도 한다. 면적과 공사비 지원 등을 고려할 때 불가피한 선택일 수밖에 없는 부분도 있다. 그러나 이런 물리적 차별과 달리, 인근에 학교나 시설 이용을 배제하는 방식은 잘 드러나지 않는다. 분양아파트와 임대아파트가 함께 건설된 단지에서 울타리를 설치해서 가로지르지 못하게 하는 사례나 가시철조망이 건설된 사례는 언론에도 보도될 정도였다.[4] 이외에도 혼합단지의 시

----

4   관악구 봉천동 관악드림타운 임대아파트 차별(머니투데이. 2015.10.16. '분양vs임대'

설물이나 편의시설을 분양아파트 쪽에 집중적으로 건설한 사례,[5] 초등학교 신입생 예비소집에 분양아파트 거주학생과 임대아파트 거주학생을 따로 분류하였다가 학부모로부터 거센 항의를 받은 사례[6]도 보고되었다.

또 다른 차별 방식은 호명하는 과정에서 나타난다. 하나는 아파트 이름을 바꾸는 과정에서 다른 하나는 임대주택 거주자를 호명하는 과정으로 드러난다. 건설사의 브랜드를 아파트명에 추가함으로써 자산 가치를 높이려고 시도하는데, 이때 임대주택은 같은 건설사임에도 불구하고 동일한 브랜드를 사용하지 못하게 하는 차별이 발생한다. 뿐 아니라 임대주택 단지명을 바꾸려고 하자, 인근에서 유사한 브랜드를 사용하는 주민이 강력 반발하기도 했다.[7] 더 혐오스러운 점은 임대주택 입주민을 거지라는 명사와 함께 사용하여 표현하기까지 한다는 점이다. 대표적인 공공임대사업자인 한국토지주택공사가 건설한 임대주택이 휴먼시아라는 브랜드를 도입하자 임대주택 입주민을 휴먼시아 사는 거지라는 의미로 '휴거(휴먼시아+거지)'라고 표현하거나 LH라는 브랜드를 이용하여 '엘거(LH+거지)'라고 지칭하는 것이 그것이다.

<hr />

주민갈등…가시철망 치고 "넘어 오지마!")
5 하남 풍산지구 임대주택 차별(이주현, 2012, 분양·임대 아파트 혼합주거단지의 공간구성과 사회적 혼합 - 하남 풍산지구와 시흥 능곡지구 비교 연구 -, 지리학논총, 58, pp.77-95)
6 경북 안동초등학교 신입생 민간아파트와 학생 차별(서울신문. 2018.11.25. "임대주택 사는 걔, '캐슬' 사는 우리 애랑 같은 길로 못 다녀")
7 자곡포레 입주자가 래미안 강남포레로 이름을 바꾸려 하자 인근의 래미안 강남힐즈 주민들이 반발, 구청에 항의한 것. 자기네는 원래 민간이 분양한 아파트이기 때문에 SH가 공급한 임대주택은 래미안 강남포레로 바꾸면 안 된다는 것(매일경제. 2015.02.04. [톡톡! 부동산] '주홍글씨' 못 뗀 임대아파트)

사회적 포용성 측면에서 공공임대주택 입지를 반대하거나 불리한 공간에 건설하거나, 입주민을 멸칭으로 부르는 행위 등에 대해 사회적 고민이 필요하다. 공공임대주택 건설로 인해 자산가치가 하락할 것을 두려워하여 반대 시위하는 일은 이제 놀랍지도 않은 일이 되었다. 그러나 사회적 약자의 주거권 확보 수단인 공공임대주택 건설을 지지하는 기사는 찾아보기 어렵다. 청년들이 더 이상 '지옥고'에 살지 않도록 행복주택을 건설해달라고 하는 정도의 목소리가 들려올 뿐이다. 나와 사회경제적 배경이 다른 이들과 함께 사는 사회, 주거지에 공공임대주택이 지속가능하기 위한 고민이 필요하다.

5. 공공임대정책 3.0 시대를 고민하며

공공임대주택 정책의 발전 경로를 거칠게나마 정리하면서 이제 공급자 중심의 1세대 정책과 수요자도 고민하는 2세대를 지나 이제 3세대 정책이 필요한 시점에 접어드는 것이 아닌가 하는 생각이 든다. 공공임대정책 버전 3.0 시대를 맞이할 준비가 필요하다. 공급자, 수요자, 사회 전체가 모두 참여가 요구된다. 지속가능한 정책 발전을 위한 고민거리는 각 꼭지별로 모두 중요한 연구과제의 주제이다. 한 두 페이지로 정리될 내용이 아니지만, 더 많은 연구와 고민이 이어지길 바라는 마음으로 문제를 제기하였다. 재고가 확대되고 더 많은 이들을 포용하는 정책으로 발전할 것인지, 현재 상태를 유지하거나 재고를 축소하는 정책으로 변화할지, 혹은 더 적은 재고와 더 좁은 대상에 제한하는 정책으로 옮겨갈지는 아직 미지수이다. 그러나 1세대 또는 2세대의 정책으로 후퇴할 것 가능성보다는 더 많은 재고와 더 넓은 대상자를 포괄하는 방식으로 확대될 가능성이 커 보인다. 이런 정책 확장을 원하는지, 필요한지, 가능한지에 대한 깊은 논의가 이어지길 기대한다.

:: 참고문헌

국회의원 허영 보도자료. 2020.10.7. 주거복지사 10명이 영구임대주택 14만
    호 세대 담당
UN. 2015. Social Housing in the UNECE Region
OECD. 2022. Social Rental Housing Database.
박미선. 2022. 함께 거주할 수는 없는가: 공공임대주택을 둘러싼 혐오와 차별.
    [차별과 혐오를 넘어서]. 컬처룩.
박미선 외. 2019. 주거권 실현을 위한 중앙과 지방의 역할 분담 방안. 국토연구원

공공임대주택 수요분석과 공급방안

김근용
(한양대학교 겸임교수)

1. 공공임대주택 공급정책 변천과 공급 현황

2020년 말 기준 우리나라의 주택보급률은 103.6%로 가구 수에 비해 주택 수가 더 많다. 주택의 절대적 부족문제는 어느 정도 해소된 셈이다. 1980년 주택보급률이 71.2%였던 것과 비교하면 격세지감이다.

이처럼 주택보급률이 100%를 넘어선 상황에서 주택을 소유하지 못하여 전월세로 살고 있는 가구도 아직 40%가 넘는다. 10가구 중 4가구 이상이 집이 없는 셈이다. 입는 것(衣), 먹는 것(食)과 더불어 집(住)은 사람들이 살아가기 위한 필수적인 요소이다. 해방 이후 70년대까지는 먹는 것, 입는 것을 해결하는 일이 시급한 과제였으며 정부의 정책도 여기에 집중되었다.

정부가 주택문제에 본격적으로 개입한 것은 1980년대 이후의 일이다. 1980년 택지개발촉진법이 제정되어 주택 공급을 위한 대규모 택지개발사업이 시작되었고, 1980년대 하반기에는 정부가 '주택 200만 호 공급계획'을 발표하면서 정부 주도의 주택공급이 활발하게 이루어졌다. 특히 스스로 집을 장만하기 어려운 무주택서민의 주거 안정을 위한 공공임대주택 공급정책은 중요한 사회적 화두가 되었다.

우리나라에서 정부 차원에서 체계적으로 계획을 수립하여 무주택서민의 주거문제 해결을 위해 공공임대주택을 대량으로 공급하기 시작한 것은 노태우정부 때이다. 1980년대 하반기 주택가격이 급등하고 무주택서민의 주거불안이 사회적 문제로 대두되면서 정부는 주택 200만 호 공급계획을 수립하고 소득 10분위 기준으로 소득 1~2분위에게는 영구임대주택을, 2~4분위 저소득 근로자에게는 근로자주택을, 3~5분위의 중산화 가능 계층에게는 장기임대주택과 소형분양주택 등을 공급하였다.

이 시기에 영구임대주택 19만 호가 공급되었다. 주택 200만 호 건설계획에는 영구임대주택을 포함한 서민용 주택의 공급유형, 공급대상계층, 사업주체를 구체화하였다. 또한 정부 재정, 국민주택기금(현 주택도시기금) 등을 통한 자금지원 수단을 마련하였으며, 공공임대주택 건설을 위한 택지를 조성원가 이하로 공급하도록 관련 제도를 정비하였다.

주택 200만 호 공급계획이 구체적으로 실현됨에 따라 1992년 이후 1997년 외환위기 직전까지 주택시장은 안정되었다. 이에 따라 김영삼정부 들어서는 공공임대주택 공급량이 줄어들었다. 김영삼정부는 영구임대주택 공급을 중단하고 5년과 50년 공공임대주택 10만 호 공급을 계획하였으며, 실제 8만 호의 공공임대주택이 공급되었다. 50년 공공임대주택은 청약저축 가입자를 대상으로 선정하였으며 철거세입자, 보훈대상자 등에게 특별공급하였다. 재정지원 비율은 영구임대주택(85%)보다 축소된 50%였다. 1994년부터는 재정지원이 중단되었고 이후 50년 공공임대주택 공급은 사실상 중단되었으며, 이후 대한주택공사(2009년 한국토지공사와 통합하여 현재 한국토지주택공사) 5년 공공임대주택을 중점적으로 건설하였다.

김대중정부는 1998년 IMF 외환위기로 인한 대규모 실직, 저소득층의 주거불안 심화 우려 등에 따라 서민 주거안정을 위해 국민임대주택을 도입하였다. 최초 5만 호 건설을 계획하였으나 점진적으로 확대되어 2002년 100만 호까지 확대하였다. 공급 초기에는 10년형과 20년형으로 임대의무 기간에 차이를 두었으나, 임대의무기간을 30년으로 통일하고 주택규모에 따라 청약자격에 차등을 두었다.

노무현정부는 김대중정부의 국민임대주택 100만 호 공급계획을 승계하고 매입임대와 전세임대를 도입하였다. 국민임대주택 100만 호 공급계획 실현을 위한 법적기반도 조성하였다. 2003년 12월에 국민임대주택 건설 촉진을 위해 「국민임대주택건설 등에 관한 특별조치법」을 제정하여 원활한 주택 공급을 위해 택지 확보 및 사업절차를 간소화하였다.

신규건설 이외에도 공사 중 부도주택 및 준공 후 부도주택 매입 등을 통해 국민임대주택 공급물량을 늘렸으며, 장기임대주택 공급확대를 위해 국민임대주택 재정지원 단가를 현실화하였다. 또한 주거복지 지원 로드맵(2003.5)을 바탕으로 다가구매입임대(2004), 전세임대(2005) 등 다양한 유형의 임대주택 공급정책을 적극적으로 추진하였다.

이명박정부는 개발제한구역 해제, 신도시 개발, 도심 재개발 등을 통해 도심 인근에 공공분양과 임대주택을 통합한 보금자리주택 공급을 추진하였다. 보금자리주택은 국가 또는 지자체의 재정이나 국민주택기금을 지원받아 건설 또는 매입하여 공급하는 주택으로 공공분양주택, 장기공공임대주택(영구임대, 국민임대), 공공임대주택(5년·10년 임대주택, 분납임대주택, 장기전세주택)으로 구분하였다. 또한 김영삼정부 출범 이후 공급이 중단된 영구임대주택을 최저소득계층 대상으로 공급을 재개하고, 매년 1만 호씩 10년간(총 10만 호) 공급을 계획하였고, 정부 재정지원을 통해 시중가의 30% 수준의 임대료로 공급토록 하였다. 이를 위하여 「국민임대주택건설 등에 관한 특별조치법」을 「보금자리주택건설 등에 관한 특별법」으로 개정하여 법적 근거를 마련하였다.

박근혜정부는 「보금자리주택건설 등에 관한 특별법」을 「공공주택건설 등에 관한 특별법」으로 제명 변경하고(2013.7), 이에 근거하여 대학생, 신혼부부, 사회초년생 등을 위한 행복주택을 도입하였다. 「공공주택건설 등에 관한 특별법」은 이후 「공공주택특별법」으로 제명 변경되었으며(2015.12), 이 법은 기존 「공공주택

건설 등에 관한 특별법」과「임대주택법」에 포함되어 있던 공공주택의 공급·관리 등에 관한 사항이 이관되어 공공주택의 건설, 공급, 관리에 대해 포괄적으로 규정하였다.

문재인정부는 주거복지로드맵을 발표하여 공공임대주택 재고를 2025년까지 240만 호 확보하여 장기공공임대 재고율 10%를 목표로 제시하였다. 저소득층이 장기간 안정적으로 거주할 수 있는 30년 장기공공임대주택(영구·국민·행복) 비중을 확대하고, 영구·국민·행복주택을 하나의 유형으로 통합한 통합공공임대주택을 추진하였으며,「공공주택특별법시행령」개정을 통해 법적 근거를 마련하였다.

이와 같이 노태우정부에서 문재인정부에 이르기까지 정부는 공공임대주택 공급을 주요 정책과제로 채택하고 이를 실현하고자 노력하였다. 그 결과 2020년 말 현재 공공임대주택은 174만 호로 총주택 수 대비 8%가 되어 경제협력개발기구OECD 평균치인 6.8%를 상회하는 수준에 이르렀다.

공공임대주택 재고 중 가장 높은 비중을 차지하고 있는 유형은 국민임대주택이며(32.5%), 다음이 전세임대주택(16.3%), 영구임대주택(12.3%)이다. 최근 3년간 재고변동을 보면 매입임대주택의 재고 증가율이 가장 높게 나타나고 있으며, 국민임대주택의 재고 증가율은 감소하고 있다.

표 1 공공임대주택 재고 현황

(단위 : 호)

연도	2018		2019		2020	
구분	재고	비중	재고	비중	재고	비중
계	1,570,242	100%	1,660,128	100%	1,737,078	100%
영구	207,240	13.2%	209,290	12.6%	212,985	12.3%
50년	110,944	7.1%	111,745	6.7%	111,745	6.4%
국민	534,743	34.1%	541,622	32.6%	564,265	32.5%
10년	207,969	13.2%	213,218	12.8%	214,817	12.4%
5년	64,027	4.1%	60,822	3.7%	35,692	2.1%
사원	22,624	1.4%	15,209	1.0%	11,646	0.7%
장기전세	32,744	2.1%	33,180	2.0%	35,658	2.1%
전세임대	234,570	14.9%	265,647	16.0%	282,849	16.3%
매입임대	117,533	7.5%	146,040	8.8%	178,351	10.3%
행복	37,848	2.2%	63,355	3.8%	89,070	5.1%

자료 : 국토교통부 통계누리

2. 공공임대주택의 수요분석과 고려사항

1) 공공임대주택의 수요분석

앞에서 살펴보았듯이 현재 공공임대주택 재고는 총주택 재고 대비 8% 수준에 달하지만, 공공임대주택에 대한 추가적인 수요는 지속적으로 발생하고 있다.

현재 시점에서 공공임대주택의 총량적 수요가 어느 정도 되는가를 분석할 때, 흔히 주택 소유여부, 소득과 자산기준 충족여부, 그리고 입주의사를 기준으로 추정한다.

이러한 기준에 따라서 향후 공공임대주택 수요를 추정해보기로 한다. 목표연도는 2027년으로 설정하고, 자료는 통계청 가구추계 및 주거실태조사(2020년)를 활용한다. 대상가구는 현재 무주택 임차가구이고, 공공임대주택에 거주하지 않는 가구 중 소득 기준을 충족하며 입주의사를 가지고 있는 가구를 공공임대주택 수요로 추정한다.

공공임대주택 수요 = 일반가구 x 무주택 민간임차가구 비중 x 소득 기준 충족가구 x 공공임대주택 입주의사 가구 비중

공공임대주택 수요는 정부가 목표 소득계층을 어느 수준으로 설정하는가에 따라 상당한 차이를 보인다. 정부 정책은 수시로 변경되므로 이 연구에서는 중위소득 100% 이하와 150% 이하로 설정하여 분석하기로 한다.

목표연도 2027년 장래가구 수 2,286.2만 가구를 기준으로 위 식에 따라 공공임대주택 수요를 추정한 결과, 215.7만 가구(소득 100% 이하), 359.5만 가구(소득 150% 이하)로 나타났다. 공공임대주택 입주의사가 있는 가구비중은 공공임대주택 입주의향을 조사한 항목을 이용하여 분석하였으며, 약 64%가 입주의사를 가지고 있는 것으로 나타났다.

소득 100% 이하 기준을 충족한 가구의 64.1%가 입주의사가 있으며, 소득 150% 이하 기준을 충족한 가구는 63.7%가 입주의사를 보여 거의 비슷하게 나타났다.

지역별로 보면 소득 100% 이하 가구의 경우 인천의 입주의사 비율이 77.3%로 가장 높고, 경기도(73.6%), 서울(72.3%) 순으로 수도권은 모두 70%가 넘는 것으로 확인되었으며, 비수도권에서는 제주도(67.4%), 부산(64.0%), 전남(63.6%)의 입주의사 비율이 높게 나타났다.

소득 150% 이하 가구의 경우 소득 100% 이하와 동일하게 인천(74.5%)의 입주의사 비율이 가장 높고, 서울(72.6%), 경기도(71.9%) 순으로 수도권에서 입주를 원하는 가구비율이 높다. 수도권이 전체 공공임대주택 수요의 60% 이상을 차지하고 있다. 이는 수도권의 주택보급률이 비수도권에 비해 낮고 전월세 가격이 높기 때문인 것으로 판단된다.

소득 100% 이하 가구의 경우 수도권 공공임대주택 수요는 134.8만 가구(62.3%)이며 경기 61.2만 가구, 서울 57.2만 가구, 인천 16.4만 가구 순이다.

비수도권은 81.4만 가구(37.7%)이며 부산(14.9만 가구), 경남(9.3만 가구), 대구(7.7만 가구)의 수요가 많다. 소득 150% 이하 가구에서도 이와 유사한 패턴을 보이고 있다.

표 2 시도별 공공임대주택 수요 추정 (2027년)

(단위 : 만 가구, %)

구분	소득 100% 이하			소득 150% 이하		
	소득 기준 충족 가구 (e)	입주 의사 비율 (h)	수요 추정 (i=e*h)	소득 기준 충족 가구 (g)	입주 의사 비율 (j)	수요 추정 (k=g*j)
전국	336.2	64.1	215.7	564.8	63.7	359.5
서울	79.1	72.3	57.2	145.8	72.6	105.8
부산	23.3	64.0	14.9	36.6	59.2	21.7
대구	19.7	39.2	7.7	28.3	38.5	10.9
인천	21.1	77.3	16.4	32.1	74.5	23.9
광주	9.2	57.8	5.3	13.9	52.7	7.3
대전	11.7	60.5	7.1	18.6	59.6	11.1
울산	6.1	54.2	3.3	10.4	52.3	5.4
세종	2.5	32.6	0.8	4.2	31.2	1.3
경기	83.1	73.6	61.2	152.7	71.9	109.8
강원	8.6	47.3	4.1	13.0	46.0	6.0
충북	8.9	49.5	4.4	14.2	50.1	7.1
충남	11.4	59.8	6.8	17.1	58.4	10.0
전북	8.4	55.6	4.7	12.6	51.5	6.5
전남	7.5	63.6	4.8	11.6	60.4	7.0
경북	11.7	45.2	5.3	18.4	47.3	8.7
경남	17.8	52.1	9.3	27.0	50.5	13.6
제주	4.3	67.4	2.9	7.0	69.2	4.8

자료 : 주거실태조사(2020) 자료 분석

2) 공공임대주택 수요분석 시 고려사항

앞에서는 공공임대주택의 총량적 수요와 지역별 수요를 살펴보았다. 그러나 이러한 분석만으로는 공공임대주택 공급계획을 수립하는 데 한계가 있다. 공공임대주택 공급계획이 정밀하게 수립되지 못하면 공급된 주택이 공가空家로 남을 수 있고, 입주자의 만족도도 낮아질 수 있다. 실제로 LH의 경우 공급된 공공임대주택 중 3.3%가 6개월 이상 공가 상태에 있다. 공가 발생의 주요 원인은 크게 입지적 여건, 주택규모 및 제도적 절차 등으로 구분된다. 주택유형별로 보면 국민임대주택의 공가는 주로 입지적 여건이 부적합하여 발생하고 있으며, 공가율이 약 10% 수준인 행복주택의 공가는 입지적 여건과 함께 주택면적에 따라 공가율의 차이가 발생하고 있다. 특히 전용면적 40m² 미만 소형 공공임대주택에서 공가율이 높게 나타나고 있다. 또한 유형별로 상이하고 복잡한 제도 및 입주자격, 청약부터 계약까지 평균 4개월 소요되는 행정절차 등도 공가 발생의 원인이 되고 있다.

공공임대주택 수요를 분석할 때는 지역특성, 주택특성, 제도뿐 아니라 더불어 대상계층의 수요특성을 면밀하게 분석할 필요가 있다. 이를 위해서는 우선 공공임대주택 입주대상계층의 가구주 연령, 가구원수 등을 면밀히 분석할 필요가 있다. 실제 공공임대주택에 입주한 가구와 수요분석에서 나타난 입주대상가구의 특성이 상당한 차이를 보이고 있다.

가구주 연령의 경우 현재 공공임대주택에 입주한 가구는 50대 이상이 약 60%를 차지하지만 수요분석에서 나타난 입주대상 가구는 40대 이하가 약 60%를 차지하고 있다. 이러한 경향은 지역별로 비수도권에 비해 수도권에서 더 크게 나타나고 있다. 가구당 가구원 수의 경우 공공임대주택 입주가구는 2인 이상이 약 70%를 차지하지만 입주대상가구는 1인가구가 45% 이상으로 나타나고 있다.

이러한 분석과 더불어 공공임대주택 입주대상가구의 이주계획, 이주 희망주택 규모, 가계수지, 특성가구 비중 등을 분석할 필요가 있다. 이주계획은 앞의 수요분석에서 적용한 공공임대주택 입주의사를 보완하는 지표로 활용될 수 있을 것이다. 공공임대주택 수요분석에서는 대상가구 중 약 64%가 입주의사를 밝혔으나 동일계층을 대상으로 2년 이내 이주계획을 질문한 결과 약 23%만이 이주계획이 있다고 응답하고 있다. 이는 입주의사를 기준으로 분석한 공공임대주택 수요가 과다 추정될 수 있다는 것을 의미한다.

이주 희망주택 규모 역시 중요하다. 공공임대주택 입주대상가구 중 약 60%는 60m² 이상의 주택을 희망한다. 그러나 현실적으로 공급되는 공공임대주택은 대부분 60m² 이하이다. 이는 공공임대주택이 공가가 발생하는 중요한 원인이 되고 있다. 입주대상가구의 공공임대주택 임대보증금과 임대료 지불능력도 파악할 필요가 있다. 지역별, 가구주 연령별로 자산과 소득 수준이 상이하므로 대상계층별로 임대보증금과 임대료 비중을 상이하게 설정하는 것이 합리적이다. 또한 특성가구에 대한 상세한 분석이 필요하다. 공공임대주택의 특별공급과 일반공급 물량을 어느 정도 배정할 것인지 결정하기 위해서는 입주대상계층 중 장애인가구, 노인가구, 다자녀 가구, 국가유공자 등 특성가구에 대한 분석이 필요하다. 이 외에도 기존 공공임대주택 거주가구의 특성별로 공공임대주택에 대한 전반적 만족도와 주거환경만족도를 분석하고 어떤 계층이 어느 부분에서 만족하고 불만족하는지를 상세히 분석한다면 신규 공공임대주택 공급 시 참고가 될 수 있을 것이다.

3. 공공임대주택 공급방안

1) 윤석열정부 공공주택 공급정책 검토

공공임대주택을 포함한 공공주택 공급은 정부의 정책에 의해 추진되는 사업이다. 역대 정부의 공공임대주택정책에서 살펴본 바와 같이 정부마다 새로운 공공임대주택 공급방안을 제시하고 이를 추진해왔다. 따라서 향후 몇 년간 공공주택정책이 어떻게 추진될 것인가를 가늠해보기 위해서는 윤석열정부의 공공주택 공급정책 방향을 살펴볼 필요가 있다.

윤석열정부는 2022년 8.16대책에서 향후 5년간 주택 270만 호를 공급하고, 공공임대주택과 관련하여 공급 확대와 질 개선 방안을 제시하였다. 8.16대책에서는 공공임대주택 공급 호수와 방식을 구체화하지 않았으나, 공약에서는 건설형 공공임대주택 50만 호 공급을 제시한 바 있다. 10월 26일에는 '청년·서민 주거안정을 위한 공공주택 50만 호 공급계획'을 발표하였으며, 주로 공공분양주택 공급방안에 중점을 두었다.

10.26대책에 따른 공공분양주택 50만 호는 과거 5년간('18~'22) 공급실적인 14.7만 호보다 3배 이상 많은 물량이다. 공공분양주택은 소득 및 자산 여건, 생애주기 등을 감안하여 나눔형, 선택형, 일반형 등 3가지 모델을 제시하였다. 나눔형(25만 호)은 분양가를 시세 대비 70%로 책정하고 분양가의 최대 80%를 장기저리 모기지로 지원한다. 의무거주기간은 5년이며 이 기간이 경과한 후 공

공에 환매 시 시세차익의 70%를 수분양자에게 보장한다. 선택형 (10만 호)은 목돈이 부족하고 구입의사가 불확실한 청년층 등이 저렴한 임대료로 우선 거주하고 분양여부는 6년 후 선택하는 모델이다. 6년 후 분양을 받는 경우 분양가격은 입주 시 추정분양가와 분양 시 감정가의 평균가격으로 한다. 분양을 받지 않는 경우 4년 더 임대방식으로 거주할 수 있도록 한다. 선택형은 사실상 6년 후 분양전환하는 분양전환공공임대주택인 셈이다. 일반형(15만 호)은 분양가 상한제(시세 80% 수준)가 적용되는 공공분양주택이다.

10.26대책은 공공주택 중 공공분양주택 공급에 중점을 두었다. 공공임대주택에 대해서는 학생, 사회초년생, 주거취약계층 등을 위한 주거 복지망을 강화하기 위해 연내에 연도별·생애주기별 공공임대주택 공급계획을 별도로 발표하기로 하였다. 구체적인 정책내용은 추후에 발표되겠지만 윤석열정부의 공공임대주택 공급정책의 방향은 공약으로부터 추론해볼 수가 있다. 공공임대주택 공급관련 공약은 공공임대주택 공급확대 및 질 개선, 비정상 거처 거주자의 완전 해소로 대변된다.

공약에서 건설형 공공임대주택 50만 호를 공급하겠다고 한 것은 공공임대주택 공급을 늘리겠다는 의지로 보인다. 기존 공공임대주택의 호당 주택규모가 작고, 입지가 부적합하여 공실률이 높은 점을 감안하여 호당 주택공급면적을 넓히고, 역세권 및 도심 복합개발 등을 통해 일터와 삶터가 연계되도록 수요가 많은 곳에 공급을 확대할 것으로 판단된다. 이와 더불어 복합개발과 리모델링을 통해 노후 공공임대주택의 질을 개선하겠다고 제시하였다. 공공임대주택의 공급을 통하여 비정상 거처 거주자도 완전 해소하겠다고 한다. 비정상 거처 거주자에게는 임대보증금을 무이자로 대여하여 정상 거처로 이전하도록 하고 주거급여 외에 정상 거처 이전 조건부 바우처(이사비 등)도 지급할 계획이다.

아직 구체적인 공공주택 공급로드맵이 나오지 않은 상황이지만, 정부의 정책의지를 감안하여 여기에서는 공급계획 수립 시 고려해야할 중요한 사항 몇 가지를 제시해보고자 한다.

2) 공공주택 공급로드맵 수립 시 고려사항

(1) 공공주택 공급로드맵 수립 범위

공공주택 공급로드맵을 수립하기 위해서는 먼저 로드맵의 범위를 설정해야 한다. 공공주택 로드맵 수립 범위에 공공주택만을 포함하는 방안(제1안), 공공주택과 공공택지에서 공급되는 민간주택까지 포함하는 방안(제2안)을 고려해 볼 수 있다.

제1안은 '공공주택특별법'의 적용을 받는 공공주택만 로드맵에 포함한다. 공공주택이란 국가, 지자체, LH, 지방공사 등 공공이 건설, 매입 또는 임차하여 임대 또는 분양하는 주택을 의미한다(「공공주택특별법」 제2조). 주택유형별 공급호수는 주택유형별 수요, 택지 확보 가능성, 재원조달 등을 감안하여 설정되어야 한다. 공공분양주택은 10.26대책에서 이미 제시되었으므로 이에 따르고 공공임대주택은 추후 발표내용에 따라 정리할 수 있을 것이다. 제1안에 따를 때 우선 주택구분, 점유형태, 공급방식, 택지구분 정도만 살펴보면 그 내용은 [표 3]과 같다. 제1안은 택지확보에서 주택공급까지 전 과정을 정부가 주도적으로 수행할 수 있는 주택만을 대상으로 범위를 설정함으로써 계획과 실적을 일치시키기 용이하다는 장점이 있다. 반면 공공택지 공급총량 계획 및 주택도시기금 운용계획과 공공택지에서 공급되는 민간주택을 계획적으로 관리하는 데 한계가 있다.

표 3 공공주택 공급로드맵 (제1안)

주택구분	점유형태	공급방식		택지구분
공공주택 (호수 미정)	공공임대 (호수 미정)	건설형	통합공공임대	공공택지
			분양전환임대(10년)	공공택지
			장기전세주택 (상생주택 등)	민간택지, 정비사업지
			매입약정형	민간택지
		임차형	기존주택전세임대	기존주택
	공공분양 (50만 호)	나눔형(25만 호)		공공택지, 민간택지 (민간개발 연계형)
		선택형(10만 호)		
		일반형(15만 호)		

제2안은 공공(국가, 지자체, LH, 지방공사 등)이 건설, 매입, 임차하여 임대 또는 분양하거나(공특법 제2조), 공공이 지원(공공택지, 주택도시기금 등)하고 민간이 건설하여 공급하는 주택(민특법 제2조에 따른 공공지원민간임대주택, 공특법 제2조에 따른 공공택지지구에서 공급되는 민간주택)을 포함하여 로드맵을 제시한다. 공공주택과 공공이 지원하고 민간이 건설하여 공급하는 주택은 통칭하여 '공공지원주택(가칭)'으로 정의해 볼 수 있을 것이

다. 제2안의 장단점은 제1안의 장단점을 반대로 해석하면 된다.

표 4 공공지원주택(가칭) 공급로드맵 (제2안)

주택구분	점유형태	공급방식		택지구분
공공주택 (호수 미정)	공공임대 (호수 미정)	건설형	통합공공임대	공공택지
			분양전환임대(10년)	공공택지
			장기전세주택 (상생주택 등)	민간택지, 정비사업지
			공공매입임대 (매입약정형)	민간택지
		임차형	기존주택전세임대	기존주택
	공공분양 (50만 호)	나눔형(25만 호)		공공택지, 민간택지 (민간개발 연계형)
		선택형(10만 호)		
		일반형(15만 호)		
공공택지민간주택 (호수 미정)	공공지원민간임대주택			공공택지 (민특법 제18조) 공급촉진지구 (민특법 제22, 23조)
	공공택지민간분양주택			공공택지 (공특법 제2조)

(2) 공공임대주택 공급 방안

공공임대주택의 안정적인 공급을 위해서는 주택유형, 택지확보와 입지, 대상계층, 임대료체계, 주택규모, 인력·조직·시스템 등이 체계적으로 정비하여야 한다. 다음에서는 향후 공급할 공공임대 주택과 관련하여 중요한 몇 가지 사항들을 검토해 보기로 한다.

① 주택 유형

공공임대주택은 건설형과 임차형으로 구분하여 공급한다. 종전 에는 영구임대주택, 국민임대주택, 행복주택, 5.10년공공임대주 택이 건설형에 포함되었다. 그러나 2022년부터 영구임대주택, 국민임대주택, 행복주택을 하나로 묶어 통합공공임대주택으로 공급하고 있다.

새정부는 공약에서 건설형 공공임대주택을 향후 5년간 50만 호 공급하겠다고 제시하였다. 구체적인 건설 계획호수는 2022년 연말쯤 나올 수 있을 것으로 보인다. 건설형 공공임대주택의 유형은 통합공공임대주택이 중심이 될 것으로 판단되며, 여기에 상생주택(공특법 제2조와 시행령 제2조에 따른 장기전세주택으로 분류 가능), 분양전환공공임대주택(10년), 매입약정형 신축매입임대주택 등이 포함될 수 있을 것이다.

종전 분양전환공공임대주택(10년)은 분양전환 당시 감정가격으로 공급함에 따라 가격 급등 시 감정가격(시세의 80~90%)도 급등하여 입주자 불만이 많아서 2021년부터 사실상 중단되었다. 향후에는 동일 공공택지지구 내 분양주택가격에 주택가격상승률(연 1.5% 범위 내 또는 1년 만기 정기예금이자율 적용)을 더하여 입주시점에 사전 확정분양가를 설정한다면 문제가 해소될 수 있을 것이다. 공공임대주택과 공공분양주택 사이에 '임차 후 자가주택'의 주거복지 사다리가 필요하므로 분양전환공공임대주택(10년)이 필요하다고 판단된다. 다만 앞에서 언급했듯이 공공분양주택으로 분류된 선택형주택이 사실상 6년 임대 후 분양 전환되는 분양전환공공임대주택이라는 점을 감안하면 분양전환공공임대주택(10년) 공급물량을 대량으로 설정하기는 어려울 것이다. 매입약정형 신축매입임대주택은 민간이 건축예정 또는 건축 중인 주택을 공공이 건축 완료 전에 매입약정을 체결하고 준공 후

매입하여 무주택서민에게 임대하는 주택이므로 건설형에 포함하는 것이 타당할 것이다. 건설형 공공임대주택 외에도 직주근접성 제고를 위해 임차형인 기존주택전세임대도 일정량 확보할 필요가 있을 것이다.

② 택지 확보와 입지

신규 공공임대주택 공급을 위해서는 공공택지와 민간택지를 모두 활용할 수 있다. 통합공공임대주택과 분양전환공공임대주택은 공공택지지구, 국공유지·차량기지, 도심·역세권 개발사업지(공특법 제2조와 시행령 제3조 참조) 등에서 공급할 수 있을 것이다. 상생주택은 방치된 민간토지를 활용하여 장기전세주택으로 공급하고 민간토지사용형, 공동출자형, 민간공공협력형 등 다양한 방식으로 운용할 수 있다. 매입약정형 신축매입임대주택은 민간보유 택지에서 민간이 건축예정 또는 건축 중인 주택을 공공이 건축 완료 전 매입약정을 체결하고 준공 후 매입하여 무주택서민에게 임대할 수 있다.

③ 대상 계층

공공임대주택 공급 대상계층은 기존 공공임대주택 공급기준(공공주택특별법 시행규칙, 주택공급에 관한 규칙)에 따르되, 지자체가 추천한 비정상 거처(상가, 공장, 여관, 고시원, 판잣집, 비닐하우스 등) 거주자에게 우선 공급할 필요가 있다. 비정상 거처 거주자가 공공임대주택으로 이주하는 경우 해당 판잣집, 비닐하우스는 철거하고, 해당 상가, 공장은 주거목적 사용을 제한하여 주거용도로 다시 활용되는 것을 방지할 필요가 있다. 고시원 등 다

중생활시설은 안전시설을 강화하여야 할 것이다.

④ 임대료 체계

공공임대주택의 임대료는 시중임대료에 비해 현저히 저렴하다. 저소득층의 주거비 부담을 줄인다는 점에서 긍정적이지만 운용주체의 적자가 누적되어 지속가능성에 문제가 발생하고 있다. LH의 경우 2021년 한 해 동안 공공임대주택 운용으로 인한 적자는 1조 8천억 원에 달한다. 따라서 임대운영 수지가 균형(임대료=임대운용비용)을 이룰 수 있도록 임대료체계를 개편함으로써 공공임대주택 공급의 지속가능성을 확보할 필요가 있다. 물론 공공임대주택의 유형별, 지역별, 소득계층별로 임대료를 차등화 하되, 종합적 운용수지는 균형이 되어야 할 것이다.

⑤ 주택 규모

기존 공공임대주택은 호당 규모가 작고 입지가 부적합하여 공가가 많이 발생하고 있다. LH의 경우 기존 공공임대주택 중 평균 3.3%가 6개월 이상 공가이며, 특히 전용 20m² 내외인 행복주택의 경우 6개월 이상 공가가 10%에 달하고 있다. 1~2인 가구용 기숙사형이나 공유주택 외에는 향후 공공임대주택은 주로 방이 2~3개인 20~32평(전용 50~85m²) 규모로 공급할 필요가 있다.

⑥ 인력·조직·시스템 구축

공공임대주택은 주로 LH(약 80%)와 SH 등 지방공사(약 20%)가 공급하므로 이들 조직과 인력을 활용하되, 필요 시 인력과 조직을 보강할 필요가 있다. 공공임대주택의 체계적인 공급을 위해 통합

시스템을 개발하고 대기자 명부제도도 안정적으로 정착시켜야 할 것이다.

이러한 노력을 통해 공공임대주택 공급을 포함한 주거복지로드맵이 정교하게 수립되어 주택시장도 안정되고 무주택 국민들의 주거복지가 더욱 향상되기를 기대해 본다.

주거급여 제도의 변천사

이용만
(한성대학교 교수)

1. 주거급여 제도의 정책적 의미

대부분의 나라에서 주거복지 정책은 국민들에게 '주거하기에 적절한adequate, decent 주택에서 부담 가능한affordable 가격으로 거주하도록 하는 것'을 목표로 한다. '주거하기에 적절한 주택'이라는 말에는 다양한 의미가 내포되어 있다.

주택은 비바람을 막아주고, 상하수도 시설과 취사시설, 그리고 화장실 등을 갖추고 있어야 하며, 가족 수에 맞게 적절한 규모의 크기여야 한다. 여기에다 주거환경이 쾌적하고 편리해야 하며, 직장 및 학교에 접근할 수 있어야 하고, 안정적인 거주가 가능해야 한다.[1] 한편 '부담 가능한 가격'이란 주거비가 자기 소득의 일정 수준을 넘지 않는 것을 말한다. 대략적으로 주거비가 자기 소득의 30% 수준이면 부담 가능한 수준으로 보고, 이를 넘어서면 부담

---

1   이용만 외, 『주거통계 프레임워크 작성』, 통계청 통계개발원, 2016

가능성이 떨어지는 것으로 본다.

저소득 가구에게 이 두 가지 정책 목표는 상충 관계에 놓여 있기 십상이다. 주거하기에 적절한 주택은 임대료가 비싸 자기 소득으로 주거비를 부담하기가 어려울 수 있다. 반대로 자기 소득으로 주거비를 부담할 정도가 되는 주택은 주거하기에 적절하지 않을 수 있다.

상충 관계에 있는 두 가지 정책 목표를 달성하기 위해 정부가 사용하는 방법으로, 크게 보아 두 가지 정책이 있다. 하나는 공공임대주택의 공급이고, 다른 하나는 주거비 보조 제도이다. 주거복지 정책의 두 기둥이라고 할 수 있다.

공공임대주택 공급 정책은 공공부문이 거주하기에 적절한 수준의 임대주택을 공급하는 정책이다. 대개 임대료는 임차인이 지불 가능하도록 저렴하게 책정된다. 정부는 공공부문이 저렴한 공공임대주택을 공급할 수 있도록 보조금을 지급하고, 각종 세제 혜택을 부여한다. 공공부문이 아니더라도 민간부문이 정부의 보조금을 받고 저렴하게 임대주택을 공급하기도 한다.

반면에 주거비 보조 제도는 임차인에게 보조금을 줌으로써 임차인의 임대료 부담을 줄여주는 방법을 말한다. 주거비 보조 제도는 나라마다 이름이 다른데, 우리나라에서는 이를 주거급여 housing benefit라고 부른다. 유럽 일부 국가에서는 이를 주거수당 housing allowance이라고 부르고, 미국에서는 이를 주거선택바우처 housing choice voucher라고 부른다.

공공임대주택을 공급하는 정책은 저렴하게 임대주택을 장기간 공급할 수 있는 장점이 있지만, 임대주택을 공급하고 관리하는 데 들어가는 비용이 크다는 단점이 있다. 여기에 임차인의 주거 이동 제한(공공임대주택이 있는 곳으로만 이동할 수밖에 없다), 임차인에 대한 사회적 분리와 공공임대주택 지역의 슬럼화와 같은 문제도 있다.

공공임대주택을 공급할 때 나타나는 이런 문제 때문에 미국은 일찌감치 1970년대 초부터 공공임대주택을 공급하는 대신에 주거비 보조금을 지급하는 쪽으로 정책의 방향을 틀었다. 저소득 가구에게 '거주하기에 적절한 주택'에서만 사용할 수 있는 바우처를 제공함으로써 '주거하기에 적절한 주택에서 부담 가능한 가격으로 거주'할 수 있도록 하는 방향으로 정책의 방향을 틀었다.

유럽에서는 이보다 다소 늦은 1980년대부터 주거비 보조 제도가 도입되기 시작하였다. 유럽은 사회주택을 공급하고 관리하는 데 따른 과다한 재정부담 때문에 주거비 보조 제도를 도입하였다. 일부 국가에서는 사회주택의 재고량을 줄이면서 그 대안으로 주거비 보조 제도를 활용하기도 하였고, 또 일부 국가에서는 사회주택의 재고량은 유지하되, 이를 보완하는 방안으로 주거비 보조 제도를 도입하기도 하였다.

우리나라는 그 동안 공공임대주택을 지속적으로 확충하는 방향으로 정책의 방향을 잡고 있으면서 이를 보완하는 방안으로 주거비 보조 제도의 도입을 검토해 왔었다. 그러다가 다소 우연히 주거비 보조 제도를 도입할 수 있는 기회를 얻게 되어, 2015년부터 주거비 보조 제도인 주거급여 제도가 도입되었다.

2. 주거급여 제도의 도입과 발전 과정

1) 주거급여 제도의 도입 과정

우리나라에서 2015년부터 시작된 주거급여 제도는 국민기초생활보장법과 주거급여법에 기초하고 시행된 주거비 보조 제도이지만, 2015년 이전에도 '주거급여'라는 사회부조social assistance 제도가 존재하고는 있었다.[2]

우리나라에서 처음 '주거급여'라는 이름의 사회부조social assistance 제도가 도입된 것은 '국민기초생활보장법'이라고 하는 사회부조법이 제정되어 시행에 들어간 2000년 10월부터이다. 그 이전에는 생활보호법에 의해 18세 미만 아동이나 65세 이상 빈곤층에게 '생계보호'라는 이름의 급여를 지급해 왔었다. 그러다가 1999년 9월에 국민기초생활보호법이 제정되면서 최저생계비 이하의 소득계층에게 사회부조로써 생계급여와 함께 주거급여를 지급하는 것으로 제도가 바뀌었다. 이 법은 2000년 10월 1일부터 시행에 들어갔다.

......

2　　여기서 '사회부조'란 생활이 어려운 사람에게 최저(기초적인) 생활을 보장하기 위해 지급하는 무상의 급여를 말한다. 흔히 공공부조라고 부르기도 한다.

그러나 이때의 주거급여 제도는 명목상의 주거비 보조 제도일 뿐, 실질적인 주거비 보조 제도는 아니었다. 매년 최저생계비가 결정되면, 이의 약 20%가 주거비인 것으로 보고, 총 급여액의 약 20%를 주거급여라는 이름으로, 나머지는 생계급여라는 이름으로 지급하였다. 임대료 부담의 과다 여부와 관계없이 총급여액의 일정 비율을 주거급여라는 이름으로 지급해 왔던 것이다.

국민기초생활보장법에 의한 주거급여가 명목상의 주거비 보조 제도임에 따라 그 동안 여러 학자들로부터 제대로 된 주거비 보조 제도의 도입 요구가 있었다. 주거복지 담당 부처(당시에는 건설교통부, 국토해양부)에서도 이런 요구에 맞추어 주거비 보조 제도를 도입하기 위한 기초 연구들을 해 왔었다. 이의 대표적인 예가 건설교통부(2004), 건설교통부(2007), 건설교통부(2008)의 연구이다.[3] 그리고 2010년에는 주거비 보조금 지급 모델을 구축하는 과정에까지 이르렀지만[4], 국민기초생활보장법 상의 주거급여와의 중복성 때문에 이를 시행하지는 못하였다.

한편으로 사회복지 분야에서는 국민기초생활보장법에 의한 급여 체계를 '통합급여 체계'에서 '맞춤형 급여 체계'로 전환해야 한다는 요구들이 있었다. 당시의 국민기초생활보장법에서는 가구 소득이 최저생계비 이하인 가구에게 생계급여, 주거급여, 의료급여, 교육급여라는 이름의 급여를 통합하여 지급하고 있었다. 이

---

3   김혜승 외, 『임대료보조제도 확대도입방안 연구』, 건설교통부, 2004; 진미윤 외, 『주택
     바우처 제도 도입방안 연구 I』, 건설교통부, 2007; 진미윤 외, 『주택바우처 제도 도입방
     안 연구 II』, 건설교통부, 2008
4   김태석 외, 『주택바우처 모델 구축 연구』, 국토해양부, 2010

를 통합급여 체계라고 불렀는데, 이 방식의 경우 가구소득이 최저 생계비를 넘어서면 아무런 급여도 못 받고, 최저생계비를 넘어서 지 않으면 모든 급여를 다 받는 방식(all or nothing 방식)이었다. 이런 통합급여 체계는 수급자로 하여금 현 상황을 벗어나고자 노력할 동인을 없애고, 매년 최저생계비 계측을 둘러싼 사회적 논란을 일으키며, 소득수준에 따른 빈곤층의 요구 차이를 반영하지 못한다는 한계를 갖고 있었다. 이런 한계에 따라 상대적 빈곤의 정도에 따라 급여를 달리하는 맞춤형 급여 체계로 전환하자는 논의들이 있었다.[5]

이런 와중에 '통합급여 체계를 맞춤형 개별급여 체계로 전환'하는 것을 공약으로 내세운 한나라당의 박근혜 후보가 제18대 대통령에 당선되면서 사회부조의 급여체계에 큰 변화가 생기게 되었다. 박근혜 정부는 출범 이후 공표한 국정과제에서 '통합급여 체계를 맞춤형 개별급여 체계로 전환'하는 것을 공식화 하였다.[6] 국정과제에 제시된 안에 따르면, 맞춤형 개별급여 체계는 소득수준에 따라 생계급여, 의료급여, 주거급여, 교육급여를 개별적으로 지급받는 방식이었다. 예를 들어 가구소득이 중위소득의 30% 이하 수준이면, 생계급여와 의료급여, 주거급여, 교육급여를 받고, 가구소득이 중위소득의 40% 이하 수준이면, 의료급여와 주거급여, 교육급여만 받는 식이다.

----

5 김문길, "국민기초생활보장제도 및 생계급여 성과", 국민기초생활보장제도 20주년 기념 학술대회, 2020.11.12
6 관계부처 합동, "박근혜 정부 국정과제", 2013. 5. 28

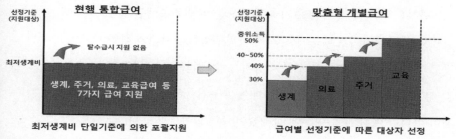

자료 : 관계부처 합동, 박근혜 정부 국정과제, 2013. 5. 28, p.95

그림 1 통합급여 체계에서 맞춤형 개별급여 체계로의 전환

이런 맞춤형 개별급여 체계에 따라 주거복지 정책을 담당하는 국토
교통부에서는 새 정부 출범 직후인 2013년 3월부터 민간전문가와
국토연구원 및 보건사회연구원의 전문가들로 구성된 '주택바우
처 TFT'를 구성하여 새로운 주거급여 모델을 만들기 시작하였다.[7]
주택바우처 TFT에서 만든 주거급여 모델은 미국의 주택선택바우
처와 유사한 모델로, 각 지역별 평균적인 임대료 수준과 수급가구
의 소득 수준에 따라 주거급여액을 달리 정하는 방식이었다.[8]

이후 2014년 1월 24일에 주거급여법이 제정되었으며, 이 법에 의
해 2014년 10월부터 새로운 주거급여 제도가 시범적으로 시행되
었다. 그리고 맞춤형 개별급여 체계를 담은 국민기초생활보장법
개정안이 2014년 12월에 국회를 통과하였다. 이 법에 의해 2015년
7월 1일부터 새로운 주거급여 제도가 본격적으로 시행에 들어갔다.

---

7   김혜승 외, 『주택바우처 사업설계 연구』, 국토교통부, 2014. 1
8   주택바우처 TFT에서는 통합급여 체계에서의 주거급여와 구별하기 위해 '주택바우처' 라
    는 용어를 사용하였다. 그러나 국민기초생활보장법 하에서 주거비 보조 사업을 해야 하기
    때문에 법적으로는 주거급여라는 용어를 사용할 수밖에 없었다. 김혜승 외, 『주택바우처
    사업설계 연구』, 국토교통부, 2014. 1

2015년부터 시행에 들어간 주거급여 제도는 국민기초생활보장법에 근거한 급여이기 때문에 몇 가지 사회부조적 급여의 성격을 갖고 있다. 첫째, 주거급여 수급 대상자는 수급권이라는 권리를 갖는다. 수급 대상자는 정부의 예산 내에서 주거급여를 지급받는 것이 아니라 예산 부족 여부에 관계없이 주거급여를 받는다. 둘째, 주거급여는 보충적 급여의 성격을 갖는다. 수급 대상자는 기초적인 주거생활에 필요한 주거비를 전액 지급받는 것이 아니라 자신의 소득으로 지급하고 남는 부족분만 지급받는다. 셋째, 주거급여는 사회보험적 성격의 급여가 아니라 사회부조적 성격의 급여이다. 주거급여는 세금에 의해 수급 대상자에게 무상으로 지급된다.

2) 주거급여 모델의 설정과 발전 과정

(1) 수급 대상자 선정 기준

주거급여 제도를 처음 도입할 당시, 주거급여의 이런 사회부조적 성격 때문에 수급 대상자 기준을 정하는 것이 가장 중요한 일이었다. 맞춤형 개별급여 체계에서 생계급여의 수급 대상자는 중위소득의 30% 이하로, 의료급여의 수급 대상자는 중위소득의 40% 이하로, 그리고 교육급여의 수급 대상자는 중위소득의 50% 이하로 정해져 있었는데, 주거급여의 수급 대상자는 중위소득의 40%~50% 사이에서 정하도록 되어 있었다. 그래서 처음 주거급여 모델을 설정할 때에는 중위소득의 45% 이하를 수급 대상자로 삼으려고 하였으나, 제도 도입에 따른 재정 부담을 고려하여 중위소득의

43% 이하를 수급 대상자로 삼되, 점진적으로 수급 대상자 기준을 상향하기로 하였다. 이런 정책 방향에 따라, 2019년부터는 주거급여 수급 대상자 기준이 중위소득의 44% 이하로 확대되었고, 2020년에는 45%, 2022년에는 46%로 확대되었다.[9]

가구소득은 단순히 가구의 소득만 따지지 않고 재산도 소득으로 환산되어 가구소득에 합산된다. 이를 '소득인정액'이라고 부른다. 소득인정액은 크게 소득평가액과 재산의 소득한산액을 합친 금액인데, 소득평가액은 실제소득에서 가구특성별로 지출비용을 일부 공제해주고, 근로소득도 일부 공제해준 값으로 산정된다. 그리고 재산의 소득환산액은 순재산에서 재산별 소득환산율을 곱하여 계산한다. 이때 순재산이란 재산에서 부채를 공제하고 기본재산 공제액이라는 것도 공제하고 난 값을 말한다.

소득인정액 = 소득평가액 + 재산의 소득환산액
소득평가액 = 실제소득 - 가구특성별 지출 비용 - 근로소득공제
재산의 소득환산액 = (재산-기본재산공제액-부채) × 소득환산율

한편 수급 대상자 선정의 기준이 되는 중위소득도 전국 가구의 중위소득을 의미하지 않는다. 가구원수별로 중위소득을 달리 계산하는데, 이를 '기준중위소득'이라고 부른다. 기준중위소득은 4인 가족 기준의 중위소득을 계산하고 난 뒤, '가구균등화지수'라고

---

9   2023년에는 주거급여 수급자 기준이 '소득인정액이 기준중위소득의 47% 이하인 가구'로 바뀌었다.

지수를 곱하여 가구원수별 중위소득을 계산한다. 여기서 가구균등화지수란 가구원수별 가구소득의 차이를 지수화 한 것이다. 예를 들어 4인 가족의 중위소득이 500만 원이고, 1인 가구의 가구균등화지수가 0.4라면, 1인 가구의 중위소득은 200만 원이 된다.

가구균등화지수는 2020년까지만 하더라도 2015년부터 사용해 오던 지수를 사용해 왔었으나, 2021년부터는 새로운 지수를 사용하고 있다.

표 1 기준 중위소득 계산에 사용되는 가구균등화지수

	1인 가구	2인 가구	3인 가구	4인 가구	5인 가구	6인 가구
2020년 이전	0.370	0.630	0.815	1	1.185	1.370
2021년 이후	0.400	0.650	0.827	1	1.159	1.307

자료: 보건복지부 보도자료, "제60차 중앙생활보장위원회 심의의결", 2020.7.31

표 2 2022년 기준중위소득과 주거급여 수급대상자 소득 기준

	1인 가구	2인 가구	3인 가구	4인 가구	5인 가구	6인 가구
기준 중위소득(원)	1,944,812	3,260,085	4,194,701	5,121,080	6,024,515	6,907,044
주거급여 기준(원) (기준 중위소득의 46%)	894,614	1,499,639	1,929,562	2,355,697	2,771,277	3,177,240

자료 : 보건복지부 보도자료, "중앙생활보장위원회, 2022년 기준중위소득 5.02% 인상", 2021. 7. 30

주거급여 수급 대상자 기준에는 소득 기준 외에 '부양의무자 기준'이 있었다. 부양의무자가 있으면, 소득인정액이 아무리 낮아도 주거급여 수급 대상자가 될 수 없었다. 이는 국민기초생활보장법상의 기본적인 원칙이었다. 부양의무자가 저소득가구를 부양할 수 있기 때문에 보충적 급여의 대상이 될 수 없다고 본 것이

다. 그러나 이런 부양의무자 기준은 많은 저소득 가구로 하여금 생계급여나 주거급여의 혜택을 받지 못하게 하는 족쇄가 되었다. 이런 이유에서 부양의무자 기준을 폐지하자는 사회적 요구가 많았는데, 2018년 10월에 주거급여에서부터 부양의무자 기준이 폐지되었다.

한편 국민기초생활보장법에서는 30세 미만 미혼 자녀의 경우, 부모와 주거를 달리하더라도 동일가구로 인정되기 때문에 별도의 급여가 지급되지 않았다. 그러나 30세 미만 미혼 자녀의 경우, 취학이나 구직 등을 이유로 부모와 거주를 달리하는 경우가 많아 주거급여라도 별도로 지급할 필요가 있었다. 이런 이유에서 2021년 1월부터 청년가구 주거급여 분리지급 제도가 도입되었다. 주거급여 수급가구의 만 19세~만 30세 미만 미혼자녀가 취학, 구직 등을 이유로 부모와 분리 거주할 경우 미혼자녀에게도 주거급여를 부분적으로 지급하는 것이다.

표 3 주거급여 제도의 도입 및 발전 과정

시행 연월일	내용
2000. 10. 1	– 국민기초생활보장법(1999.9.7. 제정)에 의한 기초생활보장 급여의 일종으로 주거급여 항목 신설(통합급여 형태)
2014. 10. 1	– 주거급여법(2014.1.24. 제정)에 의해 주거급여 시범사업 실시
2015. 7. 1	– 개정 국민기초생활보장법(2014. 12. 30 개정)과 주거급여법에 의해 주거급여 사업 전면 실시(맞춤형 급여) – 주거급여 수급 대상자 : 소득인정액이 기준중위소득의 43%이하인 가구
2018. 10. 1	– 주거급여 수급자 선정 기준에서 부양의무자 기준 폐지
2019. 1. 1	– 주거급여 수급 대상자 기준 : 소득인정액이 기준중위소득의 44% 이하인 가구
2020. 1. 1	– 주거급여 수급 대상자 기준 : 소득인정액이 기준중위소득의 45% 이하인 가구
2021. 1. 1	– 청년가구 주거급여 분리지급
2022. 1. 1	– 주거급여 수급 대상자 기준 : 소득인정액이 기준중위소득의 46% 이하인 가구

(2) 주거급여액 산정

2015년에 도입된 주거급여 제도는 기본적으로 임차인의 임대료 부담을 덜어주는데 초점을 맞추고 있다. 임대료 외에 주거와 관련된 비용(관리비, 광열비, 상하수도 비용 등)은 생계급여로 충당하도록 되어 있어서, 주거급여에서는 임대료 부담만 덜어주는 것으로 설계되어 있었다.

그러나 통합급여 체계에서 맞춤형 개별급여 체계로 전환되면서, 기존 수급자 중에는 주거급여 명목의 급여를 받고 있는 자가 소유자도 있었다. 이들에게는 임대료 부담이 없었기 때문에 별도로 자가주택의 수선유지비용을 지원하는 것으로 하였다.

그래서 주거급여에는 두 종류의 급여가 있다. 하나는 임차가구에 지원되는 임차급여가 있고, 다른 하나는 자가가구에 지원되는 수선유지급여가 있다.

임차급여의 경우, 주거비가 자기 소득의 30%를 넘어서면 주거비가 부담 가능하지 않은 것으로 보기 때문에 처음 임차급여 산정식을 만들 때에는 임대료 중 자기소득의 30%(자기부담금)를 제외한 나머지를 급여액으로 산정하고자 하였다.

그러나 이 방법의 경우, 소득이 낮은 가구에게는 소득의 30%인 자기부담금도 큰 부담이었다. 특히 생계급여를 받는 가구는 자기소득의 30%를 자기부담금으로 내고 나면 기초적인 생활이 불가능해질 수도 있었다.

이런 문제 때문에 자기부담금은 자기소득에서 최저생계비에 해당하는 생계급여 기준액을 뺀 금액의 30%로 계산하는 것으로 바뀌었다. 그리고 생계급여 수급자는 아예 자기부담금도 내지 않는 것으로 하였다.

그리고 자기부담금을 제외한 나머지 임대료를 모두 임차급여로 지급해주면, 주거의 과잉 소비가 일어날 수 있다. 그래서 임대료도 지역별로 상한을 두었는데, 이런 임대료를 '기준임대료'라고 불렀다. 기준임대료는 각 지역의 평균적인 임대료 수준을 말한다.

① 소득인정액이 생계급여 기준액보다 낮은 경우
임차급여액 = Min(기준임대료, 실제임대료)

② 소득인정액이 생계급여 기준액보다 높은 경우
임차급여액 = Min(기준임대료, 실제임대료) - 자기부담금
자기부담금 = 0.3×(소득인정액 - 생계급여 기준액)

여기서 알 수 있다시피, 임차급여액은 임대료 수준과 수급자의 소득수준에 따라 달라지는데, 보다 구체적으로는 기준임대료, 실제임대료, 수급자의 소득인정액, 생계급여 기준액에 따라 달라진다. 수급자의 소득인정액이 생계급여 기준액보다 작으면, 기준임대료와 실제 임대료 중 작은 쪽을 100% 지급받으며, 수급자의 소득인정액이 생계급여 기준액보다 크면, 자기부담금을 제외한 나머지를 지급받는다.

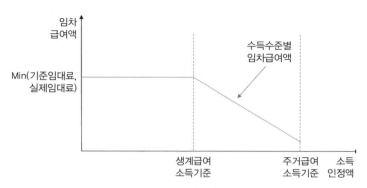

그림 2 소득수준별 임차급여액

<임차급여액 계산 예시>

3인 가족 기준중위소득이 월 400만 원이라고 가정. 이 경우 생계급여 기준액은 월 120만 원(기준중위소득의 30%), 주거급여 기준액은 180만 원(기준중위소득의 45%)임. 기준임대료가 월 40만 원이라고 가정

① 실제 임대료가 35만 원일 경우(실제임대료 < 기준임대료)

소득인정액(A)	60만 원	120만 원	150만 원	180만 원	200만 원
기준임대료(B)	40만 원	40만 원	40만 원	40만 원	40만 원
실제임대료(C)	35만 원	35만 원	35만 원	35만 원	35만 원
생계급여기준액(D)	120만 원	120만 원	120만 원	120만 원	120만 원
자기부담금 (E=0.3×(A−D))	0원	0원	9만 원	18만 원	24만 원
임차급여액 (F=C−E)	35만 원	35만 원	26만 원	17만 원	0원

② 실제 임대료가 45만 원일 경우(실제임대료 > 기준임대료)

소득인정액(A)	60만 원	120만 원	150만 원	180만 원	200만 원
기준임대료(B)	40만 원	40만 원	40만 원	40만 원	40만 원
실제임대료(C)	45만 원	45만 원	45만 원	45만 원	45만 원
생계급여기준액(D)	120만 원	120만 원	120만 원	120만 원	120만 원
자기부담금 (E=0.3×(A−D))	0원	0원	9만 원	18만 원	24만 원
임차급여액 (F=B−E)	40만 원	40만 원	31만 원	22만 원	0원

임대료는 지역에 따라 차이가 있고, 또 가구원수에 따라 차이가 있다. 이를 반영하여 기준임대료는 지역에 따라, 그리고 가구원 수에 따라 달라진다.

현재 기준임대료는 크게 4개 지역으로 나누어 임대료를 달리 산정하고 있다. 서울이 1급지로 임대료가 가장 비싼 지역이며, 경기도와 인천(군 지역은 제외)이 2급지로 1급지 다음으로 임대료가 비싸다. 지방의 광역시와 세종시는 3급지로 2급지 다음으로 임대료가 비싸다. 나머지 지역은 4급지로 분류된다. 그리고 가구원 수에 따라 거주 공간의 규모가 달라지기 때문에 각 급지별로 가구원 수에 따라 기준임대료가 달라진다.

표 4 2022년 기준임대료

(단위 : 원/월)

구분	1급지 (서울)	2급지 (경기·인천)	3급지(광역· 세종시·수도권 외 특례시)	4급지 (그외 지역)
1인	327,000	253,000	201,000	163,000
2인	367,000	283,000	224,000	183,000
3인	437,000	338,000	268,000	218,000
4인	506,000	391,000	310,000	254,000
5인	524,000	404,000	320,000	262,000
6인	621,000	478,000	379,000	310,000

* 가구원 수가 7인인 경우 6인 기준임대료와 동일하고, 가구원 수가 8~9인의 경우 6인 기준임대료의 10%를 가산(10인 가구 이상은 동일한 방식(2인 증가 시 10% 인상)에 따라 적용)
자료 : 국토교통부 고시, "2022년 주거급여 선정 기준 및 최조보장기준", 2021.8.27

기준임대료는 계량모형을 통해 계측된 지역별, 가구원 수별 평균적인 임대료이다. 기준임대료 계측은 매년 하기가 어려워 3년에 한 번씩 계측을 하고, 그 사이에는 소비자물가지수의 주택임차료 상승률을 적용하여 기준임대료를 바꾸고 있다.

주거급여 제도가 도입된 2015년에 기준임대료 계측이 있었고(실제로는 2014년에 계측하여 2015년부터 적용), 2018년에 재계측이 있었다(실제로는 2017년에 재계측하여 2018년부터 적용). 2018년 재계측 시, 계측된 기준임대료가 기존의 기준임대료보다 큰 폭으로 뛰어서 재계측된 기준임대료를 그대로 사용하기가 힘들었다. 그래서 부분적으로 이를 조정해 나가는 것으로 하다 보니 2018년부터는 기준임대료의 인상폭이 상대적으로 높았다.[10]

2021년에 다시 한번 기준임대료 재계측이 있었는데, 이때에는 1급지와 2급지에서 기존 계측치와 다소 차이가 있었을 뿐, 3급지에서는 차이가 거의 없었다. 그리고 4급지에서는 반대로 새로 계측한 값이 기존 계측값보다 낮았다. 이에 따라 2021년에는 급지별 기준임대료 상승률이 다소 크게 벌어졌다.

표 5 연도별 기준임대료 상승률

	2016	2017	2018	2019	2020	2021
인상 필요분 중 반영분			10%	25%	50%	10%
전년대비 증가율	2.1–2.6%	2.3–2.8%	2.9–6.6%	5.0–9.4%	7.5–14.3%	3.2–16.7%

자료 : 국토부 고시 및 중앙생활보장위원회 보도자료

또 1급지인 서울의 경우, 2급지와의 임대료 차이가 너무 컸다. 이

---

10 이길제 외, 『주거급여 발전방안 마련 및 주거상향 지원 방안 연구』, 국토교통부, 2021.4. 2021년에 다시 기준임대료 재계측이 있었는데(실제로는 2020년에 재계측하여 2021년부터 적용)

를 그대로 인정할 경우, 지역간 주거급여액의 차이가 너무 많이 나서 지역 간 형평성 문제가 제기될 수도 있고, 과도한 서울 진입을 유도할 수도 있다고 하여 1급지인 서울의 기준임대료는 실제 계측치의 90%를 적용하는 것으로 하였다.[11]

한편 4급지 중에서는 광역시 정도의 규모를 갖고 있는 도시들도 일부 있었다. 창원시가 대표적인 예이다. 이들 도시들은 4급지로 분류되어 있어서 기준임대료가 상당히 낮게 평가되어 주거급여로 지원되는 금액이 크지 않았다. 그러다보니 이들 도시들로부터 지속적으로 자신들을 3급지로 분류해 달라는 요구들이 있어 왔다. 이런 요구에 따라 2022년부터는 수도권 외의 특례시도 3급지로 분류하는 변화가 있었다.

자가 거주 수급자에게 주어지는 수선유지급여의 경우, 보수 수준에 따라 수선비용이 달라지고 수선주기도 달라진다. 경보수의 경우 3년 주기로 보수를 받을 수 있으며, 중보수는 5년 주기, 대보수는 7년 주기로 보수를 받을 수 있다.

수선비용을 실제 현금으로 주는 것은 아니며, 수선비용 한도 내에서 정부에서 보수를 해준다. 또 임차급여가 소득 수준에 따라 달라지듯이, 수선유지급여도 소득 수준에 따라 달라진다. 소득인정액이 생계급여 기준액 이하인 수급자에게는 수선비용의 100%까지, 그리고 생계급여 기준액 초과~기준중위소득 35%이하인 수급자에게는 수선비용의 90%까지 지원하며, 그 나머지는 수선비

---

11 김혜승 외, 『주택바우처 사업설계 연구』, 국토교통부, 2014.1

용의 80%까지 지원한다.

표 6 2022년 수선유지급여 기준액

구분	경보수	중보수	대보수
수선비용	457만 원	849만 원	1,241만 원
수선주기	3년	5년	7년

* 소득인정액이 ① 생계급여 선정기준 이하인 경우 수선비용의 100%,
　② 생계급여 선정기준 초과˜ 중위소득 35%이하인 경우 수선비용의 90%,
　③ 중위소득 35% 초과˜ 중위소득 46%이하인 경우 수선비용의 80% 지원
** 육로로 통행이 불가능한 도서지역(제주도 본섬 제외)의 경우, 위 수선비용을 10% 가산
자료 : 국토교통부 고시, "2022년 주거급여 선정 기준 및 최조보장기준", 2021.8.27

한편 통합급여 체계에서 맞춤형 개별급여 체계로 전환되면서, 기존 수급자 중에는 임차가구이면서 임대료를 지급하지 않는 가구도 있었다. 이른바 사용대차에 의해 무상으로 주택을 임차하여 거주하는 가구들이었다. 이들은 임차급여의 대상자도 아니었고, 수선유지급여의 대상자도 아니었으나, 주거급여를 지급할 기준이 없었다. 그러나 이들을 급여 체계 전환이라는 명분으로 수급 대상에서 제외할 수가 없어서, 유예기간을 두고 한시적으로 임차급여를 지급하고, 정상적인 임대차계약을 통해 임차급여를 받도록 유도하기로 하였다. 이에 따라 2018년까지 1차 유예가 있었고, 유예기간이 다시 한 번 연장되어 2021년까지 사용대차 가구에게도 임차급여를 지급하였다.

2021년 9월 30일에 사용대차 수급자에 대한 임차급여 한시적 지급이 만료되어 현재는 사용대차 가구에 대해서는 임차급여를 지급하고 있지 않다.

3. 주거급여 제도의 성과

2015년 주거급여 제도가 처음 도입된 해의 말에 주거급여 수급자는 80만 가구였다. 이는 전체 가구의 4.2%에 해당하는 수준이었다. 2017년까지 수급가구 수는 완만하게 증가하였는데, 2018년에 부양의무자 기준이 폐지되면서 수급가구 수가 94만 가구로, 전년 대비로 13만 가구 늘었다. 이후 수급 대상 소득기준이 상향되면서 수급자는 계속 증가하여 2020년 말 현재는 118.9만 가구가 주거급여를 받고 있다. 이는 전체 가구의 5.8%에 해당하는 가구가 주거급여를 받고 있음을 의미한다.

표 7 주거급여 수급가구 수 추이

	일반가구 수 (만 가구, A)	주거급여 수급가구 수(만 가구)			수급가구 비율 (B/A)
		임차급여	수선유지급여	계(B)	
2015년	1,911.1	72.2	7.8	80.0	4.2%
2016년	1,936.8	72.7	7.7	80.4	4.2%
2017년	1,967.4	73.7	7.3	81.0	4.1%
2018년	1,987.1	85.7	8.3	94.0	4.8%
2019년	2,011.6	95.3	8.8	104.0	5.2%
2020년	2,035.0	109.3	9.6	118.9	5.8%

자료 : 강미나 외, 『주거복지정책 효과분석과 성과제고 방안』, 국토연구원, 2021

임차급여의 월평균 지급액은 2015년에는 10.8만 원 수준이었는데, 기준임대료와 실제임대료의 상승, 기준중위소득의 상승 등에 따라 매년 평균 지급액이 증가해 왔다. 특히 2018년부터 지급액이 크게 증가하여 2020년에는 월평균 지급액이 15.5만 원에 이르렀다.

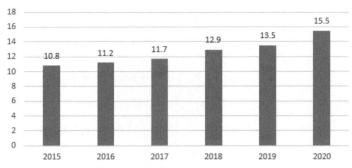

그림 3 임차급여의 월평균 지급액 추이

수급 가구의 증가, 그리고 평균 주거급여액의 증가에 따라 정부의 재정지출도 빠르게 늘고 있다. 2015년 주거급여로 지출된 예산은 8,789억 원이었는데, 2018년에 1조 885억 원으로 늘었고, 2020년에는 1조 7,239.6억 원으로 늘었다. 5년 사이에 재정지출이 두 배 이상 늘어난 것이다.

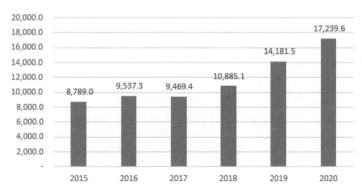

그림 4 주거급여 예산 집행액 추이

주거급여 제도는 주거빈곤가구로 하여금 최저주거기준을 충족하는 주택에서 부담 가능한 임대료로 거주하도록 하는데 그 목적이 있다. 여기서 주거빈곤가구란 최저주거기준에 미달하는 주택에 거주하거나, 최저주거기준은 충족하더라도 주거비 부담이 과중한 가구를 말한다.

주거급여 제도는 두 가지 목적 중 주거비 부담은 확실하게 낮추어 준 것으로 나타나고 있다. 강미나 외(2021)에 따르면, 주거급여 수급 가구는 주거급여를 받기 전에 월 평균 임대료 부담액이 전국 기준으로 약 20.6만 원이었는데, 수급 이후에는 월 평균 임대료 부담액이 5만 원으로 줄었다. 평균적으로 임대료 부담액이 약 75% 줄어든 것이다. 소득 대비 임대료 부담 비율RIR: Rent to Income Ratio을 보더라도, 수급 가구는 주거급여 수급 전의 평균 RIR이 23.2%였는데, 주거급여 수급 이후에는 평균 RIR이 5.6%로 낮아졌다.[12]

그러나 주거급여 제도로 인해 최저주거기준에 미달하는 주택에 거주하는 가구가 완전히 사라진 것은 아니다. 주거급여 제도의 설계 의도로는 최저주거기준에 미달하는 수급자는 이동을 통해 최저주거기준을 충족하도록 되어 있다. 주거급여 수급자는 최저주거기준에 미달하는 주택에서 최저주거기준을 충족하는 주택으로 이동하더라도 자기부담금은 변하지 않는다. 따라서 최저주거기준에 미달하는 주택에 거주하는 주거급여 수급자는 이사를 통해 추가적인 부담금 없이 최저주거기준을 충족할 수 있다. 그러나 현실은 그렇지 않다. 2020년 기준으로 주거급여 수급자 중

12   강미나 외, 『주거복지정책 효과분석과 성과제고 방안』, 국토연구원, 2021

약 11%가 최저주거기준을 충족하지 못하고 있다.[13] 이는 아마도 이사비용이나 새로운 주택의 탐색비용 등으로 인해 최저주거기준 미달 주택에 계속 머물러 있기 때문인 것으로 보인다.

한편, 주거급여 제도는 수급자가 더 좋은 주택, 더 넓은 주택으로 이동하려는 움직임 때문에 인근 지역의 임대료를 인상시키는 부작용이 있는 것으로 알려져 있다. 그럼에도 불구하고 우리나라에서는 주거급여 제도가 인근 지역의 임대료를 인상시켰다는 증거를 아직까지는 발견하지 못하였다. 이는 위에서 본 것처럼 주거급여 수급자 중에 아직까지도 최저주거기준 미달 주택에 머물러 있는 현상과 맥을 같이 하는 것으로 보인다. 주거급여 수급자들이 이사비용이나 새로운 주택의 탐색비용 때문에 더 좋은 주택, 더 넓은 주택으로 이전하기가 어렵다보니 주거급여 제도가 인근 주택시장에 큰 영향을 미치지 않았다고 해석해 볼 수 있는 것이다.

4. 주거급여 제도의 발전 방향

주거급여 제도는 주거취약계층으로 하여금 '거주하기에 적절한 주택에서 부담 가능한 가격으로 거주'할 수 있도록 하는 데 그 목적이 있다. 그런데 아직까지도 주거급여 수급자 중에는 최저주거기준 미달 주택에 거주하는 가구들이 11% 정도 존재한다. 이는 현행 주거급여 제도가 임차가구의 임차료 부담을 보조하고, 자가가구의 수선유지 부담을 보조하는데 머물러 있기 때문이다. 최저주

---

13 강미나 외, 『주거복지정책 효과분석과 성과제고 방안』, 국토연구원, 2021

거기준 미달 주택에 거주하는 가구들에게 이사비용을 지원한다
면, 최저주거기준 미달 가구의 주거이동을 좀 더 원활하게 유도할
수 있을 것이다.

한편, 일반적으로 중위소득 50% 이하인 가구를 상대 빈곤층으로
본다. 주거급여는 주거취약계층으로 하여금 '거주하기에 적절한
주택에서 부담 가능한 가격으로 거주'할 수 있도록 하는 것이 목
적인데, 대개 주거취약계층은 상대 빈곤층에 몰려 있다. 현행 주
거급여 수급자 선정 기준은 2022년 기준으로 '소득인정액이 기준
중위소득의 46% 이하인 가구'로, 2023년 기준으로는 '소득인정액
이 기준중위소득의 47% 이하인 가구'로 되어 있다. 이런 점에서
아직은 주거급여 제도의 혜택을 받지 못하는 주거취약계층의 사
각지대가 남아 있다고 볼 수 있다. 앞으로는 주거급여의 수급 대
상자를 중위소득 50% 이하 가구로 확대하여 주거급여 제도의 사
각지대를 없앨 필요가 있다.

주거비는 임차료 외에 관리비, 난방비 등 주거에 필요한 비용까지
도 포함하는 개념이다. 우리나라에서는 국민기초생활보장법에
의해 주거급여 제도가 들어오다 보니 관리비나 난방비 등은 생계
급여를 구성하는 생계비용으로 분류되고 있다. 이러다보니 주택
유형에 따라 달라지는 관리비나 난방비의 차이를 고려하지 못하
는 문제가 있다. 이들 주거관련 비용을 주거급여의 한 항목으로
분류하여 주거급여에서 지원하는 방안을 고려해야 한다. 다만,
이렇게 할 때에는 생계급여에서 해당 비용만큼을 공제하여야 하
는데, 현행 생계급여 산정 방식에서는 이런 공제가 쉽지가 않아

사회적 숙의가 필요하다.[14]

주거급여 제도의 최대 약점은 주거급여로 인해 인근 지역의 임대료가 상승할 수 있다는 것인데, 아직 우리나라에서는 이런 현상이 나타나고 있다는 뚜렷한 증거는 없다. 그러나 최저주거기준에 미달하는 가구들이 주거상향을 시도할 때, 이런 경향이 나타날 수도 있다. 또 당장에 이런 현상이 나타나지 않고 시간을 두고 나타날 수도 있다. 보다 면밀한 모니터링을 통해 주거급여 제도가 인근 지역의 임대료를 상승시키지는 않는지 체크할 필요가 있다.

그리고 주거급여 수급자가 빠르게 늘고, 가구당 주거급여액도 증가하면서 재정지출도 빠르게 증가하고 있다. 주거급여 선정 기준을 확대하고, 임차료 외에 관리비나 이사비 등도 주거급여의 한 항목으로 지원을 한다면, 재정지출 규모는 더욱 커질 것이다. 그러나 재정지출이 지나치게 확대되면 사업의 효율성을 높이고 재정지출의 누수를 방지하자는 목소리도 커질 수밖에 없다. 더 나아가 주거급여 제도의 지속가능성에 대한 우려도 나올 수 있다. 이런 우려가 커지기 전에 주거급여 제도가 본연의 목적을 달성할 수 있도록 주거급여의 전달 체계를 효율화 하고, 부정 수급자 방지를 위한 모니터링을 좀 더 강화하는 것도 필요할 것이다.

....

14 현행 생계급여액은 절대적 빈곤 개념에 기초한 최저생계비를 기준으로 산정되는 것이 아니라, 상대적 빈곤 개념에 기초하여 기준중위소득의 30%로 산정되고 있다. 이 논리에 따르면 생계급여에서 주거비 관련 항목을 제외하려면 생계급여 수급자 선정 기준을 '기준중위소득의 30% 이하' 보다 더 낮추어야 하는데, 이 경우 생계수급자 자체가 변경되기 때문에 많은 사회적 이슈를 낳을 수 있다. 이런 사회적 이슈를 피하기 위해서는 생계급여 수급자 선정 기준은 기준중위소득의 30% 이하로 두고, 생계급여액 중에서 주거관리비용에 해당하는 부분을 공제해야 하는데 이렇게 할 경우 절대적 최저생계비 계측 문제가 발생하게 된다.

:: 참고문헌

강미나 외,『주거복지정책 효과분석과 성과제고 방안』, 국토연구원, 2021

관계부처 합동, "박근혜 정부 국정과제", 2013. 5. 28

국토교통부 고시, "주거급여 선정 기준 및 최조보장기준", 각년도

김문길, "국민기초생활보장제도 및 생계급여 성과", 국민기초생활보장제도
    20주년 기념 학술대회, 2020.11.12.

김태석 외,『주택바우처 모델 구축 연구』, 국토해양부, 2010

김혜승 외,『임대료보조제도 확대도입방안 연구』, 건설교통부, 2004

김혜승 외,『주택바우처 사업설계 연구』, 국토교통부, 2014

보건복지부 보도자료, "중앙생활보장위원회 심의의결 사항", 각년도

이길제 외,『주거급여 발전방안 마련 및 주거상향 지원 방안 연구』, 국토교통
    부, 2021

이용만 외,『주거통계 프레임워크 작성』, 통계청 통계개발원, 2016

진미윤 외,『주택바우처 제도 도입방안 연구 I』, 건설교통부, 2007

진미윤 외,『주택바우처 제도 도입방안 연구 II』, 건설교통부, 2008

우수사례를 통해 본
주거복지의 현장

봉인식
(경기연구원 선임연구위원)

우수사례를
통해 본
주거복지의
현장

1. 우수사례 공모사업이란?

1) 추진배경

한국주거복지포럼 주최로 2014년에 첫발을 뗀 '주거복지활동 우수
사례 공모사업'은 한 해도 거르지 않고 지금까지 추진되고 있다.

우리나라의 주거복지 정책과 사업은 중앙정부가 대부분의 사업
을 계획하고 직접 추진하는 방식을 유지하고 있다. 하지만 다른
복지사업과 다르게 주거복지는 주택이 가진 위치고정성 때문에
지역의 특성이 잘 반영되어야 한다.

이는 수요의 다양성과 이질성, 지역 간 수요량의 차이를 면밀히
살피고 다양한 공급주체들이 참여하는 지역적 생태계의 효과적
구축이 필요하다는 의미로 볼 수 있다. 지역에서 나타나는 다양
한 주거문제에 대해 그 지역의 자원 또는 중앙의 자원과 결합하여

문제를 해소하려는 여러 사례들을 발굴하고 그 내용과 결과를 공유하는 것은 그래서 매우 중요한 작업이다. 주거복지의 방향과 정책수단, 역할분담 등에 대한 사회적 합의를 이끌어내고 이를 통해 지속가능한 주거복지 모델을 구현해 나가기 위한 현실적이며 꼭 필요한 방안이기도 하다. 따라서 이 사업은 기초지자체, 공기업, 주거복지 관련 비영리단체 등이 주거복지에 대한 관심과 적극적인 참여 분위기를 높이고 주거복지 현장의 우수사례를 발굴하여 확산시키고자 시작되었다.

2) 우수사례 공모사업은 어떻게 진행되는가?

(1) 분야

우수사례는 두 가지 분야로 구분하여 공모를 진행하고 있다. 첫째는 주거복지사업증진 부문으로 여기에는 저렴한 임대주택사업, 지역 특성 등을 고려한 주거복지사업 추진, 주거비 지원, 집수리, 주거지 재생과 같이 직접적인 주거지원 사업이 해당한다. 두 번째는 주거복지 행정체계 개선, 사회복지사업 연계 등 서비스 개선, 주민과 활동가 교육 증진과 같은 주거복지 전달체계 개선과 저변 확대를 위한 사업이 관련된다.

(2) 자격과 내용

앞서도 강조했듯이 지역 차원의 새로운 사례와 지역 주체들의 노력을 발굴하기 위해 지방정부, 지방의 공공기관과 주거복지와 관련된 비영리 민간기관을 주요 대상으로 하고 있다. 공모 내용은 최근 4년간 추진한 사업에 대해 ① 사업목적 ② 추진주체와 협력기관 ③ 대상, 자금조달, 추진방식 등 사업 내용 ④ 추진경과 ⑤ 성과와 기대효과를 중심으로 작성하며 타기관의 지원과 별도로 사업주체의 노력과 성과의 내용을 반드시 포함시켜 수동적이고 일상적인 업무보다는 차별화된 사례를 발굴할 수 있도록 노력하고 있다.

(3) 선정 및 수상 방식

공모에 참여한 기관이 제출한 사업에 대해 적합성, 수혜대상의 적정성·형평성을 기준으로 심사하고 있다. 심사방법은 10인 이내 평가위원을 구성하여 공모 유형별로 평가하여 대상, 최우수상, 우수상으로 구분하여 시상한다.

2. 우수사례 되돌아보기

1) 통계로 본 우수사례

1회부터 8회까지 총 98개 기관이 공모에 참여했다. 평균적으로 매년 12개 기관 이상이 참여한 셈이며 2021년에는 가장 많은 16개 기관이 참여했다. 중앙정부와 중앙공기업이 아닌 지방정부와 비영리 민간기관을 대상으로 공모사업을 추진한 점과 중앙집권적 체계로 지역의 기반이 여전히 미약한데도 불구하고 적지 않은 기관이 참여했다고 볼 수 있다.

연도	참가기관 수	수상기관 수	연도	참가기관 수	수상기관 수
2014년(제1회)	12	7	2018년(제5회)	15	3
2015년(제2회)	10	5	2019년(제6회)	14	3
2016년(제3회)	10	2	2020년(제7회)	12	5
2017년(제4회)	9	3	2021년(제8회)	16	4

참여한 기관을 광역과 기초, 민간, 공공기관으로 구분하여 살펴보면, 비영리 등 민간기관이 53.1%(52건)로 가장 높은 비율을 보이며 기초정부(32.6%, 32건), 공공기관(13.3%, 13건) 순으로 이어지고 있다.

이에 반해, 광역정부는 1%로 매우 낮게 나타나고 있다. 전체 98개 응모기관 가운데 1/3 정도인 32개 기관이 수상했는데, 공공기관보다는 민간기관과 지방정부의 수상비율이 상대적으로 높게 나타나고 있다.

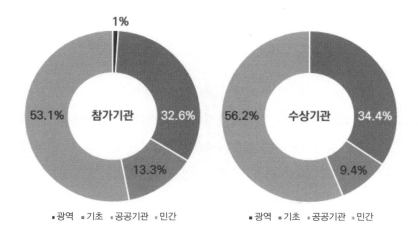

2) 내용으로 본 우수사례[1]

(1) 1회

첫 번째 공모에서 대상을 수상한 사업은 주거복지전달체계 개선 부문에 응모한 인천여성도시환경연구원의 '인천만석동괭이부리마을자생이야기'에 돌아갔다.

이 사업은 여성건축사로 구성된 기관의 재능기부를 통해 '괭이부리마을' 거주민의 주거환경개선 방향을 제시하고 개선에 기여하는 것을 목적으로 하고 있다.

특히, 당시 공공주도로 추진되고 있는 '괭이부리마을' 주거정비사업의 한계를 극복하고자, ① 주택현황 실태조사를 통해 필요한 정보를 수집하여 자료화하고 ② 불법건축물로 행정지원의 사각지대에 놓인 대상 건축물을 합법적인 건축물로 양성화하여 적절한 행정지원 및 금전적지원의 방법을 모색하며 ③ 전면철거 방식에서 보전과 개량방식으로의 주택 재개발의 패러다임 전환을 시도하였다.

주민과 공공 그리고 지역 전문가가 협력한 이 사업을 통해 주민들은 행정적 도움뿐 아니라 비용절감과 지적정리로 재산권 행사의 가능성이 커졌다. 또한 주택개량 의지와 금융지원방안 요구 등 의식의 변화도 기대할 수 있었다.

---

1   여기서는 매회 대상을 수상한 사업 내용을 중심으로 우수사례에 대해 살펴본다.

그림 1 1회 대상 사업의 주요내용

(2) 2회

두 번째 공모에서는 사회복지법인 굿피플이 추진한 탈노숙 자립을 위한 지원주택supported housing 사업이 대상으로 선정되었다. 시범적 성격을 가진 한계에도 불구하고 이 기관의 '행복하우스' 사업은 순수한 민간자원으로, 우리나라에서 처음으로 시작한 탈노숙 지원주택사업으로 볼 수 있다.

노숙인 등 사회취약계층을 위한 정책의 가장 중요한 목적은 지역사회로 복귀를 지원하는 것이다. 신체적·정신적 위험과 불편하고 힘든 노숙생활의 경험이 있는 이들에게 개인 사생활이 보장되고 안정적인 주거환경의 제공은 매우 중요하다. 상실된 심신 기능의 회복뿐 아니라 안정적인 경제활동과 성공적인 지역사회 복귀를 돕기 위해 살림살이, 식습관 개선, 재사회화 등 자립에 필요한 통합복지서비스를 제공하는 '행복하우스'는 주거복지와 사회복지가 결합한 지원주택의 좋은 사례가 될 것이다.

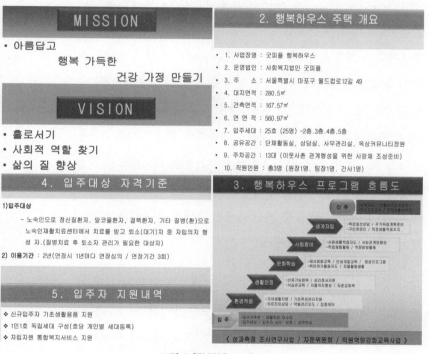

그림 2 행복하우스 개요

한편으로, 2회 공모에서는 서울시 금천구에서 추진한 고령자용 공익적 임대주택인 '보린주택' 사업을 눈여겨볼 만했다. 보린保隣은 이웃끼리 서로 돕고 돌봐준다는 의미로, 이 주택은 채광·환기가 안 되며, 공용화장실을 사용하는 등 주거환경이 열악한 집에 거주하는 저소득 홀몸 어르신의 주거문제와 생활안정을 위해 금천구의 정책 아이디어를 바탕으로 추진된 사례다.

금천구가 이 사업을 시작하게 된 이유는 크게 3가지로 요약된다. 첫째, 기존 SH공사 매입임대주택의 입주자 선정기준은 기초생활수급자 동일 순위인 경우 세대원 수가 적은 1인 고령자에게 절대 불리하다. 둘째, 민간사업자가 건축하는 임대주택은 전체 물량 확보에만 중점을 두며 저비용 방식만을 고려하여 땅값이 낮은 지역에 공급이 집중되어 지역별 불균형을 유발한다. 셋째, 기존 공공주택은 1인 고령자에게 필요한 취사 및 휴식 등 공공사용 공간(셰어형 주택)이 없으며, 분산된 임대주택의 관리로 사회적비용 증대 및 복지서비스 제공이 비효율적이다. 이를 해소하고자 금천구는 지하 거주 1인 고령자를 위해 서울시·SH공사 도시형 생활주택 매입·임대사업 물량 중 건설 예정인 주택매입 물량을 설계공모 매입방식을 통해 유치했다.

이와 동시에 서울시와 국토교통부에 임대주택 입주자 선정 시 30% 범위 내에서 자치구가 결정토록 제도를 개선했다. 수익성 문제로 기존 민간사업자가 참여하기 어려운 점은 서울시 사회투자기금 융자와 협업을 통해 토지매입비 및 사업비의 70%를 융자받아 해결했으며 사회적 기업이 참여하여 주택을 건설하였다. 또한 SH공사·서울시·자치구로 분산된 임대주택 관리를 자치구가 함으로써 책임을 공유하고 마을이 주택을 관리하는 모델을 도입하여 임대주택 관리방식을 개선한 점도 좋은 평가를 받았다.

구분	보린주택 (1호점)	보린두레 (2호점)	보린 (3호점)
위치	독산로47가길 38	시흥대로24길 50	독산로56길 18–10
규모	부지 216㎡ 연면적 431㎡ 지상 5층	부지 332.4㎡ 연면적 621.27㎡ 지상 4층	부지 202㎡ 연면적 499㎡ 지상 5층
시설내용	주차장 8면	주차장 6면	주차장 7면
	셰어형 공간, 태양광, 옥상텃밭, 엘리베이터		
입주대상	65세 이상 기초생활수급자 홀몸어르신		
입주세대	16세대	10세대	14세대
주택 전경			

그림 3 보린주택 사례

(3) 3회

2016년에 추진된 제3회 공모사업에서는 주거환경개선 증진을 위해 노력한 대구시 남구청 주민생활과의 시책 사례가 돋보였다. 이 시책사업은 장기간 방치된 폐·공가로 인해 각종 범죄 발생 우려 및 길고양이 서식, 쓰레기 적치 등으로 인근 주민의 쾌적한 생활이 어렵고 집주인은 집수리 비용 부담으로 인해 세를 놓지 못하고 방치하고 있는 악순환을 해결해 보고자 시작됐다. 빈집을 활용한 저렴한 임대주택을 공급하여 저소득층의 주거문제를 완화하려는 더 큰 목적도 있었다. 비예산 사업으로 추진된 희망보금자리 사업은 민관 협력을 통해 장기간 방치된 폐가와 공가를 활용하여 집주인, 인근 주민, 저소득 임차가구의 불편과 욕구를 모두 반영하는, 즉 1석3조의 효과를 기대하고 있다.

그림 4 희망보금자리사업

(4) 4회

지난번과 마찬가지로 4회에서도 기초지자체의 사례가 가장 높은
점수를 받았다. '하하호호 주거복지 프로젝트'라는 이름으로 부산
시 남구청이 추진한 주거환경개선 사업은 민간의 사회공헌을 바탕
으로 추진한 사업이다. 이번 사례의 사업 구조는 지난 3회에서 대상
을 수상한 대구시 남구청의 사례와 유사하다. 하지만 이 사업은
대구시 남구청의 사례와 같은 빈집 리모델링(햇살둥지사업)에
기존 노후 주택의 개보수(하하호호 보금자리사업)와 통합관리
서비스(해피 up 홈 서비스, 마을지기사무소)를 더해 차별성을 보였다.

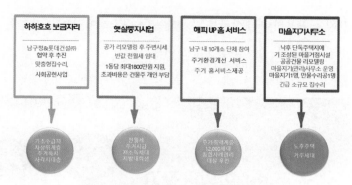

그림 5 하하호호 주거복지 프로젝트 추진대상

부산시 남구청의 사례와 함께, 비영리 민간단체인 주거복지연대가 장기간 빈집으로 남아 있는 매입임대주택을 활용해 청년문화예술체육인에게 지원한 사례와 시흥형 사회주택 등 종합적 주거복지사업을 추진하고 있는 시흥시의 노력도 눈에 띄는 우수사례로 볼 수 있었다.

(5) 5회

지금까지 선정된 우수사례는 주로 대도시 지역에서 추진된 사업들이었다. 이와 달리 5회에서는 당시 재정자립도가 가장 낮은 군 지역의 사례가 심사위원들의 눈에 들어왔다. 그 주인공은 '희망가家꾸기'란 이름으로 추진된 전라남도 장흥군의 사례이다. 장흥군은 2015년부터 생활 여건이 어렵고 주거환경이 열악한 저소득 가정에 외부공모사업비와 후원자를 연계해 184호의 주택을 리모델링하거나 신축함으로써 안락하고 편안한 보금자리를 제공하고자 했다. 이 사업 역시 다른 지자체의 사업과 비슷하게 민간의 후원을 바탕으로 추진되었지만, 집배원, 검침원 등 다양한 인적

자원을 활용하여 대상자를 발굴하는 등 대도시에서는 보기 힘든
지역적 특징을 추진과정에서 보여주었다.

그림 6 희망家꾸기 사업의 주요 내용과 사례

한편으로, 한국주거복지 사회적협동조합이 전주시와 해외에서
추진한 사업은 특이한 사례로 손꼽을 수 있다. 이 기관이 추진한
'전주형 사회주택'은 도시재생과 공익적 임대주택 공급을 결합한
지방 최초의 사례라고 볼 수 있다. 또한 카자흐스탄 고령자 집 고
쳐주기 봉사활동 등은 역량 있는 지역주체들이 지역에만 머물지
않고 해외로 나가 현지인들의 생활환경을 개선해준 보기 드문 사
례이다.

그림 7 한국주거복지 사회적협동조합의 사례

(6) 6회

6회 공모사업에서 가장 많은 관심을 받은 사례는 비영리 민간단체인 '저층주거지재생사업단'이 제안한 '온동네 숲으로 프로젝트'이다. 이 사업은 페인트 생산기업으로부터 후원받아 단독주택이나 다세대주택이 밀집한 지역에 담장벽화 그리기와 집수리 등을 통해 원주민의 삶의 방식을 최대한 보존하고자 했다. 주요 사업 내용은 마을공동체와 함께 마을 벽화 기획 및 브랜딩, 벽화 시안 및 그림 작업, 공공 시설물 지원(ex. CCTV, 소화전, 안전거울, 벤치 등), 마을축제 개최 등으로 구성됐다.

그림 8 온 동네 숲으로 사업 추진 사례

6회 공모에도 지방정부가 추진한 주거복지 시책 사례가 다수 있었는데, 그 가운데 광주광역시 도시공사의 영구임대주택 공동체 시범사업은 여러 가지 면에서 의미 있는 사례로 보였다. 추진한 여러 사업 가운데 핵심은 노후된 영구임대아파트 공실에 청년들을 입주시켜 다양한 공동체 프로그램을 운영토록 하여 공동체 회복과 세대 간 통합을 유도하는 것이다. 광주도시공사는 12명의 청년활동가를 입주시켜 이들에게 고령자가 대부분인 주민들의 조력자와 공동체의 퍼시리테이터의 역할을 맡기는 동시에 그들의 주거문제를 해소시켰다.

이 사례는 89년 도입된 영구임대주택의 노후화, 주민과 이웃지역 간 사회적 공간적 단절 등에 대한 고민과 해결을 위한 노력이 서울이나 수도권 지역에만 국한되지 않는다는 것을 잘 보여준 사례다.

그림 9 광주광역시도시공사 영구임대주택단지 청년활동가 프로그램

한편으로, 빅이슈 코리아에서 제안한 사례는 새롭고 신선한 시도로 보였다. '빅이슈, 잡지로 집을 짓다'라는 모토에서 보듯이 이 사업은 잡지를 만들어 판 수익으로 노숙자 등 주거취약계층의 주거문제 해소에 도움을 주고자 시작됐다. 이는 영국이나 프랑스 등 일부 국가에서 오래전부터 해 오고 있던 방식이다. 국내에는 처음 시도되는 것으로 의미 있는 사례지만 아쉽게도 수상은 하지 못했다.

미션
빅이슈(The Big Issue)의 미션은 자조(自助), 사회적 거래 그리고 비즈니스 솔루션 등을 통해 기회를 창출함으로써 빈곤을 해체하는 것입니다.

The Big Issue exists to dismantle poverty by creating opportunity, We do so through self-help, social trading and business solutions.

슬로건
-Helping people help themselves

비전
스스로 자립하고자 하는 홈리스에게 일거리 서비스 기회를 제공하여 효과적으로 돕고, 지역사회에는 홈리스에 대한 인간적인 경험의 기회를 제공하여 더 나은 사회를 만드는 사회적기업

THE BIGISSUE KOREA
당신이 읽는 순간, 세상이 바뀝니다

그림 10 〈빅이슈 코리아〉 사례

(7) 7회

2020년도에는 대구광역시 달서구가 제안한 '찾아가는 주거복지 지원사업'이 심사위원들로부터 가장 많은 관심을 받았다. 이미 앞선 공모에서 여러 기초정부가 주거복지사업과 전달체계 증진을 위한 시도들을 선보였지만 달서구의 사례는 기존과 다른 몇 가지 차별성을 보였다.

우선 '어사또 (어려운 사람을 달서구가 도와 드립니다)'라는 슬로

건으로 출동팀을 신설하여 현장복지 운영사업을 추진했다. 둘째, 임대주택이 밀집된 지역 특성상 고위험군 대상자 조기 발굴을 위하여 위기가구 발굴 및 신고 시스템을 구축하여 1인 및 2인 취약가구의 안부 확인 및 방문상담(주1회 이상)을 실시하고 서비스 대상 및 욕구에 따라 맞춤형 서비스를 제공했다. 셋째, 지역주민 대상으로 주거복지교육 및 주거복지 전문가 양성 프로그램을 운영하고 명예사회복지공무원에 대한 지속적인 보수교육을 진행했다. 또한 임대주택 입주를 희망하는 주민들을 대상으로 입주지원 주민설명회를 개최했다.

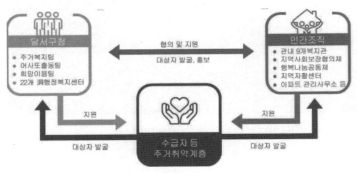

그림 11 달서구 찾아가는 주거복지서비스 체계

(8) 8회

가장 최근에 추진된 8회 공모사업의 대상은 인천도시공사에게 돌아갔다. 공공기관으로는 처음이다. 인천광역시 실정에 맞는 매우 다양한 주거복지사업을 계획하고 실제적으로 추진한 내용이 돋보인 결과다. 특히, 코로나19라는 특별한 상황에 대응하여

임대주택 상가 보증금을 인하 또는 동결하고 원예치료나 문화나
눔, 건강검진과 마스크 등 건강물품 등을 지원한 점은 공사 본연
의 임무인 임대주택 공급과 시설개선에만 그치지 않는 새로운 모
습을 보였다.

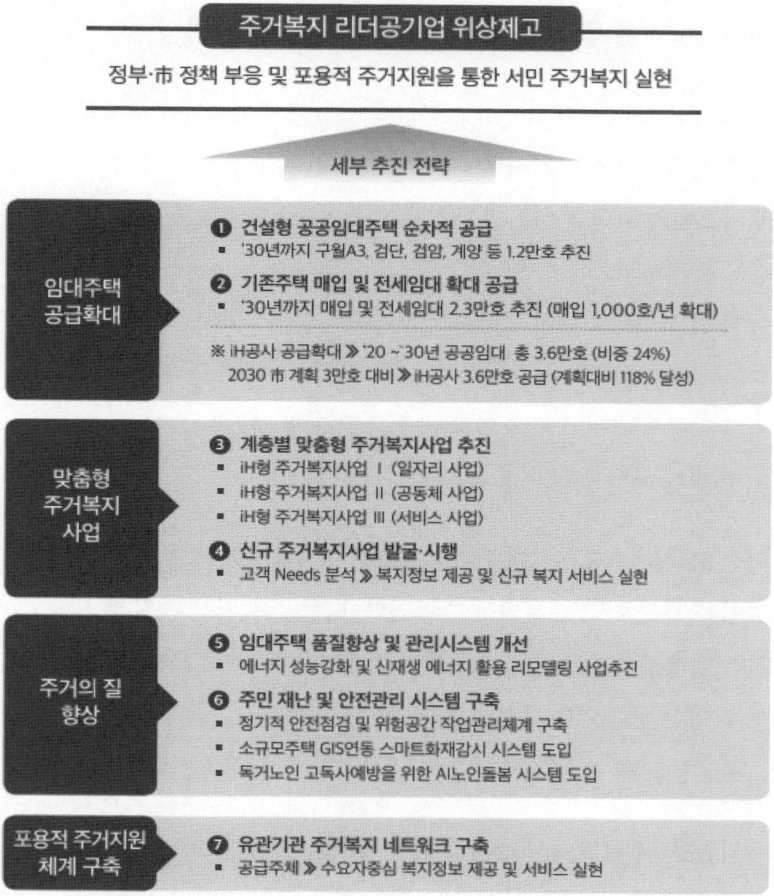

주거복지 리더공기업 위상제고

정부·市 정책 부응 및 포용적 주거지원을 통한 서민 주거복지 실현

세부 추진 전략

임대주택 공급확대

❶ 건설형 공공임대주택 순차적 공급
- '30년까지 구월A3, 검단, 검암, 계양 등 1.2만호 추진

❷ 기존주택 매입 및 전세임대 확대 공급
- '30년까지 매입 및 전세임대 2.3만호 추진 (매입 1,000호/년 확대)

※ iH공사 공급확대 》 '20 ~'30년 공공임대 총 3.6만호 (비중 24%)
2030 市 계획 3만호 대비 》 iH공사 3.6만호 공급 (계획대비 118% 달성)

맞춤형 주거복지 사업

❸ 계층별 맞춤형 주거복지사업 추진
- iH형 주거복지사업 Ⅰ (일자리 사업)
- iH형 주거복지사업 Ⅱ (공동체 사업)
- iH형 주거복지사업 Ⅲ (서비스 사업)

❹ 신규 주거복지사업 발굴·시행
- 고객 Needs 분석 》 복지정보 제공 및 신규 복지 서비스 실현

주거의 질 향상

❺ 임대주택 품질향상 및 관리시스템 개선
- 에너지 성능강화 및 신재생 에너지 활용 리모델링 사업추진

❻ 주민 재난 및 안전관리 시스템 구축
- 정기적 안전점검 및 위험공간 작업관리체계 구축
- 소규모주택 GIS연동 스마트화재감시 시스템 도입
- 독거노인 고독사예방을 위한 AI노인돌봄 시스템 도입

포용적 주거지원 체계 구축

❼ 유관기관 주거복지 네트워크 구축
- 공급주체 》 수요자중심 복지정보 제공 및 서비스 실현

그림 12 인천도시공사 주거복지 사업 전략

3. 나가며

지금까지 한국주거복지포럼이 2014년부터 추진한 주거복지 관련 우수사례를 살펴보았다. 8번에 걸쳐 진행된 우수사례 발굴 작업을 통해 개별 사업 측면에서 좋은 모범이 되는 내용뿐 아니라 전체적으로 흥미로운 점들도 찾아볼 수 있었다. 이는 두 가지 측면에서 요약해 볼 수 있다.

우선, 주거와 관련된 다양하고 복합적 사업이 대도시부터 군지역까지 행정구역의 크기와 무관하게 진행되고 있었다. 다시 말해, 주거복지와 관련된 사업의 대부분이 중앙정부와 중앙공기업 중심으로 진행되고 있는 현실 속에서도 지역에서는 자신들의 문제에 대해 스스로 고민하며 나름의 해결책을 찾기 위해 노력하고 있다는 것이다. 또한, 지방정부나 공공기관의 사업과 연계하지 않거나 공공의 지원이 거의 없이 비영리 민간단체가 중심되어 추진된 특별한 사업도 목격할 수 있었다.

이런 사업의 추진과정에는 지방정부뿐 아니라 지역의 문제에 큰 관심을 가진 지역 전문가들이 있었다. 이들은 사업을 직접 추진하는 실행자이자 주민과 공공의 가교 역할을 하는 조정자의 역할 등 다양한 모습으로 목격되었다.

한편으로, 중앙정부의 직접적인 도움 없이 지역 차원에서 시작된 사업들은 그 취지나 내용의 신선함, 필요성, 중요성이나 시급성 등에 비해 사업 규모나 수혜 대상이 그렇게 크지 않았다. 앞서 살펴본 많은 사업은 민간기업 등의 기부나 지방정부의 소규모 재원이나 행정적 지원에 기대어 사업을 추진했다. 반세기가 넘게 이

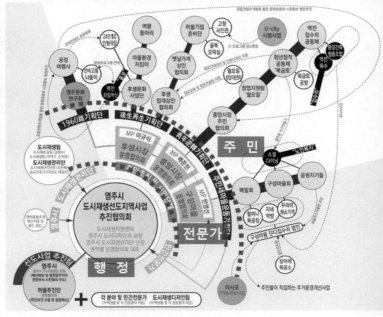

그림 13 사업추진주체 간 연계협력(영주시 사례)

행정
사업 예산확보, 관리
관련부서 협의 및 제도지원

기획단 (전문가집단)
사업기획 및 컨텐츠의 발굴과
사업의 지속성 진단

MP+운영협의회대표
주민의견수렴 및 사업주도
기획단과 주민조직 매개

주민조직
청년창작공동체를 중심으로
전체 재생사업 연계 및 지원

어진 중앙정부 중심의 정책과 사업추진은 이런 한계를 설명하는
중요한 이유 가운데 하나다. 지역의 사업주체들에게 가장 큰 고
민거리인 자금조달의 어려움을 극복하고자 나온 동그라미 기금
과 같은 새로운 방식은 그래서 눈여겨볼 만했다.

지역의 문제는 그 지역에 사는 사람들이 가장 잘 알고 있다. 하지
만 지역의 문제를 스스로 해결하려는 의지를 담아내고 실행 방안
을 만들어 추진하기에는 많은 어려움이 있다는 것도 경험을 통해
알고 있다. 주거정책에 관련한 우리나라 지방분권이 여전히 낮은
수준이기 때문이다. 그렇지만 주거복지에 대한 지역 중심의 노력
은 끊이지 않고 계속될 것이다. 앞서 살펴본 우수사례들이 그 방
증이다. 쉽지는 않겠지만 지역의 다양한 시도와 실험이 계속되고
성공하거나 실패한 경험에 대한 공유가 지속되어 더 나은 주거복
지 지역생태계가 형성되기를 희망한다.

주거복지 교육플랫폼(하우징테드) 구축 및 운영

윤영호
(한국주거학회 주거연구원장)

주거복지 교육플랫폼 (하우징테드) 구축 및 운영[1]

1. 서론

하우징테드TED는 주거복지 관련 종사자들에게 유용한 주거복지 관련 교육콘텐츠를 다양하게 제작·공유하는 유튜브 채널이며, 플랫폼Platform 기반의 '지식공유의 장(지식보관소)'이라고 할 수 있는 교육플랫폼이다. 특히 유튜브 채널은 주거복지와 관련된 다양한 업무 노하우 등 공공지식을 교육생들이 무료로, 쉽게 접할 수 있게 구축하였다.

이 채널은 무엇보다 지속적인 토론의 장을 마련할 수 있는 교육생 태계를 조성하기 위한 목적으로 시작되었다. 앞으로도 주거복지 정책의 수요자인 일반 소비자의 시각에서 주거복지에 대한 다양한 해법과 정책을 알리는 토론의 장을 만들어 갈 것이다.

1　본 고는 22년 주거복지포럼 10주년 기념 대토론회에서 발표한 내용을 기초로 작성된 것임을 밝힘

이 글에서는 왜 이러한 교육플랫폼을 구축해야 했는지와 향후 어떻게 운영되는 것이 바람직할 것인가를 생각해 보고자 한다. 우리가 자주 접하는 '주거복지'라는 단어는 귓가에 익숙하게 맴돌고 있는 단어이다. 자꾸 맴돈다고 함부로 무시할 수 있는 단어가 아니며 우리가 함께 고민해야 하는 중요한 단어임은 분명하다. 그러나 아직 주거복지는 공급·관리 측면에 머물러 있지 않은가 생각된다. 따라서 중요한 단어인 만큼 이를 이벤트로 활용하고 끝나면 참 곤란하겠다는 생각이다. 지난 시절 대부분 세미나, 포럼 등 이벤트로 끝났거나 한시적인 유지 정도에 그쳤다면, 이제는 이벤트로 끝낼 수만 없지 않은가 하는 공감대를 형성하고 있다.

이제는 많은 정책, 좋은 아이디어와 아이템 그리고 관련 교육콘텐츠가 묻혀버리는 경우가 종종 발생하고 있다는 점에서 어떤 대안을 찾아야 할 시점이다. 이에 따라 주거복지포럼은 약 70회 정도를 개최한 전문가토론회의 정책자료가 사장되고 있다는 점을 고려해서 자료집을 발간하였다. 대부분 파워포인트PPT로 작성된 자료와 토론의 내용이 포함되어 있어 그나마 DB라는 명맥은 유지하고 있다. 하지만 이런 자료집은 주거복지 관련 전문가들이 활용하는 정도에 그쳐 교육 및 토론 자료의 공유라는 측면에서 보면 미흡하다고 느끼고 있다.

따라서 그 많은 콘텐츠의 활용에 대해 구체적으로 어떻게 해야 할까? 자료집을 포함한 교육·토론 콘텐츠를 언제든지 공유할 수 있는 게 좋지 않을까? 단순히 글로 표현하는 것보다는 실제 느끼고 배울 수 있도록 하면 좋지 않을까? 모두가 함께 공유할 수 있는 환경이 조성되면 더 좋지 않을까? 이러한 모든 고민의 해결점을 찾아 유튜브와 연계한 교육플랫폼을 구축하게 된 것이다.

이에 일반인이 언제 어디서든지 손쉽게 볼 수 있도록 유튜브 채널을 통해 전문가 교육을 생중계했다. 더불어 교육 동영상을 본 사람이 의견을 제시하거나 자료를 요구할 수 있는 플랫폼, 반대로 플랫폼에서 자료를 얻을 수 있는 환경까지 조성하게 되었다. 나아가 점차 불특정 다수가 접할 수 있도록 기회를 제공하고, 신진 학자나 새로운 정책 입안자들도 접하기 쉬운 교육플랫폼으로 거듭나기를 원했다.

이 어려운 과정을 거친 결과, 교육콘텐츠를 체계화시켜서 전문가 역량 강화 교육과정으로 활용할 수 있는 교육플랫폼인 '하우징테드TED'가 탄생한 것이다. 이처럼 산고 끝에 탄생한 하우징테드TED 교육플랫폼을 어떻게 정착시킬 것이며 향후 발전 방향은 어떠해야 하는지, 그 미래의 가능성은 어떤지 또한 짚어볼 필요가 있다. 그래서 주거복지전문가 육성 수단으로써 교육플랫폼 구성 요소인 콘텐츠를 살펴보고, 마지막으로 이들을 바탕으로 교육플랫폼 지속가능성과 향후 과제 등에 관련하여 간략하게 기술해 본다.

2. 플랫폼 구축 배경

하우징테드TED 교육플랫폼의 탄생은 필연적이었다. 무엇보다 우리나라 주거복지와 관련된 단계적 전략 수립과 연계한 교육 지원, 지식공유라는 점이 플랫폼 탄생에서 매우 중요한 부분이었다. 교육플랫폼 콘텐츠를 키워드화 했을 때, 과연 어떻게 풀어야 할 것인가를 고민했다. 그렇게 궁리한 끝에 교육 지원, 교육 편의, 지식 공유라는 큰 틀을 잡아나갈 수 있었다.

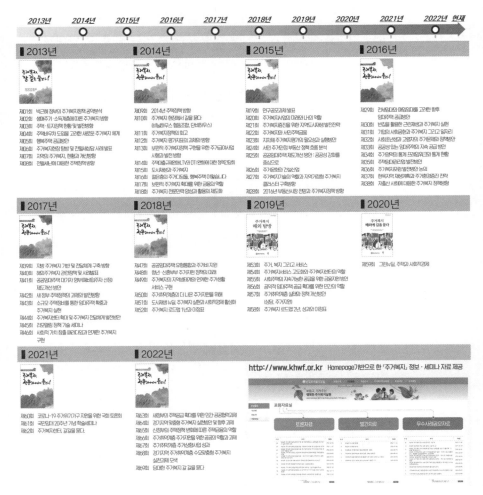

그림 1 홈페이지 기반 '주거복지포럼' 토론 및 발간자료 공유

우선, 한국주거복지포럼 10년은 주거정책의 선도자이며 산증인이 걸어온 길이었다. 우리나라 주거정책의 변천과 주거복지포럼 주제를 키워드로 되짚어 보면, 한국주거복지포럼의 성과와 과제, 그 미래를 모색한 부분을 바탕으로 한 교육콘텐츠 발굴이 중요했다(그림 1 참조).[2]

한국주거복지포럼의 10년 역사는 우리나라 주거복지의 10년 역사일 뿐만 아니라, 주거복지 증진을 위한 장을 마련하고 논의·개선하는 플랫폼으로서 우리 사회의 중요한 자산이다. 따라서 우리의 삶과 함께 호흡하는 공공주택의 다양한 변화 모습을 이야기와 사진이 있는 '포토에세이 형식'으로 구성하고 주거 문제의 사회적 관심과 실천적 활동을 위한 (사)한국주거복지포럼 출범의 배경과 과정, 창립까지의 스토리를 포함한 콘텐츠 혼이 있어야 한다. 특히 창립 이후 주거복지 주요 현안을 발굴하고 공론화해 온 (사)한국주거복지포럼 10년의 발자취를 근간으로 한 콘텐츠 확보가 중요했다.

복지는 개개인이 사회의 구성원으로서 당당히 설 수 있도록 차별 없는 기회를 제공하는 것이다. 주거복지는 수혜자의 자활 능력을 저해하는 일이 없도록 안정된 주거를 바탕으로 삶의 질 향상을 추구할 수 있도록 사회적 합의를 토대로 세밀한 정책을 마련하고 추진하는 것이다. 더불어 장기공공주택의 시설개선사업은 복지서비스 수용을 위한 물리적 개선의 시발점이었다. 기존 시설개선사

<hr />

2   홈페이지를 통한 정보 제공 및 공유 2014, http://www.khwf.or.kr Homepage 기반으로 한 「주거복지」 정보·세미나 자료를 제공함

업은 주거에 단순 도입되는 경향이 있었으나, 이제는 주거단지 자체가 공간복지 개념에 맞춘 주거생태계를 조성하며 수요자 맞춤형 주거복지 구현으로 전환되고 있다.

창립 이후 2013년부터 운영해 온 주거복지포럼의 주제들과 지난 10년간 우리나라 주거정책 변천 과정과 함께 10년 역사를 연도별로 구분하여 해당 연도의 주요 주거정책을 주거복지포럼의 주제와 연계, 키워드를 중심으로 콘텐츠를 기획해야 했다.

이와 함께 주거복지포럼의 10년 논의 내용을 분야별로 종합하고 (사)한국주거복지포럼의 성과와 과제, 그 미래상을 반영할 필요도 있다. 주거복지 분야의 다양한 주체들이 참여한 수많은 토론을 통해 주거복지의 방향과 정책 수단, 역할 분담 등에 대한 사회적 합의 도출도 요구됐다.

특히 지속가능한 한국의 주거복지 모델 구현을 위해 노력해 온 한국주거복지포럼 10년을 되돌아볼 필요가 있어 보였다. 끊임없이 이야기하며 주거복지의 방향과 대안을 제시해 온 한국주거복지포럼 10년, 그러나 주거복지는 한순간에 완결될 수 없었다. 주거문제에서 눈을 떼지 않고 현장에 귀 기울이며 연구하고 고민하여 더 나은 길을 제시하며 진화해가는 지속적인 사회적 어젠다이다. 이에 대한 사회적 공감대 형성과 함께 토론의 장이 필요했다.

교육콘텐츠 확보과정을 보면 첫 번째, 연도별로 행사가 이루어진 본 포럼에서는 연별도로 대략 10개 콘텐츠가 형성되고 있다. 그 10개 아이템이 교육콘텐츠에 해당하는 키워드이고 10년간 대략

100개 정도로 나타났다. 콘텐츠 확보에는 별 어려움이 없었음을 알 수 있다. 이를 공유하는 것이 중요한 첫 스텝이다.

두 번째는 지금까지 시대적 흐름에서 주거복지 우수사례 발굴을 말할 수 있다. 우수사례를 다 같이 공유해야 할 부분이 있다고 보았다. 이 부분이 두 번째 스텝이다(그림 2 참조).

그림 2 홈페이지 기반 '주거복지' 우수사례 공모자료 공유

그리고 세 번째는 관련 기관 또는 전문가와 함께 교육콘텐츠를 발굴·공유하면서 지속가능 기반을 조성하고자 하는 것이 기본 핵심으로 되어 있다. 이와 더불어 추가 포럼홈페이지3에 탑재된 발

3   홈페이지를 통한 정보 제공 및 공유 2014, http://www.khwf.or.kr Homepage 기반으로 한 「주거복지」 정보·세미나 자료를 제공함

표 자료집이 있고, 우수사례 공모자료도 있으며 이를 언제든지 그리고 어디서든 볼 수 있다.

3. 유튜브 기반의 하우징테드TED 교육플랫폼

유튜브 기반의 하우징테드TED 교육플랫폼은 유튜브 기반에서도 지금까지 추진해 온 세미나나 실시간 교육내용도 볼 수 있고 개발된 콘텐츠도 언제 어디서든 궁금증에 대한 답변에 쉽게 접근할 수 있도록 플랫폼화했다.

특히 하우징테드만의 이점 중 첫 번째는 온라인 실시간에 대한 세미나를 공유할 수 있도록 만든 것이다. 두 번째는 주거복지 콘텐츠 공유가 되어 있으며, 이를 쉽게 찾아볼 수 있도록 만들었다. 세 번째는 정책에 대한 콘텐츠를 공유할 수 있도록 만든 공유형 교육플랫폼이라는 점이다.

이러한 유튜브 실시간 생중계를 통해 공유개방형 지식 뱅크 플랫폼인 '하우징테드TED'가 시민의 품으로 다가가는 계기가 될 것이다. 이는 비대면 온라인 교육생태계를 조성해 포스트코로나 시대에 대응한 결과일 수 있다. 본 포럼은 관련 전문기관 및 전문가들과 협업해 온라인 실시간 동영상 시민강좌를 진행했고, 과정을 모두 출석하면 전문기관에서 수료증을 발급해 주었다(그림 3 참조).

그림 3 유튜브를 기반으로 한 '주거복지' 관련 정보·교육자료 공유

1) 온라인 실시간 세미나 정보 공유

온라인 실시간으로 진행된 포럼과 세미나 개최 내용을 공유할 수 있는 공유플랫폼을 구축했다(그림 4 참조).

그림 4 유튜브를 기반으로 한 온라인 실시간 '세미나' 자료 공유

2) 주거복지 전문가 교육콘텐츠 공유

주거복지 콘텐츠를 다수 공유하고 있으며 이를 쉽게 찾아볼 수 있다(그림 5, 6 참조).

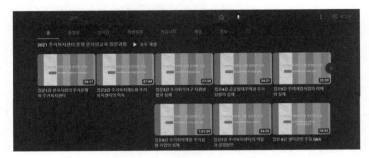

그림 5 유튜브를 기반으로 한 실시간 '주거복지센터 운영 온라인교육 입문과정' 교육자료 공유

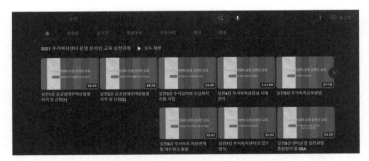

그림 6 유튜브를 기반으로 한 실시간 '주거복지센터 운영 온라인교육 실천과정' 교육자료 공유

3) 정책 교육콘텐츠 공유

주거복지 콘텐츠를 통해 관련 내용을 보다 이해하기 쉽게 교육할 수 있다(그림 7 참조).

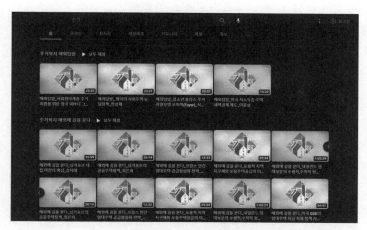

그림 7 유튜브를 기반으로 한 '온라인 주거복지 해외사례 이해과정' 교육자료 공유

다양한 주거복지 콘텐츠를 언제 어디서든 빠르고 편하게 찾아볼
수 있다(그림 8 참조).

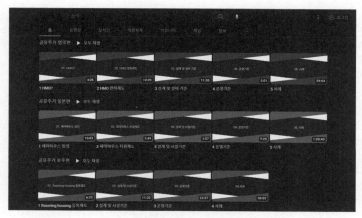

그림 8 유튜브를 기반으로 한 '공유주거 해외사례 이해과정' 교육자료 공유

정책에 대한 콘텐츠를 누구나 볼 수 있도록 공유형 교육플랫폼으로 구축했다(그림 9 참조).

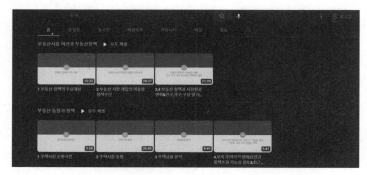

그림 9 유튜브를 기반으로 한 '부동산 시장, 동향과 정책 이해과정' 교육자료 공유

4. 플랫폼 기반의 하우징테드TED 교육플랫폼

하우징테드TED 교육플랫폼은 기본·필수 그리고 선택 교육콘텐츠 등 3개로 나눌 수 있다. 이를 언제든지 볼 수 있는지? 실행 가능한지? 와 같은 실증 검증을 통해 마무리하고 본격적으로 콘텐츠를 중심으로 교육할 수 있도록 했으며, 또한 모두가 공유할 수 있는 플랫폼으로 완성하다. 현재 여기에 관련된 부분은 각각의 전문기관과 전문가가 공유해 콘텐츠를 검증했으며, 이를 통해 상당히 좋은 결과를 얻었다.

예를 들면 전문성을 가진 유니버설디자인과 관련해 공공기관과 공동으로 진행되는 필수 과목을 콘텐츠로 확보한 것은 좋은 사례 중의 하나이다(그림 10 참조).

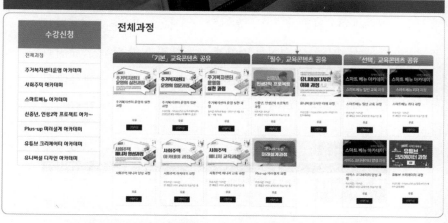

그림 10 플랫폼을 기반으로 한 주거복지 관련 교육 서비스 확대·운영

이러한 국가 R&D에서 스마트베뉴, 트렌드에 관련된 부분까지 연계시켰으며, 지금 현재 유튜브에는 크레이터에 관련된 부분도 일반이 공유할 수 있도록 선택 과목으로 포함했다. 이는 플랫폼을 기반으로 한 주거복지 관련 교육서비스를 확대하기 위함이다.

또한 전국주거복지센터협의회, 한국사회주택협회와 국민연금공단과 함께 교육서비스를 운영하고 아름다운주택포럼과 서울시유니버설디자인센터와 함께 콘텐츠도 개발했다. 특히 국가R&D 연계한 교육콘텐츠와 전문가와 함께 개발한 교육콘텐츠를 발굴하며 시범사업을 완료한 바 있다. 그러한 과정을 거쳐 개발, 제작한 콘텐츠는 다음과 같다.

1) 주거복지센터 운영 아카데미 교육콘텐츠

주거복지센터 실천 과정[4]의 교육 방법은 하우징테드TED 교육플랫폼에 탑재하여 교육을 시행하고 있다. 교육 대상은 주거복지센터를 설치 또는 운영하는 지자체 공무원 및 현장 실무자, 주거취약계층 주거상향사업을 수행하는 지자체 공무원과 수행기관 실무자, 주거복지센터에 관심 있는 누구나이다(그림 11 참조).

그림 11 플랫폼을 기반으로 한 '주거복지' 관련 교육 서비스 확대·운영

---

4   2022년 주거복지센터 실천 과정은 전국주거복지센터협의회와 함께 진행했으며, 교육 진행은 하루에 2개 강의씩 4일간 총 8개 강의를 수강한 교육 이수자에게 한국주거복지포럼 명의의 수료증을 발급했다. 그리고 진행된 강의내용은 교육신청자만 3주 정도 학습 및 복습할 수 있는 교육 시간을 부여했다.

2) 사회주택 아카데미 교육콘텐츠

사회주택 매니저 양성과정[5]은 사회주택 실무자가 사회주택 정책 및 실무를 이해하고, 주택관리에 입주민이 참여하는 방안을 모색하여 실무자 역량 강화와 임차인 공동체 형성을 도모하고자 한 것이다. 교육 대상은 사회주택 운영자, 커뮤니티 담당자와 관심 있는 누구나 수강 신청이 가능하다.

그림 12 플랫폼을 기반으로 한 '주거복지' 관련 교육 서비스 확대·운영

----

5   2022년 사회주택 매니저 양성과정의 교육 기간은 2주간 총 6회차이며, 교육 방법은 '하우징TED' 온라인 교육플랫폼에서 온라인 강의로 이루어졌다. 특히 1회차 오리엔테이션은 실시간으로 ZOOM으로 진행했고, 교육 진행은 교육신청자만 플랫폼 접속이 가능했으며 온라인 강의로 진행됐다. 전체 강의 100%를 수강한 수강생에게 수료증을 발급했다.

특히 '사회주택 아카데미'는 사회주택 사업을 준비하거나 내실이 있는 사회주택 운영을 희망하는 자에게 사회주택 전문가들이 사회주택의 정책, 자금조달, 공급 유형별 사업 노하우, 운영관리에 대한 깊이 있는 교육과정이다. 교육 내용은 사회주택 정책, 자금조달, 유형별 공급, 운영관리 심화교육이다(그림 12 참조).

3) 스마트베뉴 아카데미 교육콘텐츠

주거복지 콘텐츠가 공유되어 있으며, 이를 쉽게 찾아볼 수 있다 (그림 13 참조).

그림 13 플랫폼을 기반으로 한 '주거복지' 관련 교육 서비스 확대·운영

4) 신중년, 인생 2막 프로젝트 아카데미 교육콘텐츠

국민연금공단과 함께 운영한 교육 서비스를 콘텐츠로 제작해 이를 쉽게 찾아보고 활용할 수 있도록 교육플랫폼에 탑재했다(그림 14 참조).

그림 14 플랫폼을 기반으로 한 '주거복지' 관련 교육 서비스 확대·운영

5) Plus-up 미래 설계 아카데미 교육콘텐츠

국민연금공단과 함께 교육서비스를 운영했으며, 이에 대한 내용을 쉽게 찾아보고 활용할 수 있도록 관련 콘텐츠를 교육플랫폼에 탑재했다(그림 15 참조).

그림 15 플랫폼을 기반으로 한 '주거복지' 관련 교육 서비스 확대·운영

6) 유튜브 크리에이터 아카데미 교육콘텐츠

한국주거서비스소사이어티, 전문가와 함께 다양한 콘텐츠를 개발했다. 본 콘텐츠는 교육플랫폼에 탑재돼 공유할 수 있으며 이를 쉽게 찾아보고 활용할 수 있다(그림 16 참조).

그림 16 플랫폼을 기반으로 한 '주거복지' 관련 교육 서비스 확대·운영

7) 유니버설 디자인 아카데미 교육콘텐츠

아름다운주택포럼, 서울특별시유니버설디자인센터와 함께 콘텐츠를 개발·발굴했다. 본 콘텐츠는 '유니버설디자인 정책 및 제도', '유니버설디자인 주거계획', '아동시설 놀이공간'과 '디자인 프로세스'의 4개로 크게 분류되어 있다. 개발된 교육콘텐츠는 교육플랫폼을 통해 누구나 공유할 수 있으며 쉽게 찾아보고 활용 가능하다(그림 17 참조).

그림 17 플랫폼을 기반으로 한 '주거복지' 관련 교육 서비스 확대·운영

5. 하우징테드TED 교육플랫폼 활용 방안

교육플랫폼 운영·관리 방향은 전문기관(전문가)과의 협업을 통해 콘텐츠의 전문성을 확보하고, 이를 통한 교육생태계 조성이다. 첫 번째는 교육네트워크 구축을 통한 지식경영 기반 마련 등 공공지식의 공유·전파를 위한 교육플랫폼을 구축하는 데 있다. 두 번째는 지역자원과 연계된 교육지원 생태계 구축을 통한 교육 수요 대응 기반 마련에 있다. 세 번째는 트렌드·이슈 변화를 반영, 의식변화 교육을 통해 행동 변화를 유도하여 소통과 배려하는 생태계를 조성하는 것이다.

이와 더불어 중요한 것은 지식생태계 조성과 사장되어 가고 있는 다양한 노하우, 지식 등 전문성 기반의 융복합 및 협업형 인재 양성이다. 특히 개방·공유형 지식기반 교육플랫폼을 운영하고 전문기관(전문가)과의 협력을 통한 수요 교육콘텐츠를 확보하며 지역인재, 입주민, 시민 등을 위한 교육콘텐츠의 전문성을 강화하는 데 그 의미가 있다(그림 18 참조).

그림 18 홈페이지 기반 '주거복지' 관련 정보·교육자료 공유

6. 맺음말

하우징테드TED 교육플랫폼 정착 경로를 돌이켜보면 이제 공급정
책과 관리정책을 지나 수요맞춤형 정책이 요구되는 시점에 들어
섰음을 알 수 있다. 이러한 시점에서 본 하우징테드TED 교육플랫
폼을 기반으로 한 주거복지교육생태계 조성이 여전히 필요하다
(그림 19 참조).

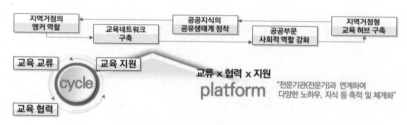

그림 19 수요 기반의 교육인프라 조성

이에 따라 하우징테드의 의미는 다음과 같이 정리할 수 있겠다.
첫 번째는 주거복지 관련 정보·교육서비스 지원 체계 구축이다.
주거복지포럼 창립 이후 운영해 온 주거복지포럼의 주제들과 우
리나라 주거정책 변천 과정을 주거복지포럼의 주제와 연계한 키
워드를 중심으로 교육콘텐츠를 발굴·공유할 수 있는 홈페이지,
유튜브, 플랫폼 기반을 구축하는 것이었다. 이를 통해 주거복지
관련 정보·교육 서비스 지원 체계를 구축했다.

두 번째는 주거복지전문가 인재 발굴·양성을 위한 플랫폼 운영
이다. 주거복지와 관련한 정책·제도에 대한 심도 있는 논의와 함
께 시민과 함께 공감하고 커뮤니티를 형성하며 주거복지 분야의

다양한 주체들이 참여하는 소통·공유의 장을 마련하는 것이었다. 특히 공공지식의 공유·전파를 위한 교육생태계를 조성하는 교육지원의 측면과 LMS(학습관리시스템)와 연계하여 개발된 콘텐츠 교육과정 및 교육생 편의를 제공하는 교육 편의의 측면, 그리고 지식의 보관소 역할로 지식경영생태계 조성과 사장되어 가고 있는 다양한 업무 노하우, 지식 등을 축적·체계화하는 지식공유 측면이다.

세 번째는 하우징테드TED 플랫폼이 더 나은 방향으로 진화하는 길을 제시하는 것이다. 주거복지의 방향과 대안 제시를 위해 끊임없이 고민하며 걸어 온 한국주거복지포럼의 10년을 돌이켜보면 주거복지는 한순간에 완결될 수 없다는 것이 자명하다. 이를 다소나마 극복하기 위한 하우징테드TED 교육플랫폼 구축은 지역 인재 발굴 및 육성을 위한 온라인 동영상 시민강좌 개설과 함께 전문기관, 전문가와 협업할 수 있는 생태계를 조성할 수 있는 계기를 마련하였다. 특히 비대면 전문가 교육과정을 진행했고, 지역 인적자원과 연계한 공유개방형 교육플랫폼으로 정착할 수 있었다.

하우징테드TED 교육플랫폼이 주거복지 문제에서 눈을 떼지 않고 현장에 귀 기울이고 더 나은 길을 제시하며 진화해 나가기를 기대한다.

:: 참고문헌

하우징테드 교육사이트 https://www.housingted.kr/
하우징테드 https://www.youtube.com/
한국주거복지포럼 http://www.khwf.or.kr/

독일 주택정책 변화와 도전

허윤경
(한국건설산업연구원 연구위원)

1. 가격 급등과 원인

1990년대 이후 20여 년간 독일의 주택가격은 안정세를 보였다. 같은 시기 주택가격 부침을 겪었던 타 유럽 국가나 북미 국가들과는 다른 양상이었다.[2] 장기 안정세를 보이던 독일 주택가격은 2011년부터 본격적으로 상승하기 시작하여 2021년 3분기까지 10여 년간 상승세가 이어졌다. 신축 주택과 기존 주택을 통합한 종합지수를 살펴보면, 2014년 이전까지는 5% 미만의 상승률에 그쳤으나 2015년 이후 상승세가 확대되었다.

연간 상승률을 확인하면 2015년 5.8% → 2016년 8.4% → 2017년 6.2% → 2018년 6.2% → 2019년 6.5% → 2020년 8.7%로 팬데믹 이후 상승 폭이 확대되는 양상이다. 2020년대 중반까지는 신축 주택 상

----

1 "허윤경, 2022, 유럽의 주택정책, 변화와 도전, 한국건설산업연구원" 자료를 기초로 작성함.
2 진미윤, 김수현, 꿈의 주택정책을 찾아서, 오월의 봄, p.324-325.

승률이 높았으나 팬데믹 이후에는 기존 주택 상승률이 높게 나타
난다. 2021년은 3분기까지 8.9% 상승하여 전년 연간 상승률을 넘
어섰고, 전년 동기 대비로는 12.0% 상승하여 2000년 통계 작성 이
래 가장 높은 수준이다.

 2021년까지 상승세가 꺾이지 않고 있음을 확인할 수 있다. 최근
2년(2019년 4분기~2021년 3분기)간 21.3% 상승하였고 최근 10년
(2011년 4분기~2021년 3분기)간은 81.3% 상승하여 유럽에서 주
택가격이 가장 높게 상승한 국가가 되었다.

그림 1 분기별 독일 주택가격지수 추이(2015 = 100)

임대료 상승세도 가파르다. 신축 주택과 신규 계약 임대료를 중
심으로 임대료가 급등하여 2009년부터 2020년까지 50% 이상 상승
하였다.[3] 오랜 역사를 가진 임대료 규제 정책 등의 영향으로 기존

주택의 임대료 상승률은 연 1.3% 수준으로 완만한 편이다.

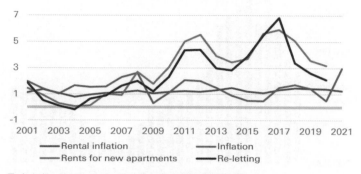

주 : bulwiengesa, Deutsche Bank Research, 독일 연방 통계청.
자료 : Deutsche Bank Research, 2021, Outlook 2022: New realities, p15.

그림 2 독일 연간 임대료 및 물가 변동률 추이(단위 : %)

반면, 신축 주택Rents for new apartment과 재계약Re-letting 임대료는 높은 상승률을 보였고 2017년 상승률은 6~7%에 이른다. 2020년 이후로는 상승률이 둔화되는 양상이다. 민간 조사에 따르면 2008~2018년 동안 주요 7개 도시의 임대료 상승률이 57%에 달하여 대도시 임대료 상승 문제가 심각하다. 특히, 뮌헨과 베를린의 임대료 상승률이 두드러진다.

개별 도시별로는 쾰른 35%, 함부르크 47%, 뒤셀도르프 53%, 프랑크푸르트 55%, 슈투트가르트 59%, 베를린 65%, 뮌헨 67% 상승한 것으로 조사되었다.[4]

---

3 "Deutsche Bank Research, 2021, Outlook 2022: New realities, p.15~16"을
기초로 기술함.
4 bulwiengesa, DZ HYP, 2019, REAL ESTATE MARKET GERMANY 2019 2020,
p.46.

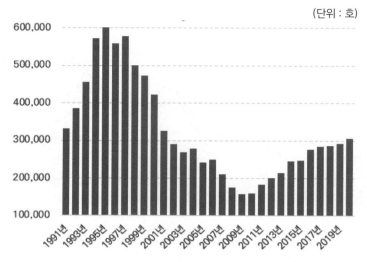

(단위 : 호)

자료 : 독일 연방 통계청.

그림 3 연간 독일 주택 준공 추이

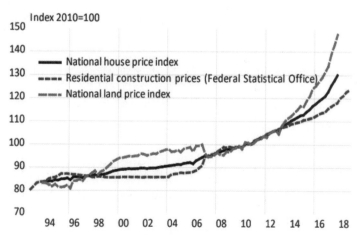

Index 2010=100

— National house price index
----- Residential construction prices (Federal Statistical Office)
-·-·- National land price index

자료 : Florian Kajuth, 2020, The German housing market cycle, Deutsche Bundesbank, p9.

그림 4 독일의 토지가격 및 건축비 추이

이러한 독일 주택가격 및 임대료 급등에는 인구 증가, 저금리 장기화, 외국계 자금 유입에 따른 수요 증가가 주요한 요인으로 지목된다. 이민자 증가로 독일 총인구는 2011년 이후 증가세가 지속되었다. 연방 통계청에 따르면 2011년 8,020만 명이었던 인구는 2020년 8,320만 명으로 10여 년간 300만 명에 달하는 인구가 증가하였다. 동 기간 이민자의 순유입은 500만 명을 넘어섰다. 다만, 2019년 이후 인구 성장세는 둔화되고 있다. 인구 증가와 함께 유럽중앙은행ECB의 기준금리는 2011년 1.50%였으나 하락을 지속하여 2016년에는 제로금리 시대에 돌입하였고 2022년 상반기까지 7여 년간 제로금리를 유지하였다. 저금리 환경으로 실수요자들의 주택 구입[5]과 함께 투자 목적의 외국계 자금도 다수 유입되었다.

글로벌 금융위기 직전까지 다른 국가 대비 상대적 주택가격 안정으로 글로벌 투자시장에서 독일 부동산은 저평가 자산으로 인식되었다. 독일의 외국인 투자 비중은 2013~2017년 평균은 20% 수준이었으나 2018년에는 27%까지 상승하였다.[6] 주택 공급은 2011년 이후 증가하고 있으나, 1990년대 초반 수준에도 미치지 못하면서 수요에 비탄력적으로 움직여 주택가격 상승을 방어하기는 힘들었다.[7] 통일 직후인 1990년대 초반에는 동독지역 재건, 건설투자 활성화 등의 영향으로 연간 40만 호[8]에 달하는 준공이 10여 년

<hr />

5   "Florian Kajuth, 2020, The German housing market cycle, Deutsche Bundesbank"는 1993년 이후 독일 주택가격에 소득과 저금리의 영향이 큰 것으로 분석함.
6   한국은행 프랑크푸르트 총영사관, 2019, 독일 주택시장 호황 배경 및 평가.
7   Deutsche Bundesbank, 2018, The German housing market in 2018.
8   우리나라와의 통일성을 위하여 독일, 영국 모두 "호"로 해석함. 그러나 영어식 표기는 "dwelling"이며 두 국가는 우리나라와 달리 단독주택의 비중이 높은 시장구조의 차이가 있음에 따라 해석에 주의가 필요함.

간 지속되었다. 이후 주택가격 안정세와 공급 감소세가 이어졌고 글로벌 금융위기 직후인 2009년은 15.9만 호까지 감소하였다. 2010년 이후 주택가격 상승과 함께 공급이 증가하기 시작하였다. 2020년에는 주택 준공 물량이 30만 호를 넘어섰지만, 급격한 주택 가격 상승세에 비해 주택 공급이 탄력적이라고 평가하기는 어렵다. 신규 개발에 대한 지역 주민들의 반발 등으로 인해 택지 공급이 쉽지 않았다. 또한, 토지가격 상승률은 주택가격을 넘어서고 건축비도 주택가격과 유사한 수준에서 상승하여 주택 공급을 제약하는 요인으로 작동하였다.

2. 정책 대응

1) 금융위기 이후 정책 추진 동향

독일 정부는 2013년 이후 주택 공급 정책의 중요성을 역설하기 시작하였다. 2013년 당시 집권 여당이었던 CDU(기독민주연합)는 "주택 공급은 임차인을 위한 최고의 보호 정책이며 임대료 급증에 대한 최선의 조치"라고 발표하였다.[9] 2017년에는 메르켈 총리가 프랑크푸르트 일간 신문Frankfurter allge meine zeitung과의 인터뷰에서 "임대료 규제 정책은 실패했다."라고 언급하기도 하였다. 2016년 연방정부는 10개의 세부 프로그램을 포함하는 주택 공급[10] 정책을 발표하였고 2018년에는 150만 호 공급 계획을 발표하

----

9   Deutsche Bank Research, 2017, Housing policy in Germany.

였다. 이후 정부의 주택 공급 물량 목표치가 지속적으로 확대되었다. 2021년 12월 취임한 신임 연방 주택, 도시개발 및 건축부 BMWSB, Bundesministerium für wohnen, stadtentwicklung und bauwesen 장관인 클라라 게이비츠Klara geywitz가 연간 40만 호 공급 목표를 제시하기에 이른다.[11]

주택가격 상승 여파로 공급 정책 이외에도 2013년 이후 임대차, 보조금, 금융, 세제 등 다수의 정책이 변화하였다. 임대차 제도는 2015년 민법전을 개정하여 임대료 상한 강화, 상한 청구권 연장 등 임차인 보호 관점의 정책이 도입되었다. 연방 차원의 변화 이외에도 베를린 주정부의 임대료 동결 조치 등 임대료 정책이 변화하면서 사회적 갈등도 컸다.

금융건전성 차원의 조치도 있었다. 2017년에는 일정 규모 이상의 대출에 대한 LTV 상한 및 상환기간을 지정하는 권한을 금융감독청BaFin에 부여하는 「금융감독법」이 개정되었다. 집값 상승에 대응한 수요 억제책이라기보다는 금융건전성 차원의 접근으로 이해된다. 2018년에는 자가 보유 지원을 위해 자녀수당 형태의 직접 보조금이 도입되었다. 2020년에는 코로나-19 발생으로 임차인, 보유자 모두를 대상으로 하는 긴급 주거지원 프로그램이 운영되었다.[12] 임차자 지원으로는 퇴거 유예, 임대차 계약 연장, 임대료

....
10 독일연방의회(Deutscher Bundestag), 2016, Bericht zum Bündnis für bezahlbares Wohnen und Bauen und zur Wohnungsbau-Offensive.
11 신임 장관의 의회 연설, 2022년 1월 13일(https://www.bundesregierung.de/breg -de/service/bulletin/rede-der-bundesministerin-fuer-wohnen-stadtentwickl ung-und-bauwesen-klara-geywitz—1996874).
12 연방내각 홈페이지(https://www.bundesregierung.de/).

정부 보조, 임대료 지불 유예를 도입하였고 보유자는 모기지 납부 유예를 지원했다. 이외에도 주거 안정을 위해 관리비 납부 유예도 도입되었다. 2021년 4월에는 거래세를 개편하였다. 당초 독일에서는 법인이 95% 미만의 지분을 인수하는 방식으로 부동산 매입 시 거래세Real estate transfer tax[13]가 면제되었다. 그러나, 2017년 베를린에서 조세회피처 기반의 부동산투자회사가 지분 인수를 통해 거래세를 회피하면서 큰 사회문제가 되었다. 이에 2021년 4월 90%로 임계치를 인하하는 조치가 이루어졌다. 2018년 헌법재판소는 보유세 과세평가 방식을 위헌으로 결정하였다. 당시까지 1930~1940년대에 만들어진 과표 체계가 유지되고 있어 시대 변화를 반영하지 못하는 문제를 안고 있었다. 헌재 판결에 따라 2025년 1월부터는 새로운 과세평가 방식을 개발하여 적용해야 함을 판시했다.

2) 공급 정책

독일 정부는 주택 공급 확대를 위해 2014년부터 조직된 연방정부, 주정부 및 지자체, 산업계, 전문가의 공동 협의체를 통해 정책 과제를 발굴하기 시작했다. 이는 협의체를 통해 사회적 합의와 실행력을 확보하기 위한 조치였다. 연방 건설부는 2014년 부담 가능 주택 건설을 위한 협의체를 조직하였고, 2015년 2월에는 모든 참여자가 협약에 서명하였다. 협의체 의장은 연방 건설 장관이며

---

13 우리나라의 취득세와 유사한 성격으로 주정부에 귀속되는 세금이며 세율은 주별로 3.5~6.5% 수준임.

관련 정부 부처, 산업계, 노조, 수요자 등 관련 시장 참여자를 대부분 포괄한다.

표 1 2015년 이후 독일의 주택정책 추이

시기	구분		주요 내용
2015년 1월	임대차	민법전 개정	특정 지역에 대해서는 임차인의 계약 갱신 시 지역 평균 임대료의 10% 초과 불가, 신규 주택이나 개보수 공사 시 예외 적용
2016년 11월	공급	주택 공급 대책 발표	연방정부 주택 공급을 위한 10개의 프로그램 발표
2017년 3월	금융	금융 규제 강화	LTV 상한 강화 등 40만 유로 이상 대출 금융 규제 강화
2018년 1월	보유 지원	자녀수당 신설	주의 자녀수당 신설, 자녀 있는 생애최초 주택구매자 보조금 지급(자녀당 1,200유로)
2018년 9월	공급	150만 호 공급 계획 발표	종합대책의 성격으로 공급, 세제, 수당 등 다수의 내용 포괄
2019년 1월	임대차	임대법 개정	임대료 상한제 투명성 강화
2020년 1월	임대차	비교임대료 기준 기간 연장	비교임대료 기준 기간 연장(기존 4년 → 6년), 비교임대료는 임대료 인상 및 상한의 벤치마크
2020년 3월	임대차	임대료 상한 청구권 연장	임차인에게 임대료 상한 초과 임대료 청구권을 2025년 연말까지 부여(임대인에게 초과 지불한 임대료 30개월까지)
2020년 3~5월	코로나	긴급 주거 지원	임차자 지원(퇴거 유예, 임대차 계약 연장, 임대료 정부 보조, 임대료 지불 유예), 보유자 지원(모기지 납부 유예), 이외(관리비 납부 유예)
2021년 4월	세제	거래세 개정	지분 거래 면세(Share-deal exemption) 근절 목적
2025년 1월 (예정)	세제	보유세 과세 평가 개정	연방주에 따라 가치 기반이나 비가치 기반의 새로운 조건 설정 (2018년 헌법재판소는 1930~1940년대 과표 체계가 유지되고 있어 보유세 과세평가 방식에 대해 위헌 판결, 다만, 2024년까지 현 체계 유지 권고)

원출처 : Bundestag.de, 2020, Spring Report Real Estate Market, : Deutscher Bundestag, 2016, 11, Bericht zum Bündnis für bezahlbares Wohnen und Bauen und zur Wohnungsbau-Offensive, OECD Economics Department(2020), "Impact of COVID-19 on Housing: how can policies support a healthy recovery?".
자료 : Deutsche Bank, 2020, German property market outlook 2020, p4 기초로 추가 및 수정함.

정부에서는 관련 연방 부처, 연방주의 건설장관 회의, 지자체 조직 등이 모두 참여하고 금융기관인 KfW(독일재건은행)도 참여하여 자금지원을 담당한다. 산업계에서는 독일주택·부동산회사연방협회, 부동산산업연방 실무그룹, 부동산협회, 부동산관리자협회, 건설자재협회, 독일건축가협회 등이 참여하여 실제 산업현장에서 발생하는 문제나 걸림돌에 대한 의견을 제시한다. 또한 독일 노동조합 연맹, 임차자 협회 등 다양한 관점의 수요자 대표, 전문가 그룹 등이 참여한다. 이러한 다양한 분야의 참여를 통해 정책의 실효성을 담보하고 자연스럽게 사회적 합의를 이끌기 위한 조직으로 이해된다.

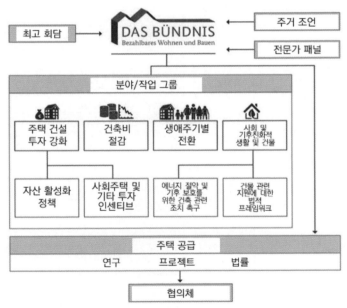

자료 : Bündnis für bezahlbares Wohnen und Bauen : Bericht 2014 bis 2017, p12.

그림 5 부담 가능 주택 건설을 위한 협의체

2016년에는 협의체를 통하여 발굴된 과제를 종합하여 '주택 공급 10대 프로그램Wohnungsbau-offensive: 10-punkte-programm'을 발표하였다. 10가지 정책의 주요 내용은 신축 공급 지원, 건축비 절감, 기타 정책으로 분류 가능하다. 주택 공급을 위해서는 ① 저렴 토지 공급 ② 개발 유도 및 고밀화 ③ 사회주택 지원 강화 ④ 세제 지원의 정책을 발표하였다.

저렴한 토지 공급을 위해 연방 부동산기관BImA은 최대 80%까지 할인된 가격으로 지자체에 토지 및 재산을 공급하고 도심 지역에서 혼합 사용을 촉진한다. 새로운 건설 프로젝트는 도심 내부 개발 및 고밀화를 유도하는 정책을 포함하였다. 또한, 2019년까지 매년 10억 유로의 기금을 활용하여 에너지 효율 사회주택을 지원하고 KfW에서 에너지 효율 자금을 추가적으로 제공하기로 하였다. 임대주택에 대해서는 세제 지원 및 보조금 지원 정책도 발표하였다.

건축비 절감을 위해서는 ⑤ 건축 규정 정비 ⑥ 건설 표준화 ⑦ 건설기술 지원의 세 가지 정책을 발표하였다. 건축물 규정의 일관성 및 통일성을 강화하여 조달 비용 절감을 꾀하였고 건축 규정과 건설 과정을 표준화하고 모듈러, 표준화, 조립식 등 스마트 건설을 통한 건설비용 절감을 도모하였다. 마지막으로 ⑧ 주차 규제 유연화 ⑨ 에너지 효율 ⑩ 홍보 강화 정책을 포함하였다. 특히, 주택 공급은 독일에서도 사회적 갈등이 적지 않음에 따라 주택 공급 필요성과 도심 개발 및 고밀화에 대한 긍정적 인식을 확산시키기 위한 노력을 10대 공급 정책에 포함하였다. 10대 프로그램 이외에도 건설비 투명성 확보, 계획 및 건설 최적화, 에너지 절약, 연령 친화 주택 개조 등 다양한 정책을 발굴하여 발표하였다.

표 2 주택 공급 10대 프로그램

분류	10대 프로그램	주요 내용
신축 공급 지원	① 저렴한 공공 토지 공급	연방 부동산기관(BImA)은 공공 목적으로 활용되는 경우에는 최대 80%까지 할인된 가격으로 지자체에 토지 및 재산을 제공함.
	② 개발 유도 및 고밀화	건축법 등 건축물 이용 관련 법령을 단순화하여 주거 지역을 통합하고 나대지 개발을 유도함. '도시 지역'을 도입하여 도심 지역에서 혼합 사용을 촉진하고 새로운 건설 프로젝트는 도심 내부 개발 및 고밀화로 인구 수용을 유도함.
	③ 사회주택 매년 10억 유로 지원	2019년 12월 31일까지 연방 예산에서 연방 기금을 지원함. 2019년까지 매년 10억 유로의 기금을 활용하여 에너지 효율 사회주택을 지원함. 2016년 4월부터 KfW에서 에너지 효율 자금을 추가적으로 제공함.
	④ 임대주택에 대한 세제 지원	재산세의 특별감가상각 제도(Sonder–AfA)를 2022년까지 한시적으로 도입하여 공제 혜택을 추가 부여함. 연방정부가 지정한 개발 지역14의 중저가 임대 아파트를 대상으로 m²당 3,000유로 이하로 건축해야 하며 2016~2018년 신축 시에는 2,000유로까지 보조금이 지원됨. 최소 10년 동안 임대 의무 조건임.
건축비 절감	⑤ 건축 규정 정비	건축물 규정의 일관성 및 통일성을 강화하여 조달 비용 절감을 유도함. 그러나 건축물 규제는 주정부 권한으로 주정부와의 지속 협력이 필요함.
	⑥ 건설 표준화	건설 규제는 비용으로 이어짐에 따라 건축 규정과 건설 과정을 표준화하고 통합하고자 함. 규제 관리를 위한 연방·정부 공동 위원회 설립을 제안함.
	⑦ 건설기술 지원	모듈러, 표준화, 조립식 등 스마트 건설을 통한 건설비용 절감 도모. 스마트 건설 기술, 비용 최적화, 공기 단축 시공에 대한 인센티브를 부여함.
기타	⑧ 주차 규제 유연화	주차 관련 규제 유연화를 통한 건설 비용 절감을 유도함.
	⑨ 에너지 효율화	2019년(새로운 공공 건물) 및 2021년(모든 신축 건물)부터 발효되는 유럽 법률의 저에너지 건물 표준을 도입함. 2050년까지 기후 중립적 건물 재고 확보라는 장기 목표를 달성코자 함.
	⑩ 공급 필요성에 대한 대국민 홍보 강화	주택 공급 필요성 및 도심 개발 및 고밀화에 대한 긍정적 인식을 확산시키기 위한 이미지 캠페인 시행 및 계획에 시민 참여를 유도함.

자료 : 독일연방의회(Deutscher Bundestag), 2016, Bericht zum Bündnis für bezahlbares Wohnen und Bauen und zur Wohnungsbau-Offensive.

----

14 주택수당 조례 제1항 3항 부록에 따라 임대료 수준 IV~VI에 해당하는 지역.

2018년 9월 21일에는 '주택 공급 10대 프로그램'을 연장하거나 강화하는 내용으로 150만 호 주택 공급 계획을 연방정부, 주정부, 지방정부가 합의하여 발표하였다.[15] 사회주택에 대한 지원은 당초 2019년까지 10억 유로가 계획되었으나, 이를 확대하여 2021년까지 최소 50억 유로를 지원하고 10만 호 이상의 사회주택 건설을 추진하는 것으로 결정하였다. 연방정부는 재정 지원을 지속하기 위해 법률 개정을 추진키로 하였다. 임대주택의 기존 감가상각률에 더해 4년간 연간 2% 추가 감가상각을 결정하여 세 부담을 경감하고 연방 부동산기관BImA을 통해 근로자 주택을 직접 공급할 계획을 추가 발표하였다. 산발적이었던 에너지 관련 법률을 건물에너지법으로 통합하였고 에너지 효율화 관련 지원 프로그램, 시니어 친화 주택 개조 지원, 보안 강화 주택 개조 프로그램 등 KfW를 활용한 대수선 프로그램도 다양화하였다. 도심 활성화를 위해 도시개발자금으로 연간 7억 7,000만 유로를 지원하고 주택 인허가 간소화, 건축물 이용 규제 유연화를 포함하는 건축법 개정 추진 계획을 밝혔다. 보유세 및 주택수당 개정도 추진하고 건축비 절감을 위한 프로그램을 지속한다는 의지를 재확인했다.

공급 프로그램과 함께 수요 진작을 위하여 미성년 자녀가 있는 생애최초주택구입자에게 직접 보조금 지급을 결정하였다. 2018년 각 정당(CDU, CSU(기독사회연합), SPD(사회민주))은 자녀가 있는 생애최초주택구입자에 대해 한시적으로 직접 보조금 지급을

---

15 연방 내무부(bundesministerium des innern für bau und heimat), 2018, Gemeinsame Wohnraumoffensive von Bund, Ländern und Kommunen.

합의하였다. KfW 424 프로그램으로 불리며 일정 소득 이하의 중산층 가구가 생애 최초로 주택을 구입하면 10년 동안 매년 자녀 1인당 1,200유로를 직접 지급하며 최대 한도는 10년간 4만 8,000유로 수준이다. 2018년에서 2020년까지 부동산 구입 또는 신축으로 한정하며 18세 미만 어린이 1명 이상이 가구원일 때 가능하다. 이 외에도 장기 저리 자금 지원 프로그램인 KfW 124의 지원금액 한도를 상향하고 에너지효율 주택자금 지원 프로그램(KfW 153)[16] 등을 통해 추가적인 자가 보유 지원 프로그램을 운영하고 있다.

3) 임대료 정책

독일의 임대료 규제 정책은 1970년대 '비교임대료제도'로 거슬러 올라가며 장기간의 역사를 가지고 있다. 당시에는 한시법으로 '주거임대차보호계약법'과 '임대료인상규제법'을 통해 운영되었지만, 2001년 이후에는 일반적인 민사 사항을 규정한 '독일민법전'으로 편입되었다. 임대료 인상 근거는 임대료 비교표, 임대료 정보은행, 전문감정서, 최소 3개의 유사주택 임대료 현황이다.

2015년 민법전을 개정하여 주정부에게 주택 공급 여력이 부족한 시장에 대해 주변 지역 비교임대료의 10% 초과 인상 제한 권한을 부여하였다.[17] 2015년 민법전 개정으로 주정부는 최대 5년간 법규명령으로 특정 지역을 임대료 인상 규제지역으로 지정하는 것이 가능해졌다. 베를린주가 독일에서 처음으로 2015년 6월 1일부터

---

16 KfW 홈페이지(https://www.kfw.de), KfW 124와 KfW 153은 중복 지원 가능함.
17 장경석, 박인숙(2014), 국내외 민간임대주택시장제도의 현황과 시사점, 국회입법조사처.

2020년 5월 31일까지 이 규정을 활용하여 규제지역을 지정하였다. 2015년 이전에는 임대료 재계약은 1년 경과 후 가능하였고 3년 내 인상률은 20%로 제한되었다. 인구 밀집 지역 등은 최장 5년 동안 임대료 인상 폭을 15%로 제한할 수 있었지만 베를린주는 10%까지 강화한 것이다. 독일에서는 임대인이 임차인에게 비교 임대료를 일정 비율 이상 초과해 받을 경우 벌금형이나 3년 이하 징역의 처벌을 받을 수 있다.

10% 초과 인상 제한에도 불구하고 임대료가 지속 상승하자, 2020년 11월 베를린주 상원은 5년간 임대료 동결 법안을 의결하였다. 베를린주 상원(2019년 11월)은 "임대료 상한에 관한 법적 규정의 개정에 관한 법률안"을 의결하였고 2020년 1월 하원을 통과해 동년 11월 발효되었다. 유효기간은 2024년 10월까지 5년간이었다. 2020~2021년은 ① 2019.6.18일 기준 순수 임대료Kaltmiete와 ② 임대료 기준표의 120%를 비교하여 ①과 ② 중 낮은 금액을 최대 임대료로 제한하고, 2022년부터는 전년도 인플레이션과 1.3% 중 낮은 비율로 임대료 상승률을 제한하는 내용이었다. 공공 보조로 지어진 주택, 기숙사, 2014년 1월 1일 이후 신축된 주택으로 최초 임대차 계약을 맺어 점유된 주택은 적용 배제되고 개보수 주택은 임대료 가산이 가능하였다. 임대료 동결 조치 위반 시 최대 50만 유로의 벌금을 부과할 수 있는 벌칙 조항과 시행 전 임대료 급등을 막기 위해서 2019년 5월 13일 발표된 '2019년 임대료 기준표'를 소급 적용하는 내용도 포함되었다.

임대료 동결 조치 이후 베를린 주택시장의 혼란은 지속되었다.

베를린의 임대료 상승은 이어졌고 인근 포츠담까지 확산되었다. 임대주택 공급은 감소했고 임대주택이 자가주택으로 다수 전환되면서 임대료 불안이 가중되었다. 또한, 주정부 상대로 손해배상 소송이 제기되기도 하였다.[18] 급기야 2021년 4월 헌법재판소는 CDU·CSU·FDP(자유민주) 소속 연방의원 284명이 헌법재판소에 청구한 소송에 대하여 주의회가 임대료 동결 권한이 없다고 판단하여 주정부의 임대료 동결 조치를 기각하는 위헌 결정을 내렸다.[19] 위헌 판결로 동결 조치 이전 임대인과 임차인이 합의한 임대료가 적용됨에 따라 임차인은 차액을 상환해야 하는 상황에 놓였다. 주정부는 무이자 대출, 보조금 지원, 상환 면제 등 임차인 재정 지원 프로그램을 운영하기에 이르렀다.

그러나 위헌 결정 이후에도 임차자 시위, 전국적 임대료 동결 조치 요구 등 사회적 갈등은 지속되었고 베를린의 임대료와 주택가격이 동반 상승하며 주택시장 불안이 진정되지 않았다.[20, 21] 또한, 베를린의 자가점유율은 2018년 기준 17.4%에 불과해 독일 내에서도 임차 가구 비중이 높아 임대료 규제 정책에 대한 정치적 지지가 높은 지역이다.[22] 더욱이 2021년 9월에는 베를린의 민간 임대주택(22.6만호) 공공 환수에 대한 주민투표가 실시되었는데 투표

----

18 Bloomberg Opinion, 2021.3.2, Berlin's Rent Controls Are Proving to Be a Disaster.
19 KBS NEWS, 2021.4.21, [특파원 리포트] 실패한 베를린의 월세상한제…헌재 "권한 없어 원천 무효."
20 https://www.berliner-Zeitung.de.
21 Deutsche Bank, 2021, German rent cap.
22 독일 연방통계청의 주별 자가점유율을 확인하면 베를린이 17.4%로 가장 낮음. 함부르크 23.9%, 작센 34.6%, 브레멘 37.8% 순이며 나머지 주는 40%를 상회함. 자를란트 64.7%, 바이에른 51.4%로 주별 편차가 큰 편임.

자 중 56%가 찬성하였다. 그러나 주민투표는 법적 지위가 없어 향후 추가적인 위헌 소송, 환수비용 확보의 어려움 등 사회적 논란이 예상되고 있다.[23] 또한, 2021년 연방 총선에서 전국 단위의 임대료 동결 조치를 요구하는 목소리도 나왔다. 총선에서 집권한 중도좌파인 SPD 연정은 비교임대표의 110%를 초과하는 순임대료는 누진세율을 도입하고 확보된 재정은 부담 가능 주택 및 사회주택 기금으로 활용하는 방안을 검토 중임을 밝혔다. 임차자는 SPD 연정 공약을 환영하지만 임대주택 공급 감소 등 추가 문제를 발생시킬 것이라는 의견도 존재하는 상황이다.[24]

이외에도 연방정부 차원에서 임대차 정책의 법적 토대를 강화하는 방식으로 임차인 보호 정책은 지속되고 있다. 법원에서 임대료 기준표가 비과학적이라 판결하는 등 사회적 논란이 발생하자 2019년 1월 임대법 개정을 통해 임대료 상한제의 투명성 강화 및 임대료 기준표의 법률적 토대를 강화하였다. 당초에는 비교임대료Vergleichsmiete는 주택 임대차 계약을 체결한 지역에서 해당 주택과 비슷한 종류, 크기, 시설, 특성 및 입지의 주택에 대하여 과거 4년간 형성된 일반적인 임대료를 의미했다.[25] 2020년 1월 1일부터 비교임대료 기준 기간을 기존 4년에서 6년으로 연장하였다. 비교임대표가 임대료 인상 및 상한의 벤치마크임에 따라 표본이 확대

---

23 블룸버그 홈페이지(https://www.bloomberg.com/news/articles/2021-09-26/berlin-vote-to-expropriate-big-property-holdings-headed-for-win, 2022년 5월 24일 검색).

24 베를리너 모르겐포스트 2022년 4월 20일자(https://www.morgenpost.de/berlin/article235121233/berlin-miete-steuer-senat-wohnen-mietendeckel-enteignung.html).

25 장경석, 박인숙, 2014, 국내외 민간임대주택시장제도의 현황과 시사점, 국회입법조사처, p102.

되고 기간이 늘어나 임대료 평활화Smoothing 효과가 나타날 것으로 판단된다. 2020년 12월 16일 연방 내각에서 통과된 임대료지수 개혁법에 따라 인구 5만 명 이상인 지자체는 임대료 지수를 작성해야 하며, 자료 수집, 정보 제공, 자료 처리 등의 내용을 구체화해야 한다. 의도적으로 정보를 제공하지 않으면 행정 위반으로 규정하며 최대 5,000유로의 벌금형이 가능하다.[26]

1965년 도입된 주택수당Wohngeld 개혁도 이루어졌다. 주택수당은 가구원 수, 소득, 지역 임대료, 부담 임대료를 종합하여 임대료의 일부를 국가가 보조해주는 제도다. 2020년 1월 1일 주택수당강화법Wohngelds-stärkungsgesetz이 연방내각을 통과하여 수혜 대상과 지원 금액이 대폭 확대되어 주거 안정에 기여할 것으로 예상된다.

3. 독일 내 평가

2021년 2월 정책 실행 현황을 확인하면 연방정부의 대규모 자금 지원, 법률 개정 등의 후속 조치가 이루어졌고 독일 정부는 자금 지원을 포함하여 100만 건이 넘는 실적을 보인 것으로 자평하고 있다.[27] 사회주택에 대한 연방정부 재정지원을 위한 기본법이 2019년 개정되었다. 2020년과 2021년 각각 10억 유로 지원이 이루어졌고 2024년까지 연간 10억 유로를 지원하는 것으로 연장되었

---

26 연방 법무부, Gesetz zur Reform des Mietspiegelrechts (Mietspiegelreformgesetz - MsRG).
27 건물 및 국토 연방 내무부(bundesministerium des innern für bau und heimat), 2021, Bezahlbares Wohnen und Bauen-Bilanz der Wohnraumoffensive am 23. Februar 2021.

다. 배정 예산은 50억 유로로 당초 계획과 동일하다. 그러나 집행 시기는 2021년까지로 계획하였으나 2024년으로 이연되는 모습이다. 자녀 보조금 프로그램인 KfW 424는 2018년 9월부터 2020년 연말까지 65억 유로, 31만 건 신청한 것으로 집계된다.

건물에너지법이 2020년 11월 시행되었고, 자가 점유 주택의 에너지 효율을 위한 대수선 비용 20% 보조, 석유 난방 시스템 교체 지원 등 다수의 에너지 효율화 프로그램이 작동 중이다. KfW를 통한 개조 프로그램은 2020년 말까지 약 44억 유로 규모로서 85만 호가 자금 지원을 받았고 KfW는 개인의 협동조합 지분 취득을 위해 600만 유로를 지원하였다. 공공공사의 모듈러 건설 확대, 스마트 건설 파일럿 프로젝트 운영 등 건설비 절감을 위한 후속 조치가 이루어지고 있다. 이외에도 중개수수료 인하 조치를 단행하였으며, 주택수당 개혁으로 수령액은 평균 1/3 증액되었고 수급자 수는 18만 가구 증가하였다.

2016년 이후 준공 물량이 증가하고 있으나, 공급 속도는 더뎌 주택가격 상승세가 꺾이지 않으면서 독일 현지에서는 추가 지원이 필요하다는 의견도 팽배하다. 2022년 1분기까지 베를린을 비롯하여 주요 도시의 주택가격 및 임대료 상승세가 꺾이지 않고 있다.[28] 반면, 주택 준공 물량은 2011년 이후 증가세로 전환되었고 공급 대책 이후 증가세가 이어져 2020년은 30만 호를 상회하였다. 그러나 2021년 정부 목표가 연간 40만 호인 점을 고려하면 여전히

----

28 로이터통신, 2022년 3월 3일(https://www.reuters.com/world/europe/german-house- price-rally-slow-cheap-money-keep-it-running, 2022.3.3/).

목표치를 크게 밑도는 수준이며 주택가격 상승에 비해 여전히 주택 공급이 원활히 이루어지지 못하고 있다는 평가다.(〈그림 3〉 참조). 공급 증가세가 더딘 데는 2019년 연말 이후의 코로나-19 팬데믹 상황도 영향을 미쳤다. 민간에서는 공급 증가가 가시적으로 나타나지 않는 것으로 평가하며 건설 보조금, 사회주택 보조금 등 추가 규제 완화 및 자금 지원 요구도 있다.

한편에서는 글로벌 통화정책의 변화, 이민자 감소, 공급 확대 등의 영향으로 2024년에는 현재의 호황 사이클이 종료될 것이라는 예측도 나오고 있다.[29]

4. 시사점

최근 독일의 사례는 주택시장과 정책적 측면에서 다양한 고민과 시사점을 확인할 수 있다. 먼저, 주택문제가 사회적으로 가장 주요한 이슈가 되면서 정책적 대응이 복잡해지고 어려워졌다는 점이다. 글로벌 금융위기, 남부 유럽 재정위기, 코로나-19를 거치면서 전 세계적인 저금리 환경이 장기화되었다. 이에 유동성 증가에 맞물린 빠른 수요 변화는 세계 각국에서 주택가격 상승이라는 유사한 결과를 낳았고 주택가격 급등은 주택시장의 자산 시장화를 가속화시켰다. 각국 정부가 주택정책의 목표를 가격 안정에 두고 있지는 않지만, 현재는 주택에서 발생하는 자산 격차 확대

---

29 Deutsche Bank, 2022, Outlook for the German residential property market 2022 and beyond.

문제를 외면하기 어려운 상황이다. 독일도 다르지 않다. 독일 총선에서 주택문제 해결이 가장 중요한 정책 목표가 되었고 다수의 정책 발표로 이어졌다. 주택문제가 가장 중요한 사회문제가 되었음을 보여준다.

둘째, 시장 변화에 맞는 정책적 변화가 필요하나, 사회의 구조적 모습이 존재함에 따라 정책이 시장 변화를 쫓아가기에는 한계가 있다. 독일은 오랜 기간 임대차 규제와 주택 점유 형태의 선택에 중립적 정책을 펼치는 국가로 알려져 왔고 주택시장도 상대적으로 안정적인 편이었다. 그러나 장기 저금리, 급격한 이민자 증가 등 빠르게 변화하는 수요 대응에 어려움을 겪고 있고, 정책적 도전 국면에서 좌충우돌하고 있는 것으로 판단된다.

셋째, 주택정책의 무게 중심이 임대차 정책에서 주택 공급 정책으로 선회하였다. 2013년 이후 주택 공급 확대 정책을 천명하였고 2016년부터 대규모 공급 프로그램을 운영하고 있다. 2022년 상반기 독일은 당초 대비 크게 상향된 물량 목표치인 연간 40만 호 주택 공급 목표를 제시했다. 이는 장기적 관점에서 주택시장 안정을 위해서는 공급 확대가 필요하다는 것을 인식한 결과로 해석된다.

넷째, 주택 공급 정책의 실행력을 높이기 위하여 정부 조직을 개편하였다. 연방 주택, 도시개발 및 건축부는 1949년에서 1998년까지는 존재했으나 1998년 슈뢰더 내각에서 연방 교통부에 흡수 통합시켰다. 2013년부터는 연방 환경부에, 그리고 2018년부터 2021년까지는 연방 내무부에 귀속되었다.[30] 2021년 12월 올라프 숄츠

내각 출범과 함께 연방 주택, 도시개발 및 건축부를 재도입하여 20여 년 만에 독립 부처로의 위상을 되찾았다.

그러나 주택 공급 증가 효과가 가시적으로 나타나지는 않고 있다. 규제는 정부 단독으로 수행하지만 공급은 시스템과 산업이 수행함에 따라 공급 확대 정책은 단기간 달성하기 어려운 정책이다. 공급 감소 기간이 장기화되면 산업이 축소 지향으로 바뀌어 공급 확대로 전환하기까지 상당한 시간이 소요된다. 주택 공급 감소가 장기화되면 기업, 인력, 산업구조, 기술 등 연관 산업과 시스템은 축소 지향으로 바뀌게 된다. 공급 확대로 전환하더라도 이에 맞게 산업이 성장하기까지 일정 시간이 소요될 수밖에 없다. 독일은 20여 년으로 주택 공급이 감소하였고 이에 따라 단기적으로 가시적인 성과를 내지 못하고 있는 것으로 판단된다. 이러한 주택 공급의 특징 때문에 정책의 장기적 안정성은 무엇보다 중요하며 공급 탄력성을 유지하는 바탕이기도 하다.

다섯째, 독일의 임대차 정책은 임대료 동결 등 다양한 실험이 시도되고 있다. 1970년대부터 임대료 규제 정책을 채택한 사회적 경험에도 불구하고 베를린의 임대료 동결 조치와 위헌 판결 이후 민간 임대주택의 공공 환수, 누진세율 도입 등 사회적 갈등이 확대되는 양상이다. 베를린은 전 세계에서 가장 낮은 자가 보유율 도시이기에 급격한 인구 유입은 폭발적인 임대료 상승으로 이어졌다. 그에 따라 임대료 규제에 대한 정치적 지지를 형성시켰지만

---

30 독일 위키피디아(2022년 6월 2일 검색).

이러한 선택이 사회 및 임대차 시장 불안으로 나타날 수 있음을 보여준다. 그러나 임대차 시장의 구조, 사회주택 등 공공 임대주택 재고, 주거급여 등 복지정책과 맞닿아 있으며 복합적으로 영향을 미침에 따라 현 시점에서 단선적 해석은 경계할 필요가 있어 보인다.

마지막으로, 주택 공급 확대 과정에서 스마트 시공 확대와 제로에너지 대응 등 산업 선진화와 미래 대응을 함께 고민하는 점은 우리도 유념할 필요가 있다. 독일은 친환경 주택 공급을 위해 유럽 법률의 에너지효율 표준 도입을 의무화하여 공급하고 있다. 또한, 건설표준과 건설기술 지원을 통해 모듈러, 표준화, 조립식 등 스마트 건설을 시장에 안착시키고자 하고 있다. 지금부터 공급될 주택은 미래 사회의 주택 재고임에 따라 제로에너지의 스마트홈이 될 수 있는 법과 제도를 고민하고 있는 것으로 이해된다.

하지만 2022년 상반기부터 미국발 금리인상으로 시작된 금리인상이 글로벌 경제에 어두운 그림자를 드리우고 있다. 누구도 예상하지 못한 속도로 금리가 상승하면서 금융시장이 요동치고 있다. 글로벌 주택시장도 영향을 받으면서 정책적 대응도 달라질 것이다. 주택시장은 끊임없는 변화와 도전을 맞닥뜨리고 있다. 2023년 이후 독일의 주택시장 변화와 공급 정책의 지속가능성 등을 지켜봐야 할 이유이다.

:: 참고문헌

Bulwiengesa, DZ HYP, 2019, REAL ESTATE MARKET GERMANY 2019 2020.

Bundestag.de, 2020, Spring Report Real Estate Market.

Bundesministeriumdes innernfürbauund heimat, 2021, BezahlbaresWohnenund Bauen- Bilanzder Wohnraumoffensiveam 23. Februar2021.

bundesministerium des innern für bau und heimat, 2018, Gemeinsame Wohnraumoffensive von Bund, Ländern und Kommunen.

Bündnis für bezahlbares Wohnen und Bauen : Bericht2014 bis 2017.

Department for Communities and Local Government, 2017, Fixing our broken housing market.

Deutsche Bank, 2020, German property market outlook 2020.

Deutsche Bank, 2021, German rent cap.

Deutsche Bank, 2022, Outlook for the German residential property market 2022 and beyond.

Deutsche Bank Research, 2017, Housing policy in Germany.

Deutsche Bank Research, 2021, Outlook 2022: New realities.

Deutsche Bundesbank, 2018, The German housing market in 2018.

DeutscherBundestag, 2016, 11, BerichtzumBündnisfürbezahlbaresWohnenund Bauenund zurWohnungsbau-Offensive.

Florian Kajuth, 2020, The German housing market cycle, Deutsche Bundesbank.

OECD Economics Department, 2020, "Impact of COVID-19 on Housing: how can policies support a healthy recovery?".

The Economist, Jan 16th 2020 edition, The horrible housing blunder.

장경석, 박인숙, 2014, 국내외 민간임대주택시장제도의 현황과 시사점, 국회 입법조사처

진미윤, 김수현, 꿈의 주택정책을 찾아서, 오월의 봄.

허윤경, 2020, 독일 주택시장의 변화와 정책적 대응, 한국건설산업연구원한 국주택학회공동세미나, 글로벌 도시의 주택시장과 정책 세미나 자료집.

허윤경, 2022, 유럽의 주택정책, 변화와 도전, 한국건설산업연구원

미국의 공공주거복지 지원정책

박유진
(중앙대학교 교수)

미국의
공공주거복지
지원정책

1. 미국의 공공주택정책 개괄

1965년 미국 연방주택도시개발부US Department of Housing and Urban Development, 이하HUD가 창설된 이후 HUD와 지방정부 산하 공공주택청local public housing authorities, PHAs은 주거취약계층을 위한 공공주거지원 프로그램들을 꾸준히 시행해왔다. 이러한 주거복지 지원 프로그램들은 수혜 대상, 공급 방식, 지원서비스 내용, 그리고 지원 목표 측면에서 꾸준히 변화해왔다.

그 변화는 저소득층, 고령자, 장애인 등 주거취약계층에게 안정적 주거지에 대한 접근성을 보장함은 물론 보건의료서비스와 연계하거나 경제적 자활을 통해 공공 부조로부터 독립할 수 있도록 지원하는 방식으로 이루어졌다. 궁극적으로는 공공임대주택이 아닌 민간주택시장에서의 자가소유homeownership를 달성할 수 있도록 유도하는 것이 목적이며 이를 위한 다양한 프로그램을 설계·운영하고 있다(McCarty et al., 2014).

1937년 미국 주택법U.S. Housing Act의 제정으로 만들어진 초창기 공공주택 프로그램public housing program은 주로 퇴역군인들veterans을 지원하는 프로그램이었다. 1965년에는 HUD가 창설되면서 공공주택 프로그램들의 지원 대상이 점차 확대되기 시작하였으나 HUD가 추진하는 프로그램들은 1990년대까지도 저소득 가구 및 중산층의 자가보유율homeownership을 늘리는 데 초점이 맞춰져 있었다.

1974년에 주택 및 커뮤니티 개발법Housing and Community Development Act이 제정되면서 주거취약계층을 위한 주택 임대료 보조 프로그램인 Section 8 Rent Assistance Program(이하 섹션 8)이 만들어졌다. 이후 1999년 주택인증 프로그램Rent Certificate Program과 주택 바우처 프로그램Housing Voucher Program이 통합되어 주택선택 바우처 프로그램Housing Choice Voucher Program이 되었다. 섹션 8 주택선택 바우처 제도는 공공임대주택 입주 기회를 얻지 못한 저소득층이 민간 주택시장에서 주택을 선택할 수 있는 기회를 지원하기 위한 것으로 공공임대주택 공급 정책보다 비용 효율적인 정책으로 평가된다.

1974년에는 주정부와 지방정부의 자율적이고 융통성 있는 예산 집행을 허용하는 지역사회 개발 포괄보조금Community Development Block Grant, CDBG 체계가 새로이 도입되었다. HUD가 지방정부에게 교부하는 CDBG는 낙후주택 재개발, 기반시설 공급, 공공서비스 개선, 일자리 능력 계발 등 다양한 용도로 쓰일 수 있었다(U.S.

HUD, 2022a; 2022b).

1977년에는 도시 중심부의 극빈곤 낙후 커뮤니티 개발을 위한 도시개발 실행 교부금Urban Development Action Grants, UDAG이 만들어졌는데 이는 주거 빈곤지역에 민간 자본 투자를 유도해 물리적, 경제적 재생을 도모하는 것이다. 1986년에는 저소득주택세액공제 Low-Income Housing Tax Credit, LIHTC 프로그램이 만들어졌는데 이는 저소득층을 위한 저렴주택(지불가능주택)을 공급하는 민간 디벨로퍼에게 세제 혜택을 통한 인센티브를 제공하는 것이다.

1990년 제정된 Cranston-Gonzalez 국가 지불가능주택법Cranston-Gonzalez National Affordable Housing Act은 저소득층의 주택보유율 증대 정책, 임차인 중심 주택보조 정책, 거주민 복지서비스 정책 등을 포함하였고, 1991년에는 HUD의 저소득층 주거지원 블록교부금 정책인 'HOME Investment Partnership Program'이 도입되었다.

1993년에는 극심하게 퇴락하고 고립된 상태에 놓인 공공임대주택 단지와 근린 환경을 개선하고자 하는 HOPE VIHomeownership and Opportunity for People Everywhere 프로그램이 실시되었다(U.S. HUD, 2022c). 이는 철거, 재건축, 주거환경정비, 단지계획 등을 통해 공공임대주택들을 저밀도의 쾌적한 혼합소득mixed-income 단지로 변모시키는 정책이었다. 최근 미국 내에서 공공임대주택을 단지 규모로 개발해 공급하는 사례는 점차 감소하고 있으며 그 대안으로 임차인 바우처 프로그램이나 지방정부와 비영리단체가 저렴주택 공급을 위해 파트너십을 맺는 HOME 프로그램의 비중이 증가하고 있다(Spillman et al., 2017).

오늘날 미국의 공공 주거지원 정책은 크게 공공주택public housing 건설과 임대, 렌트(주택임차료) 지원 바우처voucher 제도, 그리고 지불가능 주택 건설을 위한 세제 혜택LIHTC제도로 나눌 수 있다. 공공임대주택은 HOPE VI, HOME Investment Partnership Program, Section 236과 Section 8 등의 프로그램에 기초해 건설되는 임대 및 매도를 위한 공공 저렴주택을 의미한다.

HOME Investment Partnership 프로그램은 HUD가 주정부와 지방 정부에게 제공하는 포뮬러 교부금(자격요건을 충족할 경우 비경 쟁적으로 교부되는 지원금)으로 커뮤니티들이 지역 비영리단체 들과 맺은 파트너십을 기반으로 저소득계층을 위한 다양한 주거 복지서비스를 제공하도록 지원하기 위해 운영되고 있다(McCarty et al., 2014). 여기서 주거복지서비스는 저소득 가구에게 임대 혹 은 매도하기 위한 저렴주택의 건설, 매입, 기존 낙후주택 철거 및 재생, 커뮤니티 시설 공급, 이주비 지원, 그리고 주택 임대 시 주택 임차료의 직접 지원 등을 포함하는데, 구체적인 활용방식은 커뮤 니티가 유동적으로 결정할 수 있다. HOME 프로그램은 특히 저소 득 가구들에게 저렴주택을 공급하기 위한 목적으로 설계되었으 며 주정부와 지방정부에게 분배되는 연방 주택교부금 가운데 가 장 규모가 크다.

HOME 프로그램은 모든 단위의 정부기관과 민간단체 간의 파트 너십을 강조하고 장려한다. 이를 위해 교부금의 일정 비율은 자격 요건을 갖춘 커뮤니티 기반 비영리 주택/주거복지 단체들에게 부여되도록 규정하여 이들의 역량을 강화하고자 한다. HUD는 또한 참여 지방정부에게 HOME 프로그램을 목적으로 교부받은 1달러당 25센트를 매칭펀드로 지방정부 예산에서 조달할 것을 요구하여 커뮤니티 기반 저렴주택 품질 강화에 보다 많은 자원을 투입하도록 하였다. HOME 프로그램으로 공급되는 임대주택의 임대료는 매년 HUD에 의해 정해진다. HOME 프로그램을 주도하는 지방정부 혹은 지방주택청은 총 예산의 적어도 15%의 액수를 해당 지역 커뮤니티에 기반을 둔 비영리 단체가 활용할 수 있도록 배정해야 한다(Spillman et al., 2017).

주거선택 바우처Housing Choice Voucher 프로그램은 저소득계층 및 사회취약계층이 안전하고 위생적이며 구입 가능한 가격 범위의 민간 주택을 선택하여 임차하거나 구입할 수 있도록 보조금을 지급하는 정책이다. 지방 공공주택청들PHAs은 집행 가능한 바우처 예산의 75%를 해당 지역 중위소득의 하위 30%에 해당하는 저소득 가구에게 할당해야 한다. 이러한 이유로 빈곤층이 다수를 차지하는 지역에 거주하는 저소득 가구의 경우 바우처에 선정되기까지 장기간 대기해야 하는 결과가 생기기도 한다. 주거지원 바우처의 종류는 다음과 같다(U.S. HUD, 2022d).

• 임차인 중심 바우처tenant-based vouchers: 저소득 가구가 거주하길 원하는 지역에서 안전하고 위생적이면서 저렴한 민간 주택을 선택해 임차할 수 있도록 보조금 지급

- 프로젝트 기반 바우처project-based vouchers: 민간주택 소유주가 주거취약계층에게 임대할 수 있는 주택을 공급할 수 있도록 보조금 지급

- HUD-VASH 바우처HUD-Veterans Affairs supportive housing vouchers: 노숙생활을 하는 퇴역군인을 위해 HUD 주택임차 보조 바우처와 VA의 퇴역군인 관리 서비스를 동시에 제공하는 바우처

- 장애인을 위한 바우처vouchers for people with disabilities: 빈곤 장애인 가구가 적절한 환경의 민간 저렴주택을 임차할 수 있도록 보조금 지급

- 가족 재결합 바우처family unification vouchers: 극심한 빈곤으로 인해 불안정한 거주를 가진 부모가 자녀와 떨어질 위기에 처했거나 양육권을 잃을 위기일 때 혹은 보육원을 나와 노숙위기에 처한 청년가구에 보조금 지급

- 자가소유를 위한 바우처homeownership vouchers: 저소득 무주택 가구가 자가를 소유할 수 있도록 보조금 지급

- 주거전환 바우처conversion vouchers: 오래된 공공주택의 철거 및 재건축 시 입주민들에게 대체 주거를 제공하고 이주비를 보조하기 위한 바우처

- 범죄증인 이주 바우처witness relocation vouchers: 공공주택, 인디언주택, 기타 HUD가 보조하는 주택에서 발생한 범죄 목격자를 보호하기 위해 다른 지역에서 안정된 주거를 찾을 때까지 임시 임차비 및 이주비를 보조함

HUD는 특수 취약 계층을 지원하기 위해 상대적으로 소규모인 주거복지 프로그램들도 운영하고 있다. 영구 서포티브 하우징 Permanent Supportive Housing, PSH 프로그램은 장애인들과 노숙자들을 위한 주택임차지원, 사례관리, 보건의료서비스, 그리고 다른 기타 서비스를 통합한 프로그램이다. 복합 취약 계층을 위한 주거지원 프로그램으로는 섹션 202Section 202 supportive housing for the elderly, 섹션 811Section 811 supportive housing for people with disabilities 등이 있다.

섹션 202는 극저소득 노인계층(만 62세 이상, 지역 중위소득 하위 50% 미만 저소득가구)를 위한 민간임대주택 공급 프로그램으로 이러한 주택을 공급한 비영리단체에게 세제혜택을 제공하고, 노인가구에겐 임차보조금을 지급한다. 섹션 202 주택에 거주하는 고령자들은 HUD가 교부금으로 지원하는 통합주거서비스 프로그램Congregate Housing Service Program, CHSP을 통해 식사와 청소, 교통수단 제공 등 생활지원 서비스를 제공받을 수 있다(U.S. HUD, 2022d).

섹션 811은 만 18세 이상의 장애를 가진 저소득계층이 시설에 입소하지 않고 독립적으로 생활할 수 있도록 지원하는 프로그램이다. 섹션 811 주택에 입주하는 장애인 가구에게 임대료 보조금을 지급하며, 저소득 장애인 가구를 위한 임대주택을 짓는 민간 비영리단체에게는 무이자 대출과 세금면제혜택, HOME 교부금 등을 지급할 수 있다(U.S. HUD, 2002d). 이 외에도 에이즈환자를 위한 주거기회 프로그램Housing Opportunities for People with HIV/AIDS, 노숙자 혹은 노숙위기가구의 임시주거지transitional housing를 공급하기 위한 노숙자지원 보조금Homeless Assistance Grants 등도 운영되고 있다 (Spillman et al., 2017).

저소득주택 세액공제 프로그램Low-Income Housing Tax Credits, LIHTC은 민간 시장에서 저렴주택을 건설하는 민간 디벨로퍼에 대한 세액공제를 해주는 간접적인 재정지원 정책이다. 연방정부가 각 주정부에게 인구비례로 보조금을 지급하며 미 연방 재무부US Department of the Treasury가 프로그램의 집행을 담당한다. 주정부는 지원받은 세액공제액을 합리적으로 배분하기 위한 우선순위를 정할 수 있다. 주정부와 지방정부는 또한 독자적으로 민간 저렴주택 공급과 운영을 지원하기 위한 직접 보조금도 편성할 수 있으며 주택신탁자금housing trust fund을 만들어 저렴주택 공급을 늘리거나 지방 세제 혜택, 바우처 등의 수단도 자율적으로 이용할 수 있다(U.S. HUD, 2022a).

2. 주거지원정책 전달체계 및 거버넌스 특징

1990년 국가 지불가능주택법Cranston-Gonzalez National Affordable Housing Act, 1998년 공공주택 개혁법으로도 알려진 '양질의 주택과 업무책임에 관한 법Quality Housing and Work Responsibility Act'이 제정되며 저소득 가구가 거주하는 임대주택의 품질과 입주민 주거지원 서비스에 대한 법적인 체계가 마련되었다. 공공주택 개혁법은 주정부와 지방정부 산하 공공주택국PHA의 행정적 자치권을 확대하고 공공주택 단지의 사회적 고립 방지 및 빈곤 감소 전략, 소득 혼합 단지 조성, 주택 바우처 수혜자 선정 기준 강화, 그리고 공공주택 입주자 및 바우처 수급자들의 경제적 자활을 위한 제도의 마련을 골자로 하였다(U.S. HUD, 2022b).

1) 지방 공공주택청(Local Public Housing Authorities)

미국의 주거정책은 초기 공공이 주도하는 임대주택 건설 정책에서 1980년대 수요자 중심의 바우처 정책으로의 변화, 그리고 1990년대 저소득 가구의 경제적 자립을 지원하는 다양한 프로그램의 강화로 확대되었다. 이 과정에서 연방 기관인 HUD보다는 주정부와 지방 시정부 그리고 공공주택청들PHAs의 역할이 확대되고, 지역 시민단체 및 민간부문 기관들과의 파트너십이 강조되었다. 오늘날에는 주정부와 카운티정부, 그리고 시정부의 공공주택청PHA에 의해 주거지원서비스가 주도적으로 제공되며, 다양한 주택보조 정책을 통해 재원을 조달받은 민간부문 비영리단체에 의해 제공되기도 한다. 공공부문과 민간부문, 혹은 공공부문이 다른 부문의 공공기관(예: 주택청과 보건의료청)과 업무협약을 맺어 파트너십을 구축해 통합 서비스를 제공하는 사례도 늘고 있다(Spillman et al., 2017).

미국의 각 지역에는 중앙정부와 주정부의 지원과 함께, 각종 재단, 은행, 기업 등으로부터 기부를 받아 주거지원서비스를 제공하는 많은 비영리 단체와 사회복지단체들이 존재한다. 그리고 이러한 비영리단체들에게 보조금 지원, 기술적 지원 및 상담사 교육 등을 제공하는 중간기관도 다수 존재한다(McCarty et al., 2014). 연방정부로부터 지원을 받을 수 없는 차상위 계층이면서 중산층에 비해 주거안정을 쉽게 잃을 수 있는 위험요소를 가진 가구들은 민간 비영리단체에서 제공하는 주거복지서비스를 기대할 수 있다 (McCarty et al., 2014).

연방정부 차원의 주택임차 지원 프로그램 중 섹션8 주택선택 바우처와 공공임대주택public housing은 규모가 상대적으로 크다. 이 프로그램들이 지원하는 가구 수는 총 450만에 이른다(Spillman et al., 2017). 이 프로그램들을 위한 연방 기금은 HUD에 의해 약 4천여 곳이 넘는 지방 공공주택청PHAs과 민간부문 주택 및 부동산 소유주들에게 배분된다. HUD는 보조금 배분시 수급자 자격여부에 관한 의무사항을 동시에 전달하는데, 지방주택청PHA은 자격 여부 중에서도 특정 요건(예: 노동자 가구, 노숙자 등)을 우선시할 수 있는 권한이 있으며, 이러한 특정 요건을 갖춘 지원자는 대기 명단에서 우선순위를 부여받을 수도 있다. 따라서 정부보조 주거 지원(주택선택 바우처와 공공임대주택 입소)은 소득 및 다른 요건들을 충족해도 반드시 주어지는 복지는 아니다.

연방정부의 보조금이 주어져도 일반적으로 주정부가 중요한 결정권한을 가지고 있고 각 도시와 군소 지역의 주거복지 자원의 배분은 해당 지방정부가 담당하고 있다. 이 때문에 주거복지 수혜 자격을 갖춘 4가구 중 1가구 정도만이 연방 주택기금 지원을 받고 있다(Spillman et al., 2017). 주정부와 지방정부가 독자적으로 추진하고 집행하는 주택 임차지원 프로그램들이 있지만 대부분 규모가 작고 매우 좁게 정의된 계층만을 대상으로 한다.

2) 거주민서비스 연합체(Resident Service Coalition)

주거정책 입안자들과 주택분야 연구자들은 그동안 공공임대주택과 공공보조 민간임대주택 단지를 주거취약계층을 안정화시키고 지원하기 위한 각종 서비스를 제공하는 주거지원 플랫폼으로 활용하기 위한 노력을 기울여왔다. 1990년대까지만 해도 HUD와 지방공공주택청은 임대주택 단지를 서비스 플랫폼으로 활용할 생각을 거의 하지 못했기 때문에 임대주택 입주민 서비스 분야에서는 의미 있는 정책을 펼치지 못했다.

2000년대에 들어서 HUD는 지방주택청과 지역 기관들, 재단, 비영리단체들을 묶어서 '주민지원서비스 연합체Resident Service Coalition'로 만들기 위한 프로그램을 설계했지만 당시 지방주택청PHA들은 지역 파트너들, 가령 학교, 의료단체, 문화여가단체, 커뮤니티 단체, 시민사회 단체 등과 일해야 하는 거버넌스에 아직 익숙치 않았다(박병현 외, 2010).

HUD는 2013년에 고령자와 장애인들을 위한 보조임대주택에 서비스 코디네이터service coordinators를 고용하는 프로그램에 750만 달러(약 104억 원)를 투입하였다. 또한 2014년 HUD는 HUD가 지원하는 공공 및 민간임대주택 거주민들을 위한 서비스연합체 구성 프로그램에 1.35억 달러(약 1,873억 원)의 예산을 배정했다(박병현 외, 2010). 여기에는 Resident Opportunities and Self-Sufficiency

ROSS Service Coordinator, Family Self-Sufficiency FSS Program Coordinators , 그리고 Jobs-Plus Community Revitalization Pilot 프로그램이 포함됐다. 예를 들어 가족자활프로그램Family Self-Sufficiency Program, FSS의 운영을 위해 각 PHA는 프로그램 조정위원회Program Coordinating Committee를 구성해야 한다.

위원회는 PHA가 FSS를 운영할 수 있도록 보조하는 역할을 하는데, 위원회 구성원은 PHA 담당자, 서비스 코디네이터, FSS에 선정된 주택선택바우처 프로그램 참가자, 지방정부 대리인, 고용사무소, 교육훈련기관, 비영리서비스기관, 그리고 민간사업자 등으로 구성된다. 조정위원회는 활동계획, 프로그램 정책을 수립하고 프로그램 운영 기금을 마련하기 위한 전략을 짜며, 프로그램 운영과 성과 점검을 담당한다(박병현 외, 2010). 이러한 연방정부 차원의 예산투자는 지방 공공주택청으로 하여금 거주민 복지서비스 프로그램을 발굴함으로써 더 많은 교부금을 받을 수 있는 경제적 유인을 제공했다(Gillespie & Popkin, 2015).

주민지원서비스 연합체는 PHA와 파트너십을 맺은 지역기반 사회복지단체 및 서비스공급업체를 임대주택거주민과 연결시켜주는 서비스모델이다. 가족 및 생활지원서비스도 있지만 대부분은 경제적 독립을 지원하는 데 초점이 맞춰져 있다. 서비스 연합체 지향 정책은 파편화된 사회서비스들을 지방주택청이 검토하고 선별한 뒤 특정 서비스가 필요한 주민들에게 편리하게 연결시켜주는 목적을 지닌다(Gillespie & Popkin, 2015).

3) 거주민서비스 코디네이터
(Resident Service Coordinator)

1992년 주택 및 커뮤니티 개발법Housing and Community Development Act, HCDA이 제정되면서 공공임대주택과 HUD가 지원하는 고령자 및 장애인 주택단지를 위한 서비스 코디네이터를 고용할 수 있는 예산의 규모가 확대되었다(Miller, 2022; Scally et al., 2019). HCDA는 서비스 코디네이터의 업무를 규정할 뿐만 아니라 거주민 지원 서비스supportive services와 서비스 코디네이터들의 의무 직무훈련 규정도 포함한다.

2000년도에 제정된 미국인 주택소유와 경제적 기회법American Homeownership and Economic Opportunity Act의 Section 851에 의해 HCDA가 개정이 되었는데, 개정 내용은 HUD가 지원하는 주택뿐만 아니라 해당 주택 인근에 거주하는 저소득 노인 혹은 장애인 가구까지도 서비스 코디네이터가 지원할 수 있도록 허용하는 것이었다. 오늘날까지 대부분의 연방 기금은 HUD가 지원하는 고령자 및 장애인 주택 단지와 그 이웃의 거주민도 지원해왔다(Miller, 2022).

거주민서비스 프로그램은 일반적으로 공공/민간임대주택이나 저렴주택에 거주민 서비스 담당 상설 현장 직원을 고용하여 해당 직원(들)이 개별 케이스 관리, 서비스 연결, 커뮤니티 활동 등을 운영하는 것을 의미한다(Scally et al., 2019).

미국 서비스코디네이터 연합American Association of Service Coordinators에 따르면 거주민서비스 코디네이터Resident Services Coordinator, RSC

란 저렴임차주택과 그 인근 마을에 거주하는 고령자, 장애인, 그리고 저소득층 가구를 지원하기 위해 그들이 독립적 일상생활을 영위하고 경제적 자족과 독립을 달성하는 데 필요한 다양한 서비스들을 파악하고 획득하여 제공하는 업무를 담당한다(Ramsey, 2016). 이들은 일반적으로 사회복지나 상담 관련 경력이나 학위를 가지고 있고 그들이 서비스할 거주민들과 소통하기 위한 언어적, 문화적 능력도 갖추어야 한다. 도움을 거부하는 주민들을 설득하고 보다 가까이 다가가기 위한 대인관계 능력도 필요하다. 거주민서비스 코디네이터는 다음과 같은 역할을 수행한다 (Ramsey, 2016).

- 적극적인 커뮤니티 개입 활동을 통해 거주민의 욕구와 서비스 수요를 조사하고 성과 데이터를 수집

- 거주민 교육과 복지 프로그램 및 행사 기획 및 주관

- 외부 서비스 제공기관, 자원봉사자, 그 외 관련 조직들과 전략적 파트너십 구축

- 케이스 관리case management를 통해 개인들을 사회 복지 및 보건 의료 기관에게 연결해주고 필요 서류 및 정보들을 제공하거나 기록함

- 퇴거 당할 위험에 처한 거주민들을 지원

- 수혜자격을 갖춘 거주민들이 공적 부조(메디케이드, 임차지원, 보충영양지원프로그램 등)를 받을 수 있도록 지원 과정과 자격 유지를 지원

• 거주민들과 좋은 관계를 유지하고 발전시킴

거주민서비스 코디네이터는 주택관리 관련 부서와 협력하는 관계이다. 거주민이 집세를 밀리거나 갈등을 일으킬 경우 코디네이터가 개입해서 문제를 중재할 수 있으며, 주택관리 책임자나 경비 등의 직원들이 업무 수행 중 거주민의 건강 문제나 긴급 이슈를 발견하면 코디네이터에게 알리고 도움을 요청한다(Ramsey, 2016). 외부 협력 기관과 파트너십을 맺고 서비스를 제공하기도 하지만 주택단지 내 거주민단체와도 협력해 방과후 학교 프로그램, 청소년 캠프, 금융교육, 가정 상담 등을 제공할 수도 있다 (Ramsey, 2016).

임대주택단지와 저렴주택 내 거주민 서비스 코디네이터를 고용하기 위한 연방 교부금은 공공부문과 민간 기관들 모두가 받을 수 있다. 기금 지원뿐만 아니라 파이낸싱과 세제혜택을 통해서도 자금을 마련할 수 있다. 주요한 연방 자금은 Cranston-Gonzalez 국가 지불가능주택법의 Section 808에 근거해 HUD가 교부하는 지원금으로, Section 202 주택(저소득 고령자를 위한 임대주택)의 서비스 코디네이터를 고용하는 데에 Section 8(주택임대료 보조 프로그램) 예산을 사용할 수 있다(Miller, 2022). 직접적인 재정지원 이외에도 금융 지원이 가능하다. 미국 연방저당권협회인 페니메이 Fannie Mae의 Healthy Housing Rewards 프로그램에서 Enhanced Resident ServicesERS는 건강증진 주택설계를 갖추고 있거나 거주민 서비스를 제공하는 다가구 저렴주택개발을 위한 저렴한 대출상품을 제공하는데, 기존 대출보다 이자율이 30% 가까이 저렴하다(Miller, 2022).

ERS 대출을 받기 위해서는 첫째, 해당 지역 중위소득의 60% 미만의 가구가 임차할 수 있는 주거공간이 60% 이상인 아파트이면서 둘째, Certified Organization for Resident Engagement & Services CORES에서 인증한 기관이어야 한다(Miller, 2022). CORES 인증이란 저렴주택 단지의 소유주이거나 거주민 서비스 공급자로서 양질의 서비스를 제공할 수 있는 능력과 경쟁력을 갖춘 기관임을 의미한다. 인증을 받기 위한 자격요건은 첫째, 미래를 위한 저렴주택 관리자Stewards of Affordable Housing for the Future, SAHF의 거주민 서비스 관리 3가지 모델 중 하나에 해당해야 하며, 둘째, 최소 3년 이상 거주민서비스 운용 경력이 있어야 하고 셋째, 최소 1곳 이상의 주택에서 상설 거주민서비스 직원을 고용하고 있으며 넷째, 커뮤니티 상태, 주택단지 서비스 계획, 거주민서비스 지표 등을 주기적으로 평가하고 주민들에게 공유하여야 한다. 이러한 CORES 인증은 ERS 대출을 받기 위해서도 필요하지만 거주민 서비스를 제공하는 기관들에게 어떠한 관행을 준수해야 하는지 안내하는 역할도 한다(Miller, 2022).

3. 주거복지와 경제적 자활서비스의 연계

미국에서 공공주택청PHA에 의해 제공되는 주거복지 프로그램들은 사회경제적 취약계층의 자활능력을 강화시켜주는 사회경제적 교육서비스의 특징이 두드러진다. 이는 빈곤층이 공공지원에 의존하게 된 근본적 원인이 일자리 능력의 부족, 정보 부족, 자산 부족 등이며 이를 우선적으로 해결해야 만성적 빈곤 문제를 해결할 수 있다는 문제의식에서 기인한다.

거주민의 경제적 독립과 계층 이동Economic Mobility을 지원하기 위한 목적의 거주민 서비스는 HUD가 지원하는 거주민 서비스 유형 가운데 가장 높은 비중을 차지하는 서비스이다(Burnstein et al., 2019). 경제적 상향 이동을 달성하기 위해서는 저소득층 주민은 다음 3가지의 물질적 지표 가운데 최소 1가지 이상에서 개선을 이뤄야 한다. 소득income, 자산wealth, 그리고 고용employment 지표이다(Burnstein et al., 2019).

소득이란 고용을 통해 벌어들이는 수입과 공적부조 및 지원 등을 통해 얻는 부수입(푸드스탬프, 주택임차 지원 바우처 등)을 포함한다. 자산이란 개인이 소유하고 있는 부동산(주택, 토지 등) 및 동산(저축액, 연금, 주식, 자가용 등)을 의미한다. 고용이란 거주민이 유지하고 있는 일자리의 품질을 의미한다. 연봉 규모, 고용 안전성, 승진 가능성, 각종 혜택, 보너스 등을 토대로 상당한 금융 신용도를 구축할 수 있도록 도와주는 일자리를 말한다(Burnstein et al., 2019).

경제적 이동성을 향상시켜주는 거주민 서비스는 공공주택정책과 주거복지 정책의 비용 대비 성과 그리고 지속가능성과 직결된다. 본 장에서는 주거취약계층의 경제적 자활을 지원하는 주거복지 프로그램으로서 가족자활Family Self-Sufficiency, FSS 프로그램, 거주민 기회와 자활Resident Opportunity and Self-Sufficiency, ROSS 프로그램, 일자리플러스Jobs-Plus 프로그램, 그리고 섹션3Section 3 프로그램을 소개한다.

1) Family Self-Sufficiency(FSS) 프로그램

가족자활FSS 프로그램은 주정부와 시정부가 HUD의 지원을 받아 운영하는 섹션8 주택 선택 바우처 수급자들을 대상으로 하는 경제적 자활 증진 프로그램이다. FSS의 핵심은 다양한 경제적 자활 프로그램의 참여를 통해 소득을 증진하고 이를 통해 취득한 소득 상승분을 저축하여 자산을 축적할 수 있도록 돕는 것이다.

프로그램 참여자들은 교육 훈련, 직업 훈련, 그리고 자산 관리 교육을 받은 뒤에 일자리를 구해야 한다. 취업 후 임금 수령을 통해 소득이 증가했을 경우, 일반적인 바우처 수급자라면 해당 소득 상승분의 일정 비율(예: 30%)을 임대료로 추가 납부해야 하지만 FSS 참여자라면 추가 납부해야 할 임대료를 지역 공공주택청PHA이 관리하는 가구별 신탁계좌(에스크로)에 저축할 수 있다(Silva et al., 2011).

주택선택 바우처 제도에서 각 지방의 PHA는 시장적정 가격fair market rent으로 책정된 민간주택 임대료에서 바우처 소유자가 직접 지불하는 임대료를 차감한 액수를 바우처로 제공한다. 바우처 소유자는 본인 소득의 30%를 넘지 않는 선에서 임대료를 지불한다. 바우처 소유자인 임차인의 소득이 증가할 경우 임차인이 부담해야 할 액수(소득의 30% 미만) 또한 증가하므로 이에 따라 PHA가 부담해야 하는 액수는 줄어들게 된다. 그러나 FSS 프로그램에 참여할 경우, 바우처 수급자가 근로소득 및 사업소득을 통해 소득이 증가해 PHA가 내야 하는 임대료가 감소할 경우 감소한 만큼의 액수를 매칭시켜 PHA가 임차인의 신탁계좌에 입금시켜 준다. 그리고 일정 기간이 지나면(예: 프로그램 참가기간 종료) 신탁계좌에 누적된 금액을 임차인이 수령할 수 있다.

프로그램 종료 이전일지라도 필요시 PHA의 허가를 받아 생활비, 교육비, 교통비 등에 충당하기 위해 저축액을 사용할 수 있다. 신탁계좌에 저축된 금액은 연방정부 및 주정부 세금으로부터 면제된다. FSS 참가자들은 소득이 증가할수록 자신의 신탁계좌에 입금되는 금액이 커지기 때문에 지속적으로 소득 증가를 이루고자 하는 경제적 유인이 커지게 된다(Silva et al., 2011).

2) Resident Opportunity and Self-Sufficiency(ROSS) 프로그램

거주민 기회와 자활ROSS 프로그램은 1998년 공공임대주택과 원주민부족 전용주택의 거주민들을 지원하기 위한 여러 가지 소규모 프로그램들을 통합하면서 만들어졌다. 2008년에 연방주택청 HUD은 이러한 프로그램들을 ROSS 서비스 코디네이터ROSS-Service Coordinator 프로그램으로 일원화하였다.

직접적인 서비스 제공 요소는 서비스 운영service coordination 모델로 대체되어 거주민 서비스 담당 코디네이터가 임대주택 거주민들을 지역 서비스 기관들과 연결시켜주는 역할을 하도록 하였고 다양한 서비스를 구축하고 연결해 거주민의 경제적 독립과 주택 자족성을 높이고 지역사회에서 꾸준히 거주할 수 있는 AIPAging in Place를 실현하도록 하였다(Scally et al., 2019). 코디네이터들은 고령자, 장애인, 그리고 저소득층 가구를 지원한다.

서비스 코디네이터는 자족성self-sufficiency 달성을 위한 여러 서비스를 발굴하고 통합하는데, 여기에는 교육, 보건의료, 직업 훈련, 청소년 프로그램, 금융 교육, 그리고 고령자 일상지원 등이 포함된다. 2018년 한 설문조사에 따르면 서비스 코디네이터가 연결시켜주는 서비스는 보건의료 서비스(94%), 정신건강 및 행동교정 서비스(87%), 육아 및 가사서비스(76%), 커뮤니티 서비스(69%) 등이 있었다(Scally et al., 2019). 식사 제공 및 배달 서비스, 교통이동 지원 서비스, 청소년 서비스 등도 중요한 서비스 분야인 것으로 나타났다(Miller, 2022). 퇴거 방지 지원, 주택 유지보수, 응급의료 연결, 가정폭력 방지, 보육 서비스, 약물관련 응급의료 지원 등도 서비스 코디네이터가 연계해주는 중요한 서비스였다(Scally et al., 2019).

거주민지원 사회서비스의 첫 시작은 1966년에 만들어진 경제개발 및 서포티브 서비스 프로그램Economic Development and Supportive Services Program, EDSS이다. EDSS는 주택관리청과 원주민부족주택관리기관Tribal-Designated Housing Entities, TDHEs에 자금을 지원하고 입주민들에게 교육, 직업훈련, 취업을 위한 사회서비스 등을 직접적으로 제공하도록 하였다. 1990년대에는 1990년에 제정된

Cranston-Gonzalez 국가 지불가능주택법을 근거로 HUD가 서비스 코디네이터들을 지원하기 시작하였다. 1992년에 제정된 주택 및 커뮤니티 개발법은 Section 202 주택(저소득 고령자 주택) 이외에도 연방 보조 주택을 포함한 공공주택 거주민들을 지원하는 서비스 코디네이터를 고용하는 기금(grant)을 교부하기 시작하였다(Miller, 2022). 1994년에는 임차인 기회 프로그램Tenant Opportunities Program, TOP가 만들어져 가족, 고령자, 장애인에게 직접적인 서비스를 제공하는 거주자 자치회에 기금을 지원하도록 하였다. 1998년에 양질의 주택과 업무책임법Quality Housing and Work Responsibility Act, QHWRA이 제정되며 이 법에 근거해 ROSS 프로그램이 마침내 창설되었다(Scally et al., 2019).

1999년과 2007년 사이에 ROSS는 서비스 코디네이터가 거주민에게 직접적으로 서비스를 제공하도록 하는 조항을 가지고 있었다. 이는 거주민 관리, 직업 훈련, 역량 강화, 자가보유 지원, 근린 네트워크 센터, 비즈니스 개발, 고령자와 장애인 지원 예산 배분 등을 포함하였다.

2008년에 ROSS는 ROSS-SC로 명칭이 바뀌며 직접적인 서비스 공급 요소가 삭제되고 코디네이터에게는 보다 좋은 서비스를 효율적으로 공급할 수 있는 지역 기관들을 발굴하고 파트너십을 맺어 이들을 거주민들과 연결해주는 중재자로서 역할을 부여하였다. 이는 비용효과적인 방식으로 서비스를 아웃소싱하기 위한 방향이었다(Scally et al., 2019). ROSS-SC 프로그램의 목적은 그러므로 거주민 서비스 네트워크를 구축하고 운영할 수 있는 서비스 코디네이터를 고용하는 데 있다고 할 수 있다(Miller, 2022).

ROSS-SC 예산을 신청 및 지원 받을 수 있는 기관 유형은 다음의 네 가지이다. (1) 지역 공공주택청local public housing authorities, PHAs, (2) 원주민부족전용 주택기관TDHEs, (3) 공공주택청이 관리하는 주택단지의 거주민 연합기관resident associations, RAs, 그리고 (4) 앞선 3개 기관PHAs, TDHEs, RAs이 지원하는 비영리단체이다.

선정 기관은 HUD로부터 3년간의 예산지원을 받을 수 있으며, 지원 받은 예산의 25%에 해당하는 매칭펀드를 현금 혹은 이에 상응하는 기부금을 통해 조달해야 한다. 이러한 매칭펀드는 주로 지역 기관이나 서비스 공급자로부터 나오지만 연방 및 주정부, 지역재단의 기금도 사용 가능하다. 예산신청 기관은 운영하고 있는 주택의 거주민 규모에 따라 최소 1명에서 3명까지의 서비스 코디네이터를 고용할 수 있는 자금을 신청할 수 있는데 50채에서 1,000채의 경우 1명, 1,001채에서 2,500채는 2명, 2,501채 이상일 경우 3명을 고용할 수 있는 기금을 신청할 수 있다. 2019년 현재까지 미국 전역에서 350곳의 공공주택청PHAs(약 10%)이 ROSS-SC 기금을 지원 받았다. 현재 ROSS-SC는 공공임대주택에 거주하는 고령자를 위한 서비스 지원 프로그램들 중 유일하게 HUD가 지원하는 연방 프로그램이다(Scally et al., 2019).

ROSS-SC가 지원하는 서비스 코디네이터는 지역사회 내 서비스제공기관들이 참여하는 프로그램 조정위원회Program Coordinating Committee, PCC를 만들고 운영해야 하는 의무도 가지고 있다

(Gillespie & Popkin, 2015; Scally et al., 2019). 프로그램 조정위원회는 서비스 제공을 통한 거주민의 삶의 질 향상 목표 달성 여부를 평가하고 서로 간의 의견을 조율한다. 서비스 코디네이터는 서비스제공 기관 및 지역사회 이해관계자들과 주기적으로 만나는 프로그램을 소집하고 이들 사이의 중심적인 컨택포인트가 되도록 노력해야 한다. 또한 코디네이터는 서비스제공 기관들과는 양해각서를 체결하여 보다 공식적인 관계를 정립할 수 있다. 양해각서에는 공간 사용, 서비스 유형, 서비스 이용료, 이용료 지불방식, 데이터 공유, 그리고 상호 리소스 공유에 관한 내용을 포함시킬 수 있다. ROSS-SC가 이러한 파트너십을 중재하여 공공주택청PHA이 서비스공급자와 직접 양해각서를 체결하도록 할 수도 있다(Scally et al., 2019).

3) Jobs-Plus 프로그램

Jobs-Plus는 공공임대주택 거주자들을 위한 직업훈련 및 고용 지원 프로그램이다. 일자리를 찾고 더 많은 근로소득을 달성할 수 있도록 도와주기 위해 시작되었다. Jobs-Plus는 크게 3가지 서비스 항목으로 구성된다 : (1) 직접적인 고용 관련 지원 서비스, (2) 고용 의욕을 고취시키기 위한 재정 관리 서비스, (3) 노동 지속을 위한 커뮤니티 지원이다. Jobs-Plus는 근로가 가능한 연령의 임대주택 주민들이라면 누구나 신청하고 이용할 자격이 주어진다(MDRC, 2016). 공공주택 거주자가 거주하고 있는 지역 내에 공공주택국Public Housing Authority을 통해 신청하고 심사하며 집행된다.

Jobs-Plus는 프로그램에 참가한 주민이 일자리를 찾아서 지속적인 고용을 통해 소득이 인상되어도 임대료 인상을 금지할 수 있는 근로소득 불용Earned Income Disallowance, EID 프로그램에 등록할 수 있는 기회를 동시에 제공한다(MDRC, 2016). 일반적으로는 공공주택 프로그램 수혜자가 안정적 고용을 통해 소득이 높아질 경우 소득 수준에 연동되어 있는 공공주택 및 바우처 임대료 부담금이 높아질 수 있다. 따라서 적극적으로 일자리를 찾을 경제적 유인이 약해질 가능성이 있기 때문에 경제적 자립을 효과적으로 유도하기 위해서는 소득이 상승하여도 임대료 인상을 막거나 지연시켜줄 수 있는 EID 프로그램과 일자리 지원 프로그램을 연동시키는 것이다(NYCHA, 2022c). 2019년 9월 Urban Institute가 실시한 뉴욕시 Jobs-Plus 프로그램에 대한 평가는 1년간 Jobs-Plus에 참가한 주민들이 그렇지 않은 주민들보다 일자리를 얻을 확률이 72% 높았고 소득 수준은 32% 상승하였음을 보여주었다(Leopold et al., 2019).

Jobs-Plus는 1990년대 HUD와 Rockefeller 재단 그리고 다른 민간 재단이 함께 공동으로 개발한 공공임대주택 거주민 복지 프로그램으로 시작해 2011년-2013년 뉴욕에서 성공적으로 운영되기 시작했고 2015년 HUD는 Jobs-Plus를 미국 전역의 다른 공공주택청으로 확대하였다. 미국에서 공공임대주택 거주민들과 섹션 8 바우처 수급자들은 최저소득 계층에 속한다. 2015년 기준 미국 내 공공임대주택 거주 가구수는 110만 명이며 이 중 47%는 18세에서 61세 사이 근로가능연령의 가구주를 가진 세대인데, 이들의 평균 연소득은 1만 4,450달러로 미국 전체 평균인 7만5,700달러에 한참 미치지 못한다(MDRC, 2016). 연소득이 20,000달러보다 낮은 세대수도 79%(미국 전체 18%)로, 이들의 경제적 자활능력 개선은 매우 중요하고 근본적인 해결책이자 복지정책이다(MDRC, 2016). 여러 지표들은 Jobs-Plus가 공공임대주택 거주민의 경제적 능력을 의미 있게 향상시켰으며(비교집단 대비 임금 16% 상승) 이러한 개선이 지속적으로 유지되고 있다는 것을 보여준다(MDRC, 2016).

4) Section 3 프로그램

Section 3는 HUD의 지방 공공주택청PHAs에 대한 강제사항 가운데 하나로, 지방 공공주택청이 연방 주택기금을 지원받을 경우 그로 인해 발생하는 일자리와 경제적 기회를 공공주택 입주민들과 그 외 저소득 주민들에게 가능할 때마다 할당해야 한다는 규정이다. 따라서 지방 공공주택청 및 시주택청은 일자리 기회가 생길 때마다 임대주택 거주민들과 저소득층을 고용하고자 노력하고 있다. 자격요건이 되는 주민들은 Section 3 고용 풀에 등록해야 기회를 얻을 수 있다.

등록 조건은 직업 안전 건강 관리청OSHA의 10시간 건축직 교육이수증, 프로그램 설명회 참석, 그리고 추가적인 스킬 및 자격 심사 통과이다. 만약 적합한 스킬이 부족하다면 다른 직업훈련 프로그램에 참가할 수도 있다. 취업 기회가 생기면 지방주택청은 고용 풀에 등록된 주민들 가운데 최소 2명 이상의 후보자를 계약 업체에게 추천하며 업체는 인터뷰 등을 통해 최종 1명을 선정하는 방식이다(NYCHA, 2022b).

4. 주거복지서비스 전달사례: 뉴욕시주택청(NYCHA)

미국에서 주거지원 서비스는 종류와 거버넌스, 성과 측면에서 지역별로 많은 차이를 보이고 있다. 이는 지역 공공주택청PHA의 자체적인 역량이 다르고, PHA와 지방정부가 조달 가능한 공공 및 민간 자원의 규모가 다르기 때문이다. 본 장에서는 시의회 차원에서 주거복지 정책을 활발하고 펼치고 있는 미국 뉴욕주 뉴욕시주택청New York City Housing Authority, NYCHA의 사례를 살펴본다.

1) 뉴욕 공공주택보존트러스트 (Public Housing Preservation Trust)

2022년 6월 뉴욕 주지사 Kathy Hochul은 뉴욕시주택청 산하에 뉴욕시 공공주택 보존 신탁NYC Public Housing Preservation Trust을 설립했다(이하 공공주택트러스트). 공공주택트러스트는 뉴욕시주택국이 관리하는 2만5,000개 공공아파트의 시급한 수선, 재생 그리고 현대화를 담당한다. 공공주택트러스트는 주정부가 설립한 공공기관으로서 주민들이 내는 임대료를 주민들의 연 수입의 30% 이내로 계속 제한할 것이며 그들의 거주권을 보호하며 주기적인 인프라 수선capital repairs을 통해 주택을 관리하고, 공공관리인력을 꾸준히 유지하는 것을 목표로 한다. 주정부가 임명하는 9명의 위원회에는 거주민들이 포함되며 인프라 개수선 프로젝트에 주민들의 의견을 적극 반영한다(NYCHA, 2022g).

뉴욕주가 뉴욕시주택국 산하에 공공주택트러스트를 설립한 이유는 예산확보를 위한 것이다. 뉴욕시주택국은 공공주택을 완전하게 복원하고 개조하는 데 약 400억 달러(한화 약 51조 원)가 필요한 것으로 추산하는데, 연방정부는 이러한 개수선을 위한 비용의 극히 일부만을 제공한다. 이런 이유로 그동안 공공주택의 개량은 미뤄져왔고 현재 노후불량도는 극심한 수준이다. 공공주택트러스트는 신탁회사로서 보다 많은 연방정부 예산 지원을 확보하기 위한 정책적 도구로 기획되었다. NYCHA에는 임차인 보호바우처Tenants Protection Vouchers, TPV를 받을 수 있는 110,000 가구 이상의 주민들이 있는데 이것은 해당 아파트들의 상태가 매우 열악하여 HUD의 '낙후' 기준에 부합하기 때문이다(NYCHA, 2022g). 주택이 물리적으로 낙후되면 TPV를 수령할 자격에 해당한다. 트러스트는 TPV 보조금을 주택개량사업을 위한 담보로 사용하고자하며, 주택개량 사업은 다음을 포함한다(NYCHA, 2022g).

- 곰팡이 제거: 부엌과 욕실의 전체 수리, 환기 시스템 및 배관 교체 및 현대화

- 납 성분 제거: 전체 제거(단순 완화 아님)

- 난방: 노화되고 비효율적인 시스템을 친환경 시스템으로 교체

- 엘리베이터: 시설 교체

- 해충 박멸: 새로운 폐기물 처리장과 내부 분쇄 압축기 설치

- 기타 작업: 보안시스템, 가스 파이프 설치 또는 개량

공공주택트러스트는 뉴욕시주택국이 소유하고 관리하는 주택을 신탁 받는 100% 공공기관이다. 트러스트는 토지와 주택을 장

기임대ground lease하는 신탁회사로서 이를 통해 현재 NYCHA가 받는 연방보조금의 2배에 달하는 연방 임차인 보호 바우처Tenant Protection Voucher, TPV를 받을 수 있다. 또한 주택개조 비용을 충당할 수 있는 채권bonds을 발행하여 더 나은 서비스를 제공하는 숙련업체를 고용하게 된다(NYCHA, 2022g).

HUD가 제공하는 임차인 보호 바우처TPV는 공공 주택의 철거, 처분 또는 강제 전환으로 인해 발생하는 입주민 재배치 수요에 대응하기 위해 공공주택청PHA을 지원한다(HUD, 2015). 민간임대주택 소유자가 섹션 8 프로젝트 참여를 종료할 경우 그곳에 거주하던 가족들에게 TPV를 지원할 수도 있다. 공공임대주택에 거주하거나 섹션 8 주택에 거주하는 경우 해당 주택이 철거, 처분 또는 전환 예정이고 TPV 수혜 자격이 되면 공공주택청에서 해당 주민에게 컨택을 한다. TPV는 개선 바우처Enhanced Vouchers와 일반 주택 선택 바우처Regular Housing Choice Voucher의 두 가지 형태로 제공된다. 개선바우처는 임차인이 임대료 보조금을 통해 현재는 임대주택이 아닌 민간주택이 된 종전 섹션 8 주택에 계속 머물 수 있도록 하는 것을 목표로 하며, 일반 주택 선택 바우처는 해당 세입자가 이주할 수 있도록 돕는다(HUD, 2015). TPV는 지방 공공주택청을 대상으로 10,000세대 이상 대규모 단위로 임차보조금과 지원금이 교부된다는 장점이 있다(NYCHA, 2022g).

임대 주택부Leased Housing Department, LHD는 NYCHA의 주거 선택 보조프로그램Housing Choice Voucher Program (섹션 8)을 관리한다. 연방에서 자금을 지원하는 이 프로그램에 따라 NYCHA는 공공 및 개인 소유의 아파트로서 정해진 주거 품질 표준Housing Quality Standards, HQS에 부합하는 아파트를 임차할 수 있는 적격 가족을 위해 임대료 보조금을 지급한다. 섹션 8 프로그램은 임대료 보조금을 지급하여 가족이 표준 지불액의 최대 금액까지 정부 보조금으로 임대료를 지불할 수 있도록 한다. 소유주에게 지급하는 보조금(또는 주택 지원금)은 해당 가구의 총 조정 수입의 30%와 NYCHA가 승인한 계약 임대료 사이의 차액이다. 뉴욕시주택청의 보고서 (NYCHA, 2022g)에 따르면, 임대 주택 프로그램Leased Housing Program 에 참여하는 2만4,954명의 소유주는 185,127명의 주민이 거주하는 8만3,225 가구의 섹션 8 아파트를 임대하고 있다. 세대 임대료는 평균 월 1,403달러이며 주민은 평균 360달러를 지불하고 NYCHA는 보조금으로 평균 1,053달러를 지불한다. 섹션 8 주민의 평균 연간 소득은 1만7,150이다. 공공주택 및 섹션 8 프로그램을 합치면 뉴욕시 총 가구의 7%에 해당하며 뉴욕시 인구의 7%에 해당한다. 뉴욕시는 Preservation Trust 프로그램을 통해 섹션 9(공공주택 건설 보조금) 플랫폼에서 섹션 8(임차료 보조금) 플랫폼으로 포트폴리오 전환이 이루어질 것으로 보고 있으며, 성공적으로 이루어진다면 관리 대상 바우처는 약 17만 개가 추가된다 (NYCHA, 2022g).

2) 뉴욕시 주민경제력강화 및 지속가능성사무소(Office of Resident Economic Empowerment & Sustainability)

뉴욕시주택청NYCHA은 주민경제력강화 및 지속가능성사무소Office of Resident Economic Empowerment & Sustainability, REES를 운영하고 있다.

REES는 지역 파트너 기관들과 협력하여 공공주택 거주민 및 주택 바우처 수급자들이 소득수준을 향상시키고 자산을 축적할 수 있도록 돕는 것을 목표로 한다. REES는 '존 모델Zone Model'을 채택하고 있는데 뉴욕시를 15개의 Zone으로 나누어 공공주택 커뮤니티들이 NYCHA의 서비스들을 근거리에서 이용할 수 있도록 하고 있다. 각 Zone에는 Zone Coordinator가 있어 거주민 대표, 서비스공급자, NYCHA 담당자와 소통을 담당한다. Zone 모델의 특징은 다음과 같다(NYCHA, 2022a):

- NYCHA가 직접 서비스를 제공하는 대신 협력기관들과 파트너십을 맺어 보다 많은 주민들이 다양한 서비스에 접근할 수 있도록 함.

- 뉴욕시를 여러 개의 존으로 나누어 해당 존 안에서 운영 중인 협력기관들을 통해 주민들이 손쉽게 서비스에 접근할 수 있도록 함.

- 주민들의 다양한 자활 수요를 충족시킬 수 있도록 성인교육, 인력개발, 재정강화, 창업 및 사업운영 지원 서비스 등을 제공함.

- 존 모델은 해당 지역들 내에 대규모 고용기회 등 유니크한 경제적 기회들을 최대한 활용할 수 있도록 하며 자원이 부족한 지역에 새로운 자원을 투입할 수 있도록 함.

REES는 다양한 주민 지원 서비스를 제공한다. 일자리 직접 고용, 직업훈련 프로그램 제공, 일자리 주선(추천), 성인 교육 프로그램, 대학 장학금 제도, 임대료 인센티브 정책, 재정 자활 강화 프로그램, 창업 교육 프로그램 등이다. 이러한 지원 서비스는 REES와

파트너십을 맺은 기관들과 공동으로 운영하고 있다. REES 파트너
십은 각 Zone을 기반으로 맺어진다.

특정 지역을 기반으로 REES와 파트너십을 맺고자 하는 단체 및 조
직들은 존 파트너가 되기 위한 지원서를 REES에게 제출한다.
REES는 가장 고품질의 서비스를 제공하고 해당 지역 공공주택 주
민을 위한 복지에 목적을 가진 단체들을 선정하여 파트너십을 맺
는다(NYCHA, 2022a).

3) 경제적 자활 지원 서비스

NYCHA가 파트너 기관들과 함께 제공하는 재정자활Financial
Empowerment 프로그램의 종류는 임대료 인센티브Rent Incentives, 푸
드스탬프Food Stamps, 재정 카운슬링Financial Counseling, 은행 서비스
Banking Services, 무료 세금환급서비스Free Tax Prep, 자가보유 지원
Homeownership이다(NYCHA, 2022e).

(1) Rent Incentives(임대료 인센티브)

NYCHA 주민들과 HUD의 섹션 8 바우처 소유 장애인에게 제공된
다. 섹션 8 수급자이지만 비장애인이거나 비합법적 체류신분을
가진 사람은 지원대상이 아니다. 일자리 취득 혹은 창업으로 인
한 소득수준 상승에 따른 임대료 부담을 경감시키기 위해 운영된
다. 임대료 인센티브 프로그램 중 하나인 근로소득 불용Earned
Income Disallowance, EID 프로그램은 1998년 양질의 주택과 업무책임
에 관한 법Quality Housing and Work Responsibility Act의 제정을 통해 만들

어졌다.

근로 및 사업 소득(일자리 취득 혹은 창업)이 발생하여 소득이 증가한 경우 직장을 구한 바로 다음 달부터 공공주택 임대료 부담은 상승하게 된다. EID 프로그램에 참가할 수 있는 자격을 갖추었을 경우, 일자리를 구하였거나 임금상승이 발생한 달의 바로 다음 달부터 임대료 상승 억제가 이루어진다.

첫 12개월 동안은 임대료 상승 억제가 100% 이루어지고, 그 다음 12개월 동안에는 정상적인 증가분의 절반(50%)만 부담할 수 있도록 한다. EID 프로그램 수혜기간은 따라서 총 24개월이다. EID에 참가하고 싶다면 현재 거주하는 임대주택의 주택관리소property management office에 연락해 자격여부를 문의하면 된다.

(2) Food Stamps(푸드 스탬프)

푸드 스탬프 지원은 Supplemental Nutrition Assistance ProgramSNAP 프로그램 참여를 의미한다. REES의 지역 협력기관Zone partners들은 NYCHA의 주민들이 생활비를 절약하고 음식 구입에 사용하는 지출액을 줄일 수 있도록 SNAP에 참여할 수 있는 절차를 도와준다. 실제로 참여 자격이 되는 가구 중 절반 이하가 SNAP 지원을 받고 있는 것으로 알려져 있다.

따라서 REES 협력기관들은 각 Zone 내에서 지원 사각지대에 있는 가구들을 발굴하고 SNAP 지원 절차를 도와주는 역할을 하고 있다. SNAP 지원을 받으면 슈퍼마켓, 파머스마켓, 식료품 가게, 그리고 농장에서 경작할 수 있는 각종 씨앗과 채소들도 구입할 수 있다. 1인당 평균 지원금액은 월 156달러이며, 3인 가구 기준 평균 지원액은 월 467달러이다.

(3) Financial Counseling(재정 상담)

NYCHA는 재정관리 상담 서비스 공급자들과 파트너십을 맺고 NYCHA 주민들에게 재정 카운슬링 서비스를 제공하고 있다. 카운슬링 상담 시 주민들은 훈련된 재정 카운슬러와 1:1로 만나 재정 목표와 계획을 세운다. 상담 내용은 현실적인 예산안 짜기, 대출금 관리하기, 신용 쌓기, 저렴한 은행구좌 만들기, 임대료와 공과금 납부 관리하기, 저축계획 세우기 등이다. 상담은 주민들에게 무료로 제공되며 예약을 통해 여러 차례 동일한 카운슬러와 만나 맞춤형 상담을 지속적으로 받을 수 있다. 상담 내용은 기밀로 유지되며 NYCHA도 접근할 수 없다.

(4) Banking Services(은행 서비스)

NYCHA 주민들이 거주지 근처에서 무료 혹은 저렴한 은행 서비스를 이용할 수 있도록 돕는 서비스이다. 지역사회개발 신용협동조합Community Development Credit Unions은 은행과 유사한 업무를 하나 협동조합의 형식으로, NYCHA는 주로 저소득층의 금융서비스를 공급하는 신용협동조합들과 파트너십을 맺고 거주민들은 이러한 신용협동조합에 가입해 임대료 납부, 저축계좌 개설·관리 등을 할 수 있다.

(5) Free Tax Prep(무료 세금환급)

뉴욕시 푸드뱅크The Food Bank for NYC는 NYCHA 주민들과 섹션 8 바우처 수급자 중 연소득이 6만 달러 이하인 가구들에게 무료 세금환급 서비스를 제공하고 있다. 미국세무국IRS이 인증한 훈련된 자원봉사자들이 세금환급을 처리해주며 오프라인 센터 상담과 100% 온라인 서비스도 제공한다.

(6) Homeownership(자가보유 지원)

연방주택도시개발부HUD가 인증한 자가주택구입 교육 훈련기관 및 금융기관 파트너들과 연계하여 NYCHA 주민들과 섹션 8 바우처 수급자들에게 자가구입에 관한 재정 및 법률 교육과 워크샵을 제공한다. 주택구입 과정, 주택담보대출 신청하기, 생애첫 주택구입 보조금 등에 대해 교육한다.

4) 주거-일자리훈련 지원 서비스(Workforce Development)

직업능력 개발 지원 서비스는 NYCHA 임대주택 거주민들의 전반적인 직업 능력 향상을 위한 다양한 서비스를 제공하는 프로그램이다. 취업 기회 탐색 방법에 대한 교육과 고용부문별, 직업별 특화된 교육을 제공하는 사실상 일자리 교육 프로그램으로서, 이는 단순 일자리 소개 서비스와는 다르다.

구체적으로는 실업상태에서 벗어나 본인에게 적합한 일자리 탐색하기, 지원서 및 인터뷰 준비하기, 고용상태 유지하기, 고용에 지장을 주는 장애물 해결하기, 직업교육기관으로부터 추천서 받기 등을 교육한다. 지원자의 전자 이력서 작성 및 기업 지원 과정, 인터뷰 요령 카운슬링, 이메일 계정 생성 및 관리 방법, 구직 과정에서의 불안감 및 좌절감 상담, 커리어 증진 기회 소개 등 다양하고 실질적인 서비스를 제공해준다(NYCHA, 2022f).

(1) NYCHA Resident Training Academy(NRTA)

거주민 직업훈련학교NRTA는 NYCHA 임대주택 거주민들에게 건물 건설, 유지보수, 경비, 건물관리직 부문 일자리와 직결된 훈련 및 고용 전 과정을 지원하는 프로그램이다. 건설 부문 내에서도 다양한 스킬을 요구하는 일자리 기회들을 골고루 포함하고 있다. 예를 들어 목공, 도색, 배관, 전기배선, 석면제거시공, 육체노무 등에 대한 개별적 훈련을 제공한다. NRTA 졸업생들은 NYCHA 및 파트너들과 정규직 또는 비정규직으로 일할 수 있는 기회도 얻을 수 있다. NYCHA에서는 주로 커뮤니티 상담사, 돌보미, 해충방제 기술자 등으로 일하며, 파트너 기관들에서는 주택 건축 및 유지보수 분야에 고용되어 일한다. 또한 NRTA의 졸업생들과 긴밀히 협력하여 일자리 기회 연계, 커리어 개발 기회 등도 제공한다. 교육기간은 8주이며, 8주 동안 무료 풀타임 직업훈련이 이루어지며 지원하고자 하는 일자리의 특성별로 추가 교육 이수가 이루어진다. 가령 건축 분야 교육생들은 16시간의 철골 공사 관련 교육, 석면 및 유해물질 관련 교육, 직업 안전 건강 관리청OSHA의 교육 이수증 취득 등을 받게 된다. 직업 훈련 기간을 성공적으로 이수한 뒤에는 최대 1년간 일자리 지원 서비스가 제공된다(NYCHA, 2022f).

NRTA는 NYCHA, Robin Hood, 뉴욕시에 위치한 프리미엄 직업훈련 서비스 제공기관들, 저렴주택 디벨로퍼, 그리고 대학기관 간 협력의 결과물이다. Brooklyn Workforce InnovationsBWI, Nontraditional Employment for WomenNEW, 그리고 New York City College of TechnologyCity Tech이 참여하고 있다. Building Skills for NY는 민간 저렴주택 디벨로퍼로서 NRTA와 협력하여 주택건축 분야 건설기술자 일자리를 얻기 위한 직업훈련을 제공하고 있다. NRTA 참여 자격은 NYCHA 입주민이거나 섹션 8 바우처 수급자, 18세 이상, 합법적으로 일할 수 있는 체류자격 보유, 상시적 약물 테스트 통과, TABETest for Adult Basic Education 시험의 독해/수학 능력 80점 이상 취득, NRTA의 체력테스트 통과, 고졸 혹은 기술학교 졸업 이상의 학력 보유, 주간 풀타임 근로 가능여부이다.

NRTA는 확실한 일자리 취득 욕구와 자격충족 여부를 엄격히 심사한다. 지원자 심사 과정은 NYCHA와 지역 협력기관들이 함께 참여하여 공동으로 지원자를 심사하고 최종 합격자를 선발한다. 지원과정은 1단계부터 7단계로 구성되며, 1단계~4단계는 NYCHA가, 5단계에서 7단계 그리고 훈련프로그램 등록은 파트너기관이 담당한다. 1단계는 NYCHA의 REES 오피스에 연락하여 TABE 테스트를 예약하는 과정이다. 2단계 TABE 시험에서 일정 성적 이상을 거두면 3단계로 넘어갈 수 있다. 3단계에서는 REES의 평가 전문가가 지원자의 자격여부를 유선으로 심사한다. 지원자(NYCHA 거주민 혹은 Section 8 급여자)는 주민등록증, 출생증명서, 고등학교 혹은 기술학교 졸업증명서, 각종 증명서 및 면허증 등을 제출하여야 한다. 4단계는 NRTA에 관한 일종의 교육세션이다. REES

담당자와 파트너 기관이 함께 참여하며 NRTA의 목적, 훈련내용, 취업현황, 그리고 질의응답 세션으로 구성된다. 5단계부터는 파트너 기관이 지원자 선발 과정을 넘겨받는다. 파트너기관은 REES로부터 지원자들의 지원 서류를 공유받아 검토하게 된다. 서류 검토 후 6단계에서는 지원자들과 1:1 인터뷰를 진행한다. 경우에 따라 그룹 인터뷰 및 실기 테스트를 진행할 수도 있다. 인터뷰 후 지원자는 약물테스트를 정상적으로 통과해야 한다. 마지막 7단계는 서류평가, 인터뷰, 약물테스트 등 결과들을 종합하여 최종 합격자를 선발한다. 최종 합격자는 NRTA 프로그램에 무료로 등록할 기회가 주어진다. NRTA 프로그램 선발이 취업을 의미하지는 않는다. 훈련 과정을 무사히 이수하고 구직 과정을 거쳐야 한다. 다만 취업이 되기까지 NRTA는 취업 지원 서비스도 제공한다.

NRTA 프로그램은 2010년 시작되었으며 2022년 8월 현재까지 3,365명의 졸업생을 배출했다. 이 중 88%는 건물관리인, 방제기술사, 긴급구조사, 그리고 NYCHA의 서비스 보조원aides으로 취업하거나 NYCHA 파트너기관 및 저렴주택 디벨로퍼 회사의 건축 부문에 취업하였다.

(2) Tech51

2017년부터 시작된 Tech51은 NYCHA가 파트너기관들과 협력하여 NYCHA 입주민들에게 IT분야 취업기회를 위한 코딩 교육 서비스를 제공하는 프로그램이다. Tech51은 뉴욕시의회의 뉴욕시 다양성 태스크포스New York City Diversity Task Force가 추진 중인 사업의 일환으로 빠르게 성장 중인 IT기술 분야 인력 개발 정책에서 저소득 계층 및 유색인종을 지원하기 위해서 NYCHA 거주민들을 대상으로 하고 있다. 협력기관은 PURSUIT와 Per Scholas라는 뉴욕시에 위치한 유명한 IT 인력 교육 조직으로 IT 인프라, 사이버보안, 그리고 소프트웨어 개발 분야에 취업할 수 있는 교육기회들을 꾸준히 제공해왔다. 두 협력기관과 NYCHA는 뉴욕시 테크 기업들과 연계해 교육기회와 취업 기회를 거주민들에게 통합적으로 제공하고자 한다. 훈련 프로그램은 무료로 제공되며 온라인과 오프라인 센터에서 선택해 참여할 수 있다.

PURSUIT는 소프트웨어 엔지니어 특화 교육을 제공한다. 코딩 경험이 없거나 부족한 뉴요커들을 대상으로 펠로우십(장학금)의 형태로 12개월 동안 무료로 교육을 제공한다. 단, 교육생은 임금 공유서약income share agreement을 하게 되는데 이는 교육을 이수한 뒤 소프트웨어 엔지니어로 취업하여 연봉 5만 달러 이상을 받게 될 경우 임금의 일정 비율을 Pursuit에게 환급한다는 계약이다. 그동안 Pursuit의 교육과정을 거친 졸업생들은 평균 연봉이 1만8,000달러에서 8만8,000달러로 상승했으며 저소득층에서 중산층으로 성장할 수 있었다(NYCHA, 2022f).

12개월간의 교육이 끝나면 교육생들은 해당 분야에 잘 적응할 수 있도록 36개월간의 풀타임 일자리 보장과 다양한 서포트 서비스를 받게 된다. Tech51을 통해 NYCHA 거주민들은 Pursuit이 제공하는 펠로우십에 지원하는 데 필요한 기술적 지원과 상담 서포트를 받을 수 있다. 지원자격은 NYCHA 거주민일 것, 18세 이상일 것, 입학시험을 통과해야 할 것, 고등학교 졸업 이상의 학력, 그리고 웹 개발에 흥미가 있을 것 등이다.

Per Scholas는 엄격한 테크놀로지 교육과 전문직 커리어 개발을 무료로 제공한다. 지난 25년간 Per Scholas는 수천 명의 뉴요커들에게 기술분야 커리어 기회를 제공했으며 많은 졸업생들은 평균 2배의 소득 증대를 달성하였다. Per Scholas는 온라인과 오프라인 센터에서 다음 4가지 분야의 교육훈련을 제공한다.

IT 서포트, 사이버보안, 소프트웨어 엔지니어링, 아마존 웹서비스AWS 클라우드이다. 교육은 12-15주간, 주 5일(월-금), 9시부터 오후4시까지 이루어진다. 졸업생들은 CompTIA A+, CySA+ 등의 산업 전반에서 활용되는 자격증명서를 취득할 수 있으며 직업능력 향상 및 취업지원 서비스도 무료로 받게 된다. 교육훈련 뿐만 아니라 웰빙, 일과 삶의 균형 등 1:1 코칭서비스도 받을 수 있다. 현재까지 85% 이상의 교육생들이 성공적으로 훈련을 완료하고 1개 이상의 자격증을 취득했으며 80% 이상은 졸업 후 1년 이내에 취업하였다(NYCHA, 2022f). IT서포트 프로그램 졸업생들의 경우 평균 시작 임금은 시간당 21달러였다. 교육 이수 후 2년간 추가적인 직업스킬 교육 기회도 보장된다. 지원자격은 Pursuit과 동일하나, 이력서, 소득 및 거주 증명서 등 추가 서류가 요구된다(NYCHA, 2022d).

Tech 51 교육은 Tech51 이니셔티브 서약에 서명한 11개 회사에서 학사 학위를 대신하는 자격증으로 간주된다. 서약한 회사들은 커리큘럼 개발 지원, 설명회 및 강연 개최, 기술 역량에 대한 최소 요구 사항에 대한 지속적인 피드백, 다양한 인재 보유를 늘리기 위한 새로운 채용 관행 개발 등을 약속하게 된다. 고용주 파트너는 기술회사, 신생 조직 및 금융서비스 회사 등 다양[1]하다. 뉴욕시의회는 이 프로그램에 2017년에는 220,000달러, 2018년에는 700,000 달러를 투자하였다. 2022년 현재까지 170명의 졸업생을 배출했고(Per Scholas: 152명, Pursuit: 18명), 그중 77%의 졸업생이 IT 직종에 취업하였다(NYCHA, 2022d).

5. 결론 및 시사점

미국의 공공주택 정책과 주거복지 정책은 저소득층을 비롯해 특수취약계층인 고령자, 장애인, 중증질환자, 노숙자 등 경제적 자활 능력이 부족하거나 독립적인 생활의 영위가 어려운 취약계층을 위한 공공부조의 성격이 강하다. 미국의 주정부와 지방정부 산하 공공주택청PHAs과 민간 비영리단체들을 포함하는 공공 및 민간기관들은 자격 요건을 갖춘 경우 연방주택도시개발부HUD가 교부하는 공공임대주택 건설 및 개량, 민간주택 선택 바우처, 저소득주택 세제혜택, 서포티브 하우징 운영 등을 위한 연방 예산과 재단foundations과 기타 기관으로부터 기부 받는 예산을 조합해 주거복지 정책을 펼치고 있다.

1990년 제정된 국가 지불가능주택법과 1998년 공공주택 개혁법

----

1   Alvarez & Marsal, Barclays, Blackstone, Harry's, Intersection, Kickstarter, Managed by Q, Plated, Techstars, Troops, Yahoo.

은 공공주택청PHA의 행정적 자치권을 확대하고 민간부문 기관들과의 파트너십 확대를 강조하였으며, 공공주택 단지의 사회적 고립 방지 및 빈곤 감소, 소득 혼합 단지 조성, 그리고 공공주택 입주자 및 바우처 수급자들의 경제적 자활을 위한 제도의 마련을 골자로 하였다. 공공부조를 받는 저소득층의 자산 증대와 경제적 독립은 장기적으로 주거복지 정책의 재정적 지속가능성을 높이고 보다 많은 수요층에게 공공보조를 제공하는 전략으로 여겨진다.

주거복지 서비스 전달체계와 거버넌스 측면에서는 다음과 같은 특징이 존재한다. 첫째, HUD와 공공주택청은 주거취약계층 지원을 목표로 임대주택 단지와 공공보조 민간주택을 서비스 플랫폼으로 활용하기 위해서 지방주택청과 지역 기관들, 재단, 비영리단체들을 묶어서 주민지원서비스 연합체Resident Service Coalition로 만들기 위한 프로그램을 설계하였다. 주민지원서비스 연합체 지향 정책은 파편화된 사회서비스들을 지방주택청이 선별한 뒤 특정 서비스가 필요한 주민들에게 편리하게 연결시켜주는 목적을 지닌다. 둘째, 이를 운영하기 위해 HUD와 지방주택청은 거주민서비스 코디네이터Resident Service Coordinator의 고용을 지원한다.

코디네이터는 저렴임차주택과 그 인근 마을에 거주하는 고령자, 장애인, 그리고 저소득층 가구가 독립적 일상생활을 영위하고 경제적 자족과 독립을 달성하는 데 필요한 다양한 서비스들을 파악하고 획득하여 전달한다. 또한 지역사회 내 서비스제공기관들과 이해관계자들이 참여하는 프로그램 조정위원회를 소집하고 중재하는 업무도 담당한다.

뉴욕시주택청의 경우 Zone Model을 기반으로 특정 커뮤니티에 기반을 둔 비영리단체들을 발굴하고 심사하여 파트너십 협약을 맺어 서비스 제공 업무를 위탁하고 있다. 프로그램의 실질적 성과를 높이기 위해 민간 기업(고용주) 및 일자리 제공 기관들을 파트너십의 일부로 포함시키기도 한다. 최근에는 IT 교육업체 및 테크기업과 협약을 체결해 임대주택 거주민을 대상으로 한 프로그래머 양성 프로그램인 Tech51을 운영하고 있다. 거주민서비스 코디네이터인 존 코디네이터를 고용해 해당 zone의 파트너십 운영과 서비스전달을 담당시킨다.

국내에서도 주거취약계층에 대한 공공 지원 수요가 늘어날 것으로 예상되는 상황에서 미국의 지역사회 기반 공공-민간 파트너십 모델과 서비스 코디네이터 모델은 해당 지역에서 활동하는 비영리단체 및 민간기업체 발굴 및 업무협약, 주거-일자리 연계를 통한 경제적 자활능력 강화에 많은 시사점을 제공한다.

:: 참고문헌

김혜승, 박미선, 천현숙, 차미숙, 김태환. (2013). 서민 주거복지 향상을 위한 주거지원서비스 체계 구축방안 연구. 국토연구원.

박병현, 박선희, & 서보경. (2010). 미국의 저소득층을 위한 주거보조제도와 가족자활프로그램 분석: 우리나라 주거복지정책에 대한 시사점을 중심으로. 사회복지정책, 37(4), 97-124.

Burnstein, E. T., Gallagher, M., & Oliver, W. (2019). Economic Mobility Services for Affordable Housing Residents. Washington, DC: Urban Institute.

Camden Coalition. (2022). Camden Core Model. Camden, NJ: Camden Coalition. Retrieved September 14, 2022, from https://camdenhealth.org/care-interventions/camden-core-model/

Centers for Medicare and Medicaid Services (CMS). (2010). Policy Guidance for Medicaid Health Homes. Baltimore, MD: CMS. https://downloads.cms.gov/cmsgov/archived-downloads/SMDL/downloads/SMD10024.pdf

Cohen, R. (2010). Connecting Residents of Subsidized Housing with Mainstream Supportive Services: Challenges and Recommendations. What Works Collaborative. Washington, DC: Urban Institute.

Gillespie, S., & Popkin, S. J. (2015). Building public housing authority capacity for better resident services. Washington, DC: Urban Institute. www.urban.org/sites/default/files/publication/65441/2000333-Building-Public-Housing-Authority-Capacity-for-Better-Resident-Services.pdf

Government Accountability Office (GAO), (2015). AFFORDABLE RENTAL HOUSING Assistance Is Provided by Federal, State, and Local Programs, but There Is Incomplete Information on Collective Performance. GAO-15-645. Washington, D.C.: September, 2015. www.gao.gov/assets/680/673528.pdf

HUD (2015). Tenant Protection Vouchers. Retrieved 9 January, 2023, from www.hudexchange.info/course-content/hud-multifamily-affordable-housing-preservation-clinics/Preservation-Clinic-Tenant-Protection-Vouchers.pdf

HUD (2022a). HOME Program Door Knocker Awards - Commonwealth of Massachusetts and the City of Springfield: Worthington Commons. Retrieved September 14, 2022, from www.hudexchange.info/sites/onecpd/assets/File/

Door_Knocker_Springfield.pdf

HUD (2022b). Housing counseling. Retrieved 13 September, 2022, from www.hudexchange.info/programs/housing-counseling/program-description/

Leopold, J., Anderson, T., McDaniel, M., Hayes, C. R., & Pitingolo, R. (2019). Helping Public Housing Residents Find Jobs and Build Careers: Evaluation Findings from New York City's Jobs-Plus Expansion. Washington, DC: Urban Institute. www1.nyc.gov/assets/opportunity/pdf/evidence/jobs-plus-expansion -2018.pdf.

Louisiana Department of Health. (2022). Permanent Supportive Housing (PSH). Retrieved 16 September, 2022, from https://ldh.la.gov/page/1732.

McCarty, M., Perl, L., & Jones, K. (2014). Overview of federal housing assistance programs and policy. Congressional Research Service, Library of Congress.

MDRC. (2016). Jobs-Plus: Transforming Public Housing Developments into Places That Help Residents Find Work. MDRC. https://www.mdrc.org/sites/ default/files/Jobs%20Plus%20PRINT%2009-06-2016.pdf

New York City Housing Authority (NYCHA). (2022a). About the Zone Model, Retrieved September 15, 2022, from http://opportunitynycha.org/what-is-rees/zone-model/

New York City Housing Authority (NYCHA). (2022b). Section 3 employment information. Retrieved September 15, 2022, from http://opportunitynycha. org/job-opportunities/section-3-information/

New York City Housing Authority (NYCHA). (2022c). JOBS-PLUS. Retrieved September 15, 2022, from http://opportunitynycha.org/workforce-development/ jobs-plus/

New York City Housing Authority (NYCHA). (2022d). TECH51. Retrieved September 15, 2022, from http://opportunitynycha.org/workforce-development/ tech51/

New York City Housing Authority (NYCHA). (2022e). About Financial Empowerment. Retrieved September 15, 2022, from http://opportunitynycha. org/about-financial-empowerment/

New York City Housing Authority (NYCHA). (2022f). About Workforce Development, Retrieved 15 September, 2022, from http://opportunitynycha.

org/workforce-development/

New York City Housing Authority (NYCHA). (2022g). NYC Public Housing Preservation Trust – Packet of Information. Retrieved 8 January, 2023, from https://www1.nyc.gov/assets/nycha/downloads/pdf/Public-Housing-Preservation-Trust-Booklet-Final-Digital.pdf

Miller, M. (2022). Resident Services Funding & Delivery Models Among Affordable Housing Nonprofits. Gramlich Fellowship Paper. JCHS and NeighborWorks America.

Popkin, Susan J., Diane K. Levy, and Larry Buron. (2009). Has HOPE VI Transformed Residents' Lives? New Evidence from the HOPE VI Panel Study. Housing Studies 24 (4): 477-502.

Popkin, S. J., Theodos, B., Getsinger, L., & Parilla, J. (2010) A New Model for Integrating Housing and Services. Washington, DC: Urban Institute.

Ramsey, S. (2016). Leveraging Resident Services Programs in Affordable Housing as Partners in Health Care Transformation. Low Income Investment Fund (LIIF).

Scally, C., Burnstein, E., DuBois, N., Gaddy, M., Hayes, C., Salerno, C., Spauster, P., Su, Y., Popkin, S., Carton, K., Liou, N. & Parks, R. (2019). Evaluation of the Resident Opportunity and Self-Sufficiency-Service Coordinator Program. US Department of Housing and Urban Development Office of Policy Development and Research.

Silva, L. D., Wijewardena, I., Wood, M., & Kaul, B. (2011). Evaluation of the family self-sufficiency program: Prospective study. US Department of Housing and Urban Development, Office of Policy Development and Research. https://www.huduser.gov/portal//Publications/pdf/FamilySelfSufficiency.pdf

Spillman, B. C., Blumenthal, P., Lallemand, N. C., Leopold, J., Allen, E. H., & Hayes, E. (2017). Housing and delivery system reform collaborations: environmental scan. Washington, DC: Urban Institute. www.urban.org/sites/default/files/publication/89576/hh_environmental_scan_final.pdf

U.S. Department of Housing and Urban Development (US HUD) (2022a). Assisted Housing: National and Local. Retrieved September 12, 2022, from https://www.huduser.gov/portal/datasets/assthsg.html

U.S. Department of Housing and Urban Development (US HUD) (2022b). HUD History. Retrieved 14 September, 2022, from http://portal.hud.gov/hudportal/HUD?src=/about/hud_history

U.S. Department of Housing and Urban Development (US HUD) (2022c). About the HOPE VI. Retrieved 14 September, 2022, from https://www.hud.gov/hopevi

U.S. Department of Housing and Urban Development (US HUD) (2022d). About the Housing Choice Voucher. Retrieved 13 September, 2022, from http://www.hud.gov/offices/pih/programs/hcv/about/index.cfm

일본 주거복지 전달체계 및 거버넌스 추진사례

송기백
(주택도시보증공사 연구위원)

1. 일본 주거복지 전달체계

1) 일본 주택정책 개관 : 주택정책이 복지정책과 연계하기까지

일본의 주택정책 변천은 크게 '주택난 해소', '양의 확보에서 질의 향상으로', '시장기능 및 스톡 중시', 사회적 약자 및 주거 취약계층까지 배려하는 '풍부한 주생활의 실현'을 목표로 하는 시기로 구분할 수 있으며, 이 시기들의 변화 과정에서 자연스럽게 주택정책과 복지정책의 연계가 가시화되었다.

(1) 주택난 해소

일본은 제2차 세계대전으로 인해 주택의 절대적 부족이 중요한 과제가 되었고, 전후戰後의 주택정책은 심각한 주택난에 대한 대책을 중심으로 전개되었다. 간이 주택을 공급하거나 기존 건물에 대한 주택 용도로의 전용을 촉진하는 등의 응급대책기를 거쳐

1950년대부터 주택정책의 핵심이 되는 제도를 마련하기 시작하였다.

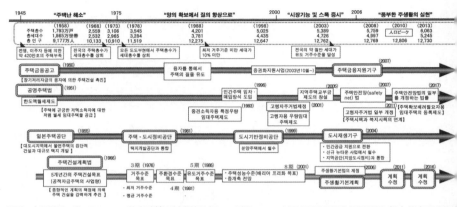

자료 : 中澤篤志, 我が国における住宅政策の制度的枠組みの変遷について, URBAN HOUSING SCIENCES, 都市住宅学105号, 2019, 5page 참조하여 번역 및 수정함

그림 1 일본 주택정책의 변천

먼저, 장기저리자금 융자를 통해 주택건설을 촉진하는 주택금융 전문기관으로서 '주택금융공고¹'를 1950년에 설립하였고, 그다음 해에는 「공영주택법」을 제정하여 지자체가 국가의 보조를 받아 주택이 필요한 저소득자에 대한 임대주택인 공영주택을 건설하고 관리하는 공영주택 제도를 마련하였다.

그리고 행정구역을 넘는 광역권에 걸친 개발사업을 시행하는 주체로서 1955년에 '일본주택공단²'을 설립하여 대규모 택지개발 및 집단적 주택건설이 이루어지게 하였다.

---

1 현재의 독립행정법인 주택금융지원기구
2 현재의 독립행정법인 도시재생기구(UR도시기구)

또한, 1966년에는 종합적인 계획에 의해 주택건설을 강력하게 추진하는 「주택건설계획법」을 제정하여, 계획적으로 주택의 대량 공급을 선도하는 제도적 틀을 완성하였다.

이로써 주택건설 5개년 계획에 따라 공적자금을 통해 주택을 대량으로 건설 및 공급하는 체제, 즉 공공주도의 대량공급체제를 구축함으로써 주택 부족 해소를 위한 정책을 중점적으로 추진하였다.

(2) 양의 확보에서 질의 향상

1975년 모든 도도부현에서 주택 수가 세대수를 상회하게 되어 기존의 틀은 유지하면서도 주택정책에 중점을 주택 스톡의 질 향상이나 양호한 주거환경 확보로 이행移行하였다.

제3기 주택건설 5개년 계획에서는 '최저 거주수준3'과 '평균 거주수준4'을 정하고 장기적으로 주택 스톡의 질 향상을 도모하였고, 제4기 계획에서는 양호한 주거환경 확보를 위한 '주거환경 수준'을 정하였으며, 제5기 계획에서는 '유도 거주수준'을 설정하고 한층 더 양질의 주생활 실현을 목표로 하였다.

그 결과, 1988년에는 최저 거주수준 미만의 세대가 전국에서 10%를 밑돌았고 2003년에는 전국의 약 절반 세대가 유도 거주수준을 달성하게 되었다(그림 1 참조).

----

3   모든 세대가 세대 인원에 따른 거주 면적 확보
4   평균적인 세대가 확보해야 하는 거주수준

(3) 시장기능 및 스톡 중시

주택의 양적 확보와 질적 향상이라는 목표가 어느 정도 달성되면서 공공주도의 주택공급은 지양하고 민간주택 등 시장기능 및 기존의 스톡을 중시하는 방향으로 주택정책을 전환하였다.

1996년 공영주택법에 민간주택의 임차 및 매입방식이 도입되고 2000년에는 「주택성능표시제도」가 창설되었으며, 주택 스톡이 갖춰야 할 기본 성능으로 베리어프리화에 관한 수치 목표를 포함한 「주택성능수준」이 도입되는 등 시장기능의 활용과 기존 스톡의 유효 활용을 위한 제도의 내실화가 도모되었다.

그리고 주택의 대량공급을 담당해 온 도시기반정비공단은 1999년 분양주택에서 철수하였으며, 2004년에는 민간임대주택의 공급지원이나 민간재개발사업의 코디 등 민간투자를 백업하고 도시기반정비공단에서 승계된 임대주택의 관리 등을 업무로 하는 '독립행정법인 도시재생기구(이후 UR도시기구)'가 설립되었다. UR도시기구는 신규 뉴타운 사업에서 완전히 철수하고 기존의 재고 단지 및 주택의 유효활용을 도모해 오고 있다.

(4) 풍부한 주생활의 실현 : 주택정책과 복지정책의 연계

2003년을 기점으로 전국의 주택 총호수가 총세대수를 크게 웃돌고, 인구감소 문제 및 고령자나 육아 세대에 적합한 거주환경 정비, 주택확보가 어려운 사회적 약자나 취약계층 등에 대한 주택안전망 확보 등, 주택이나 주거환경을 둘러싼 여러 과제에 대응하면서 풍요롭고 매력적인 주생활 실현을 추구하게 되었다.

이러한 목표 아래, 주택확보에 대해서 배려가 필요한 사람(이후 주택확보 배려필요자)의 민간임대주택 입주 원활화를 목적으로 하는 주택안전망safety net법5이 2007년에 제정되었으며, 나아가 2017년에서는 일부를 개정하여, 주택확보 배려필요자용 임대주택의 등록제도 등을 도입하였다.

한편, 고령자나 저소득자 등 사회적 약자나 주거 취약계층의 풍부한 주생활 실현을 위해서는 단순히 물리적인 주택지원만으로는 한계가 있고 생활면에서 도움을 줄 수 있는 의료서비스나 취업상담 등의 복지정책이 연계될 필요가 있다. 일본은 2011년 고령자 주거법6의 일부 개정7을 통해 「서비스 제공 고령자용 주택 등록제도」를 창설함으로써, 주택정책과 복지정책의 연계가 가시화되었다.

2) 복지·주택 행정 연계 강화를 위한 연락협의회

주택정책의 변천 과정에서 확인했듯이, 사회적 약자 및 주거 취약계층을 포함하는 다양한 계층의 풍부한 주생활 실현을 위해서는 단순히 물리적인 주택정책만으로는 한계가 있고 복지정책과의 연계·제휴가 중요하다.

....

5   주택확보 배려필요자에 대한 임대주택 공급 촉진에 관한 법률
6   고령자의 거주 안정 확보에 관한 법률
7   고령화가 급속히 진행되는 가운데 개호·의료와 연계해 고령자를 지원하는 서비스를 제공하는 주택을 확보하는 것이 매우 중요함에 따라, 배리어 프리 구조 등을 갖고 있으며, 개호·의료와 연계해 고령자를 지원하는 서비스를 제공하는 '서비스제공 고령자용 주택'의 도도부현 지사에 대한 등록제도를 국토교통성·후생노동성의 공동관리제도로서 창설함

이에 일본에서는 2016년 「복지·주택행정 연계 강화를 위한 연락
협의회」를 설치하고 복지행정을 담당하는 후생노동성과 주택행
정을 담당하는 국토교통성이 정보를 공유하거나 협의하는 체계
를 마련하여, 주택행정과 복지행정의 연계·제휴체계를 구축하
였다.

연락협의회의 구성 및 체계는[8] 그림 2와 같다. 후생노동성은 4개
의 부국 아래 5개의 과에서 복지행정을 전달하고, 국토교통성은
2개의 국 아래 4개 과에서 주택행정을 전달하고 있으며, 연락협의
회의 사무는 각각 후생노동성의 사회·원호국 지역복지과 생활곤
궁자 자립지원실과 국토교통성의 주택국 안심거주추진과에서
처리한다.

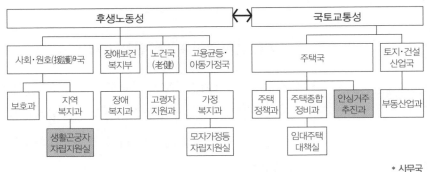

* 사무국
자료 : 福祉·住宅行政の連携強化のための連絡協議会開催要綱. 2016. 12. 22. 참조하여 작성
그림 2 '복지·주택 행정 연계 강화를 위한 연락협의회'의 구성 및 체계

---

8 필요에 따라 구성원 추가 가능

9 원호(援護): 돕고 보살펴 줌

2. 일본 주거복지 지원내용

1장에서 설명한 바와 같이 일본은 복지행정을 담당하는 후생노동성과 주택행정을 담당하는 국토교통성이 협의 체계를 구축하고 각각의 주거복지 지원제도 및 정책을 전달하고 있다.

1) 후생노동성의 주거복지 지원내용

후생노동성에서는 사회적 약자 등을 포괄하는 생활이 곤궁한 자(이후, 생활곤궁자)에 대한 주거복지 지원과 관련하여, 생활곤궁자 자립지원제도를 중심으로 추진하고 있다. 이 제도는 생활곤궁자 자립지원법(2013년 12월, 법률 제105호)에 근거하여 2015년 4월부터 시작되었다.

생활 전반에 걸친 고충 상담창구를 전국에 설치하였고, 생활곤궁자에게는 먼저 지역의 상담창구에서 상담할 것을 권고한다. 상담창구에서는 개개인의 상황에 맞는 지원 계획을 작성하고, 이 계획에 따라 포괄적인 상담 지원, 주거확보지원, 취업 지원 등의 필요한 조치를 하고 있다(그림 3 참조).

본 원고에서는 '개인별 상황에 맞는 자립지원계획서 작성'과 '대상자의 단계에 맞춘 취업 지원'을 특징으로 하는 자립상담지원사업과 취업지원사업 내용을 간단히 정리하였다.

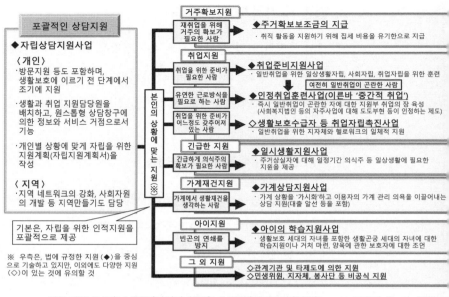

포괄적인 상담지원		

◆자립상담지원사업

〈개인〉
· 방문지원 등도 포함하며, 생활보호에 이르기 전 단계에서 조기에 지원
· 생활과 취업 지원 담당원을 배치하고, 원스톱형 상담창구에 의한 정보와 서비스 거점으로서 기능
· 개인별 상황에 맞게 자립을 위한 지원계획(자립지원계획서)을 작성

〈지역〉
· 지역 네트워크의 강화, 사회자원의 개발 등 지역만들기도 담당

기본은, 자립을 위한 인적지원을 포괄적으로 제공

※ 우측은, 법에 규정된 지원(◆)을 중심으로 기술하고 있지만, 이외에도 다양한 지원(◇)이 있는 것에 유의할 것

본인의 상황에 맞는 지원(※)

거주확보지원
재취업을 위해 거주의 확보가 필요한 사람
◆주거확보보조금의 지급
· 취직 활동을 지원하기 위해 집세 비용을 유기한으로 지급

취업지원
취업을 위한 준비가 필요한 사람
◆취업준비지원사업
· 일반취업을 위한 일상생활자립, 사회자립, 취업자립을 위한 훈련
여전히 일반취업이 곤란한 사람

유연한 근로방식을 필요로 하는 사람
◆인정취업훈련사업(이른바 '중간적 취업')
· 즉시 일반취업이 곤란한 자에 대한 지원부 취업의 장 육성 (사회복지법인 등의 자주사업에 대해 도도부현 등이 인정하는 제도)

취업을 위한 준비가 어느정도 갖추어져 있는 사람
◇생활보호수급자 등 취업자립촉진사업
· 일반취업을 위한 지자체와 헬로워크의 일체적 지원

긴급한 지원
긴급하게 의식주의 확보가 필요한 사람
◆일시생활지원사업
· 주거상실자에 대해 일정기간 의식주 등 일상생활에 필요한 지원을 제공

가계재건지원
가계에서 생활재건을 생각하는 사람
◆가계상담지원사업
· 가계 상황을 '가시화'하고 이용자의 가계 관리 의욕을 이끌어내는 상담 지원(대출 알선 등을 포함)

아이지원
빈곤의 연쇄를 방지
◆아이의 학습지원사업
· 생활보호 세대의 자녀를 포함한 생활곤궁 세대의 자녀에 대한 학습지원이나 거처 마련, 양육에 관한 보호자에 대한 조언

그 외 지원
◇관계기관 및 타제도에 의한 지원
◇민생위원, 지자체, 봉사단 등 비공식 지원

자료 : 厚生労働省 生活困窮者自立支援室, 生活困窮者自立支援制度について, 2015.7, 10page 번역·수

그림 3 새로운 생활곤궁자 자립지원제도

(1) 자립상담지원사업

지자체가 복지사무소를 설치하고 직영 또는 위탁[10]을 통해 실시하며 생활곤궁자와의 상담을 통해 생활곤궁자가 안고 있는 과제를 평가·분석하여 그 요구를 파악하고, 지원조정회의 등의 과정을 거쳐 자립지원계획을 수립한다. 그리고 이 계획에 근거하여 법적 지원 및 법 이외의 지원 등 각종 지원이 포괄적으로 행해지도록 관계 기관과의 연락 조정 등의 업무를 실시한다.

....

10 위탁의 경우, 지자체는 수탁 기관과 제휴해 제도를 운용하며, 지자체는 지원조정회의에 참가하여 지원 결정을 하는 것 외에 사회자원개발을 담당

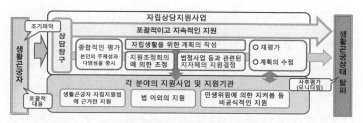

자료 : 厚生労働省 生活困窮者自立支援室, 生活困窮者自立支援制度について, 2015.7, 11page 번역·수정

그림 4 자립상담지원사업

(2) 취업지원사업

지원 대상자의 단계에 맞춰, 취업준비지원사업과 취업훈련사업 등의 사업을 통해 세심한 지원 등을 실시한다.

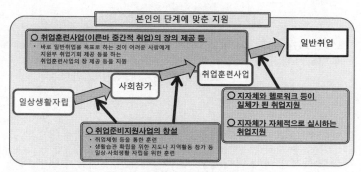

자료 : 厚生労働省 生活困窮者自立支援室, 生活困窮者自立支援制度について, 2015.7, 14page 번역·수정

그림 5 취업지원사업

2) 국토교통성의 주거복지 지원내용

국토교통성의 주거복지 지원정책은 '新주택안정망제도'를 중심

으로 추진되고 있다. '新주택안정망제도'는 기존의 주택안전망법의 일부를 개정하는 법률(2017.10.25. 시행)에 의한 지원제도로서, 주택확보 배려필요자[11]의 입주를 거부하지 않는 임대주택 등록제도, 등록주택의 개수선·입주에 대한 경제적 지원, 주택확보 배려필요자 매칭 및 입주 지원제도를 주요 내용으로 하고 있다.

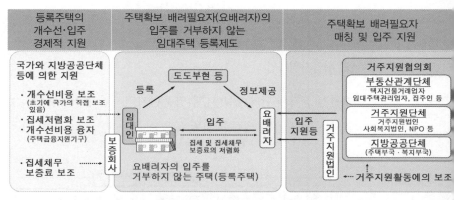

자료 : 国土交通省, 第5回 福祉·住宅行政の連携強化のための連絡協議会 - 国土交通省説明資料, 2018, 2page. 번역 수정

그림 6 새로운 주택안전망제도의 이미지

주택확보 배려필요자의 입주를 거부하지 않는 임대주택으로 등록되면 등록주택에 대해서는 국가와 지자체가 해당 주택에 대한 개수선 비용 및 집세 저렴화에 대해 보조를 하고, 주택금융지원기구는 주택의 개수선 비용에 대해서 장기 저리로 융자하며, 보증회사는 등록주택의 집세 채무보증료를 보조하는 등의 경제적 지원

---

11 법률상, 저액 소득자(월 소득 15.8만 엔 이하(수입분위 25%), 이재민(발생 후 3년 이내), 고령자, 장애자, 아이(고교생 상당)을 양육하고 있는 사람, 주택 확보에 특히 배려가 필요한 것으로서 국토교통성령으로 정하는 자

을 한다.

그리고 주택확보 배려필요자에 대해서 등록주택으로의 매칭 및 민간임대주택으로의 입주 촉진 등을 도모하기 위해서 거주지원협의회와 거주지원법인의 지정을 권고하고 있으며, 이를 통해 지역 단위의 주거복지 협의·제휴체계 구축을 도모하고 있다.

거주지원협의회는 지방공공단체의 주택부국 및 복지부국, 부동산관계단체, 거주지원단체 등이 제휴한 협의회이며, 거주지원법인은 도도부현이 NPO 법인이나 사회복지 법인 등의 법인을 지정하는 것으로서, 주택확보 배려필요자에 대해서 주택상담이나 생활 지원 등의 거주 지원을 한다.

자료 : 国土交通省, 第5回 福祉·住宅行政の連携強化のための連絡協議会 －国土交通省説明資料, 2018. 11page. 번역·수정

그림 7 거주지원협의회 구성 및 제휴체계 이미지

3) 도쿄도의 주거복지 지원내용

중앙부처의 주택행정과 복지행정의 지원제도를 전달받아, 도쿄도에서 추진하고 있는 주거복지 지원제도인 도쿄 챌린지넷TOKYO チャレンジネット을 소개한다.

도쿄도에서는 서포트 센터(TOKYO 챌린지넷)를 설치하고 PC방, 만화방 등에서 숙박하면서 직업이 불안정한 사람에 대해서, 생활상담, 취업상담, 주택상담, 개호介護[12] 연수, 기능자격, 자금대출 등의 지원을 하고 있다.

생활 전반의 상담 외에도 빚 문제, 건강 불안 등에 관해서 법률 전문가와 간호사 등의 전문직원이 개인의 상황에 따라 생활계획을 함께 모색한다. 그리고 민간의 주택임대물건에 대한 정보를 제공하거나 임대차계약을 지원하며, 긴급연락처, 보증인이 없는 사람에게는 보증협회나 보증회사를 이용한 주거확보를 지원한다. 또한, 인정받는 기능자격 훈련을 무료로 수강할 수 있으며, 대형 자동차면허부터 청소에 관한 것까지 바로 취업에서 활용하는 데 도움이 되는 자격의 취득을 지원한다.

한편, 자립과 안정적인 생활이 가능하다고 기대되는 사람은 주택자금 및 생활자금의 무이자대출도 받을 수 있다. 이는 주택자금이나 개호 자격취득까지의 생활비 대출을 지원하는 것으로, 생활자금만을 대출하지 않으며, 도쿄 챌린지넷에서의 수차례 상담, 원조, 지도 등과 함께 일체적으로 운용된다.

----

12 개호(介護, nursing, elderly care) : 장애인의 생활지원을 하는 것. 또는 고령자·환자 등을 돌보는 것. 간호학 등의 전문지식을 갖춰 의료행위를 하는 간호사 등에 의한 '간호'와는 구별됨

자료 : 東京都 福祉保健局 홈페이지(https://www.fukushihoken.metro.tokyo.lg.jp)
번역·수정

그림 8 도쿄 챌린지넷 지원 내용

3. 일본 주거복지 거버넌스 추진사례

전국적으로 저출산 고령화가 진행되고 대도시권을 중심으로 고령자 인구가 더욱 증가할 것으로 예상됨에 따라, 국가정책으로서 「지역포괄 캐어 시스템」 구축의 추진이 요구되고 있었다. 이에 UR도시기구에서도 「초고령사회의 주거·커뮤니티의 기본방향 검토회13」를 설치(2013)하고, 초고령 사회에서 UR도시기구의 역할로서 '다양한 세대가 생기 있게 생활을 지속할 수 있는 주거·마을「믹스트 커뮤니티mixed community」'를 목표로 설정하였다. 그리고 UR단지 및 주변지역에서 고령자가 안심하고 생기 있게 생활을 지속할 수 있는 주거·마을 만들기Aging in Place를 진행하고 있으며, 그 일환으로 지역의료복지거점화사업을 추진하고 있다.14

---

13 교수, 연구원, 중앙정부 관료(후생노동성, 국토교통성), UR도시기구 이사 등으로 구성됨
14 UR都市機構, 超高齢社会における住まい·コミュニティのあり方検討会, 最終とりまとめ
について-UR団地を地域の医療福祉拠点として、国家的なモデルプロジェクトの実践-,

지역의료복지거점화 사업의 정해진 형태나 유형은 없으며, 지역이 처한 상황에 따른 과제는 가지각색이기 때문에, UR도시기구, 지방공공단체, 자치회, 대학, 기업, 주민 등의 지역관계자들이 제휴·협력하면서 지역에 맞는 다양한 형태의 거버넌스를 형성하고, 고령자를 배려한 주택이나 의료복지시설 등 지역 내 필요한 것을 조합하면서 사업을 추진하고 있다.

이처럼 일본은 주거복지 전달의 주요전략으로서 공적 임대주택단지를 지역의 복지거점으로 재생해 나가는 지역의료복지거점화 사업을 2013년도부터 추진하고 있으며, 본 장에서는 지역의료복지거점화 사업사례를 중심으로 거버넌스 체계 및 특징을 소개한다.

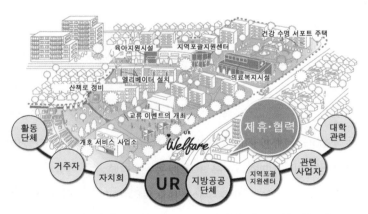

자료 : UR도시기구 홈페이지(https://www.ur-net.go.jp/chintai_portal/welfare/kyoten/index.html) 번역·수정

그림 9 지역의료복지거점화 이미지

....

2014.1.9. 참조

1) 치바사이와이쵸 단지(千葉幸町団地)

치바사이와이쵸 단지는 총 세대수 4,287호 수의 대단지로 1969년에 준공되어 입주를 개시한 이래 개수선 및 리모델링을 반복해왔으며, 2011년부터 거버넌스 체계를 구축하고 2013년부터 지역의료복지거점화 사업을 본격적으로 추진하고 있다.

(1) 거버넌스 체계

치바시千葉市와 UR도시기구는 2011년 「마을만들기에 관한 포괄적인 제휴 협정」을 체결하고 고령자 및 육아 세대 등을 배려한 마을 만들기를 추진하고 있으며, 지역포괄지원센터[15]가 사무국으로서 정기적으로 지역케어회의를 개최하고 있다. 이 회의에서는 UR, 치바시, 생활지원 어드바이저, 미하마구, 자치회 등 지역관계자들이 참여하여 지역케어시스템 구축을 위한 방안을 협의하고 있다.

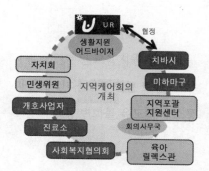

자료 : UR도시기구 홈페이지(https://www.ur-net.go.jp/chintai_portal/welfare/torikumi /jirei_chibasaiwai.html) 번역·수정

그림 10 치바사이와이쵸 단지 지역의료복지거점화 사업 거버넌스 체계

---

15 개호·의료·보건·복지 등의 측면에서 고령자를 지원하는 「종합 상담창구」로서, 전문지식을 갖춘 직원이 고령자가 익숙한 지역에서 생활할 수 있도록 개호서비스나 개호예방서비스, 보건복지서비스, 일상생활지원 등의 상담에 응하고 있으며 개호보험의 신청창구 역할도 담당

(2) 특징: 복합시설 미하마 쇼쥬 타운(美浜しょうじゅタウン) 유치

단지 내 부지에 특별양호노인 홈, 서비스제공고령자용 주택, 데이 서비스day service[16], 방문개호 사업소, 거택居宅 간호 지원사업소, 방문간호 스테이션 등을 마련한 노인복지종합시설 '미하마 쇼쥬 타운'을 유치하였다(2014년).

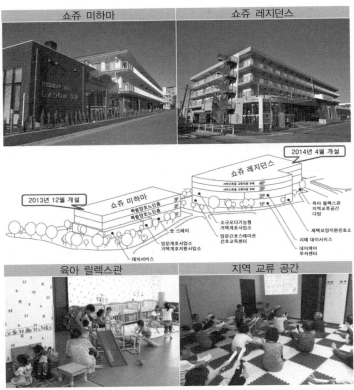

자료 : 衆議院調査局国土交通調査室, 高齢者等の安心な住まいについて, 2014 및 UR도시기구 홈페이지 등을 토대로 작성

그림 11 미하마 쇼쥬 타운(美浜しょうじゅタウン)

....

16 재택 노인을 양로원 등에 보내어 목욕이나 간호·식사 등을 제공하는 지원 서비스

미하마 쇼쥬 타운 내에는 치바시의 육아 지원시설인 육아 릴렉스관과 지역 교류공간도 있어 다양한 세대가 안심하고 생활할 수 있는 환경을 지원하고 있다.

2) 토요시키다이 단지(豊四季台団地)

토요시키다이 단지는 103개 동에 총 세대수 4,666호를 보유한 대규모 단지로 1964년에 준공되어 입주를 개시한 이래 2004년부터 전면 재건축사업에 착수하여 현재도 정비가 계속되고 있으며, 2010년부터 산학관이 일체가 된 거버넌스 체계를 구축하고 초고령 사회에 대응한 마을 만들기를 실천하고 있는 사례이다.

(1) 거버넌스 체계

2009년 UR도시기구, 카시와시柏市, 도쿄대학 고령사회 종합연구기구는 초고령 사회에 대응한 마을 만들기를 논의하고 실천하는 것을 목적으로 연구회를 발족하고 2010년 5월에 3자 협정이 체결되어 산학관이 일체가 된 거버넌스 체계를 구축하였다.

(2) 특징

① 의료·개호·육아·교류 등 복합교류시설 유치
분산된 의료와 간호 등의 서비스를 한 곳에 거점으로 정리하여 고령자에게 살기 좋은 환경을 정비하고, 24시간 대응 가능한 의료·간호·개호 서비스 사업소를 병설하여 거점형 서비스제공 고령자용 주택 '코코팬 카시와 토요시키다이[17]'를 일본 전국 최초로 정비하였다.

2014년에 지역포괄케어 거점으로서 '코코팬 카시와 토요시키다이' 재택의료를 포함하는 지역의료·간호추진 거점으로서 '카시와 지역의료연계센터'를 단지 내에 유치하여 재택의료 체제를 구축하였고, 이를 통해 고령자가 의료·개호에 어려움을 겪지 않고 재택에서 안심하고 살 수 있는 주거환경이 마련되었다.

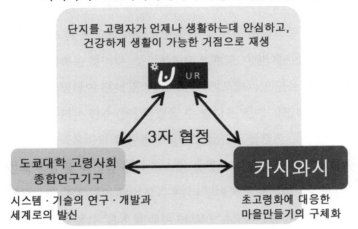

카이와시 토요시키다이지역 고령사회종합연구회

자료: UR도시기구 홈페이지(https://www.ur-net.go.jp/chintai_portal/welfare/torikumi/jirei_toyoshiki.html) 번역·수정

그림 12 토요시키다이 단지 지역의료복지거점화 사업 거버넌스 체계

---

17 철근콘크리트조 6층 규모의 연면적 약 6,800㎡ 건물, 2층 이상에 자립형 33호, 개호형 72호로 이루어진 서비스제공 고령자용 주택으로, 주택 이외에, 지역에 대한 의료나 개호 등의 서비스 제공에 의한 지역 포괄 케어 실현 역할도 담당하는 다양한 시설을 1층에 병설 (그룹홈 '치매 대응형 공동생활돌봄 18병상', 거택개호지원 사업소, 방문개호 사업소, 소규모 다기능형 거택개호 사업소, 정기 순회·수시 대응형 방문개호간호 사업소, 방문간호 스테이션, 진료소, 재택요양지원진료소, 지역포괄지원센터, 약국, 육아지원시설, 다세대 교류 공간 등)

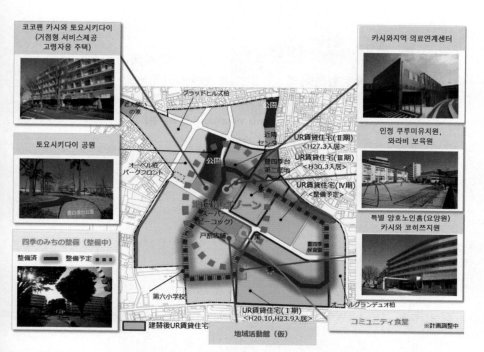

자료 : 東京大学高齢社会総合研究機構·独立行政法人都市再生機構·柏市, 豊四季台地域高齢社会総合研究会の成果と今後の取り組みについて, 2018.5.7., 7page. 번역·수정

그림 13 토요시키다이 단지 정비 현황도

② 지역주민 지원체제 구축

카시와시가 설치한 카시와시 토요시키다이지역 '상호협력회의'
에서는 마을회, 자치회 등의 지역관계자와 함께 카시와시·도쿄
대·UR이 협의를 실시하는 등, 산학관민이 제휴하는 체제를 구축
하여 지역의 생활 지원 서비스 충실을 위한 지역주민지원(시스템
구축) 방안을 검토하고 있다.

자료 : UR도시기구 홈페이지(https://www.ur-net.go.jp/chintai_portal/welfare/torikumi
/jirei_toyoshiki.html) 번역·수정

그림 14 토요시키다이지역 상호협력회의

3) 다카시마다이라 단지(高島平団地)

다카시마다이라 단지는 대지면적 36.5ha, 총 세대수 10,170호(임대 8,287호, 분양 1,883호)로, 당시 일본주택공단이 만든 단지 중에서는 제일 큰 규모의 단지로 1972년에 준공되어 입주를 개시했으며, 현재는 지역의 의사醫師회와 강한 협력체제를 구축하면서 기존 주동을 활용한 의료복지 기능의 충실을 도모하고 있는 사례이다.

(1) 거버넌스 체계

이타바시구, 이타바시구의사회, UR도시기구 3자는 '다양한 세대가 생기 있게 생활을 지속할 수 있는 마을' 실현을 위해 협정을 체결하고 지역관계자와의 협력체제를 구축하고 있다. 그리고 이타바시구와 UR도시기구는 포괄협정(2011년)에 근거하여, 고령자 지원 및 안전·안심할 수 있는 마을 조성 등 지역 과제에 대해 서로 제휴하고 있다. 또한, 상기上記 3자 외에 지역포괄지원센터, 자치회 등이 모여 지역케어회의 및 지역포괄케어 추진에 대한 간담회 등을 개최하고 있다.

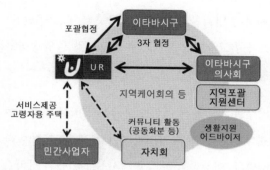

자료 : UR도시기구 홈페이지(https://www.ur-net.go.jp/chintai_portal/welfare/torikumi /jirei_takasimadaira.html) 번역·수정

그림 15 다키시마다이라 단지 지역의료복지거점화 사업 거버넌스 체계

(2) 특징

① 지역 의사회 운영에 의한 재택의료센터 유치

단지 내의 임대시설에 이타바시구의사회 운영에 의한 재택의료센터를 유치(2016년 5월)하였고, 방문간호 스테이션, 재택케어센터, 지역포괄지원센터, 요양상담실 등의 기능을 설치하여 이들 제휴에 의한 의료 및 개호 원스톱 서비스를 제공하고 있다.

자료 : UR도시기구 홈페이지(https://www.ur-net.go.jp/chintai_portal/welfare/torikumi /jirei_takasimadaira.html) 번역·수정

그림 16 재택의료센터 유치시설

② 단지 내 분산된 빈집 및 빈 점포를 활용한 서비스 거점 구축

고령자가 안심하고 계속해서 살 수 있는 주거 만들기 대책의 하나로서, 이타바시구는 카시마다이라 단지를 대상으로 기존의 주동 안에 점재하는 빈집을 UR도시기구로부터 장기(20년간) 차입하고 서비스제공 고령자용 주택으로 리모델링 후 안정적으로 운영할 사업자를 공모(2013년 7월)했다.

UR도시기구와 사업자는 공동으로 주택정비를 진행하여 2014년에 '유이마루ゆいまーる[18] 다카시마다이라' 30호戸를 개설하고 입주를 개시하였다. 인접한 주동의 임대시설(1층)에는 서비스 거점을 정비하여 안부확인 및 생활상담 등의 기본 서비스가 제공되고 있으며, 교류 이벤트 등도 행해지고 있다.

그리고 2017년에는 UR도시기구와 이타바시구의 협력하에 도쿄도 건강장수의료센터가 운영하는 마음(코코로)과 몸(카라다)의 휴식처이자 치매 서포트 거점인 '다카시마다이라 코코카라 스테이션高島平ココからステーション'을 설치하였다.

또한 단지 내 임대시설 1층(2-32-2호동 105호)에서는 도쿄도의 위탁을 받아 도쿄도 건강장수의료센터가 치매 지원을 위한 지역거점으로써 운영하고 있다. 보건사들이 상주하면서 일상대화나 생활상담을 하고 있으며, 간병이나 의료를 받을 상황이 아닌 사람들의 불안과 고민 상담에도 응하고 있어 공적 서비스 제도의 빈틈을 메우고 있다는 평[19]을 듣고 있다.

----

18 오키나와 방언으로 '서로 돕다', '공동 작업', '함께 노력하자' 라는 의미의 말

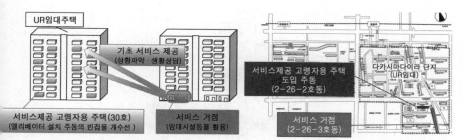

료 : 独立行政法人都市再生機構, UR都市機構における住宅セーフティネットへの取組, 2015, 12page. 번역·수정

그림 17 다카시마다이라 단지의 의료복지거점화 이미지

4) 토요아케 단지(豊明団地)

(1) 거버넌스 체계

토요아케시, 후지타藤田保 보건 위생대학, UR도시기구 간에 각각 협정을 체결하고 지역포괄케어 시스템의 구축, 믹스트 커뮤니티 형성의 추진 등을 목표로 하여 여러 가지 대처를 실시하고 있다.

도요아케시, 후지타 보건위생대학, UR도시기구의 3자가 상호 포괄협정을 체결하고 2014년부터 단지 자치회와 함께 '케야키けや き[20] 생생 프로젝트'라는 대처를 시작했다. 프로젝트가 발전함에 따라 프로젝트 참가 단체는 민간기업이나 개호 사업소 등까지 확대되어, 이 프로젝트를 통한 산관학민의 네트워크는 시 전체의 의료·복지 정책에도 파급력을 전달하는 정도까지 발전하고 있다. 이 외에도 지역관계자가 모여 지역포괄케어 활동에 대해 논의하는 회의를 정기적으로 개최하고 있다.

....

19　地域における居住環境づくり事例集, 2019, 29page 참조
20　케야키(けやき) : 느티나무

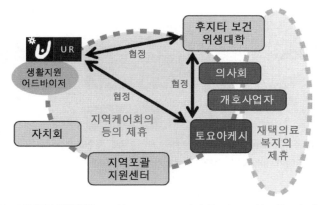

자료 : UR도시기구 홈페이지(https://www.ur-net.go.jp/chintai_portal/welfare/torikumi
/jirei_toyoake.html) 번역·수정

그림 18 관계자와의 제휴체제

(2) 특징

① 스톡 활용을 통한 의료·복지 상담 거점 '케야키 테라스(けやき
テラス)' 유치

기존의 집회소동을 의료·돌봄에 관한 다양한 기능을 부가하여
리뉴얼한 케야키 테라스라는 의료·복지 상담 거점을 유치하였
고, 의료개호서포트센터 '카케하시かけはし',[21] 토요아케시 북부 지
역포괄 서포트센터,[22] UR토요아케단지 집회소, 재택용 돌봄 로봇
모델룸 RSHRobotic Smart Home을 설치하였다.

----

21 재택의료돌봄 연계지원의 거점으로서, 토요아케시(豊明市), 토고초(東郷町), 후지타의과
대학(藤田医科大学)의 지역포괄케어 핵심센터가 중심이 되어 입원 중인 환자의 퇴원을 위
한 고민이나 통원이 어려운 사람의 재택요양에 대한 지역의 정보제공 및 상담을 접수하고
있으며, 필요에 따라서는 관계 의료기관 및 개호 사업소, 행정기관 등의 제휴도 도모함
22 구체적인 개호예방 서비스 계획(개호예방 케어 플랜)의 작성, 개호예방 서비스 사업자를
소개하거나 서비스 제공에 관한 조정 등을 실시

로보틱 스마트 홈RSH에서는 아이치현愛知県 내 기업들이 개발한
로봇이나 시스템이 설치되고 각종 실증 실험이 행해지고 있으며,
후지타 의과대학 재활부도 참가하여 개발된 각종 기기들도 설치
되어 있는 등 새로운 재택 생활의 형태를 모색하고 있다.

자료: 豊明市役所, けやきいきいきプロジェクト紹介パンフレット, 5page 번역·수정

② 민간사업자와의 새로운 서비스 개발

토요아케시는, 공적 보험(서비스)만으로는 대응할 수 없는 고령
자의 생활 과제를 해결하기 위해 일본 전국 최초의 시도로서 「공
적 보험 외 서비스 창출·촉진에 관한 협정」을 13개 사와 체결하
였다.

이를 토대로 민간기업은 물리치료사의 건강강좌, 구매상품의 무
료배달, 의료기관의 공동승합 픽업서비스, 노래방을 이용한 체조
교실 등 고령자의 요구에 대응하는 새롭고 다양한 서비스를 창출
하고 있다.

자료 : **豊明市役所**, けやきいきいきプロジェクト紹介パンフレット, 8page 번역·수정

4. 시사점

일본의 주거복지 전달체계 및 거버넌스 추진사례를 통한 특징 및
시사점을 정리하면 다음과 같다.

1) 주거와 복지의 제휴체계 기반

고령자나 저소득자 등 사회적 약자나 주거 취약계층의 풍부한 주
생활 실현을 위해서는 단순히 물리적인 주택지원만으로는 한계
가 있고 생활면에서 도움을 줄 수 있는 의료서비스나 취업상담 등
의 복지정책이 연계될 필요가 있다.

일본은 2011년에 고령자 주거법의 일부 개정을 통해「서비스 제

공 고령자용 주택 등록제도」를 마련함으로써, 주택정책과 복지
정책의 제휴가 중요함을 부각했다.

더 나아가 2016년에는 「복지·주택 행정 연계 강화를 위한 연락 협
의회」를 설치하고 복지행정을 담당하는 후생노동성과 주택행정
을 담당하는 국토교통성이 정보를 공유하고 협의하는 체계를 마
련하여 주택행정과 복지행정의 제휴체계를 기반으로 주거복지
정책을 전달하고 있었다.

2) 맞춤형·종합적 지원

사회적 약자나 주거 취약계층의 풍부한 주생활 실현을 위해서는
주거복지의 제휴체계를 기반으로 하면서도 각자의 상황에 맞는
다양한 지원을 포괄적·종합적으로 실시하는 것이 효과적이다.

일본은 자립상담지원사업을 통해 개개인의 상황에 맞는 지원 계
획을 작성하고 이 계획에 따라 주거확보지원, 취업지원 등 각종
지원이 포괄적으로 행해지도록 관계 기관과의 연락 조정 등의 업
무를 실시하고 있었다.

그리고 취업지원과 관련해서도 일상생활의 자립부터 일반취업
단계까지 지원 대상자의 단계에 맞춰 취업준비지원사업과 취업
훈련사업 등을 통해 세심한 지원을 하고 있었다. 특히 자금대출
만 시행하지 않고 생활상담, 취업상담, 주택상담, 개호介護 연수,
기능자격, 자금대출 등의 지원을 일체적이고 종합적으로 실시하
고 있는 것은 눈여겨볼 점이다.

3) 산학관민의 거버넌스 구축

일본은 주거복지 전달의 주요전략으로서 공적 임대주택 단지를 지역의 복지거점으로 재생해 나가는 지역의료복지거점화 사업을 추진하고 있으며, 이 과정에서 UR도시기구, 지역대학, 지자체, 지역 자치회 등 산학관민의 거버넌스를 구축하고 있었다.

지역의료복지거점화 사업추진과정에서 UR도시기구와 지자체의 협정이나, 여기에 지역대학 또는 의사회 등이 추가된 3자 협정을 중심으로 하면서 마을회 및 자치회 등의 지역관계자와 함께 정기적으로 지역케어회의를 개최하는 등 산학관민이 제휴하는 체제를 구축하고 지역케어시스템 구축을 위한 방안을 협의하고 있었다. 그리고 공적 지원만으로는 대응할 수 없는 주민의 생활 과제를 해결하기 위해 지자체가 주도적으로 지역기업들과 협정을 체결한 사례도 있었다.

4) 기존 스톡을 활용한 거점시설 도입

일본은 지역의료복지거점화 사업추진과정에서 기존 단지 내 부지나 빈집, 빈 점포 등을 활용하여 다양한 의료와 복지기능을 갖춘 거점시설을 도입하고 있었다.

치바사이와이쵸 단지에서는 단지 내 부지에 특별양호노인 홈, 서비스제공 고령자용 주택 등을 마련한 노인복지종합시설을 유치하였고, 토요시키다이 단지에서도 단지 내 부지에 분산된 의료와 간호 등의 서비스를 한 곳에 거점으로 정리하고 24시간 대응 가능한 의료·간호·개호 서비스 사업소를 병설하여 거점형 서비스제공 고령자용 주택을 정비하였다. 그리고 다카시마다이라 단지에서는 단지 내 점재點在하는 빈집을 서비스제공 고령자용 주택으로서 리모델링하고 인접한 주동의 임대시설에 서비스 거점을 정비하였으며, 토요아케 단지에서는 기존의 집회소동을 리뉴얼하여 의료 및 돌봄에 관한 다양한 기능을 부가한 의료복지상담 거점을 유치하였다.

5) 다양한 지원 프로그램

일본은 지역의료복지거점화 사업추진과정에서 직접적인 의료·간호·개호 서비스 외에도 무료 상담과 다양한 세대의 교류기회 창출 및 이벤트, 생활 지원 서비스 등 다양한 지원 프로그램을 제공하고 시도하고 있었다.

지역의료복지거점화 사업추진과정에서 육아 지원시설인 육아 릴렉스관과 지역 교류공간을 마련하여 다양한 세대가 안심하고 생활할 수 있는 환경을 지원하고 있거나, 의과대학의 교원이나 의료 전문직, 보건사들이 상주하면서 일상대화나 생활상담 서비스를 제공하여 간병이나 의료를 받을 상황이 아닌 사람들의 불안과 고민 상담에도 응하는 등 제도의 사각지대를 메우고 있었다.

그리고 지역 내 기업들이 개발한 로봇이나 시스템이 설치되고 각종 실증 실험이 행해지는 등 새로운 재택 생활의 형태를 모색하고 있거나 물리치료사의 건강강좌, 구매상품의 무료배달, 의료

기관의 공동승합 픽업 서비스, 노래방을 이용한 체조 교실 등 주민 요구에 대응한 새롭고 다양한 서비스를 창출하고 있는 사례도 있었다.

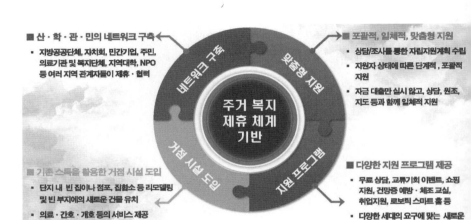

:: 참고문헌

中澤篤志, 我が国における住宅政策の制度的枠組みの変遷について, URBAN HOUSING SCIENCES, 都市住宅学105号, 2019

厚生労働省, 第5回 福祉・住宅行政の連携強化のための連絡協議会 - 厚生労働省説明資料, 2018.9.25.

国土交通省, 第5回 福祉・住宅行政の連携強化のための連絡協議会 - 国土交通省説明資料, 2018.9.25.

東京大学高齢社会総合研究機構・独立行政法人都市再生機構・柏市, 豊四季台地域高齢社会総合研究会の成果と今後の取り組みについて, 2018.5.7

福祉・住宅行政の連携強化のための連絡協議会開催要綱, 2016.12.22.

国土交通省 報道発表資料, 第1回 福祉・住宅行政の連携強化のための連絡協議会の開催について, 2016.12.16.

厚生労働省 生活困窮者自立支援室, 生活困窮者自立支援制度について, 2015.7.

独立行政法人都市再生機構, UR都市機構における住宅セーフティネットへの取組, 2015

UR都市機構, 超高齢社会における住まい・コミュニティのあり方検討会, 最終とりまとめについて - UR団地を地域の医療福祉拠点として、国家的なモデルプロジェクトの実践 -, 2014.1.9.

衆議院調査局国土交通調査室, 高齢者等の安心な住まいについて, 2014

豊明市役所, けやきいきいきプロジェクト紹介パンフレット

東京都 福祉保健局(https://www.fukushihoken.metro.tokyo.lg.jp)

UR都市機構(https://www.ur-net.go.jp/chintai_portal/welfare/kyoten/index.html)

UR都市機構(https://www.ur-net.go.jp/chintai_portal/welfare/torikumi/jirei_hibasaiwai.html)

UR都市機構(https://www.ur-net.go.jp/chintai_portal/welfare/torikumi/jirei_toyoshiki.html)

UR都市機構(https://www.ur-net.go.jp/chintai_portal/welfare/torikumi/jirei_takasimadaira.html)

UR都市機構(https://www.ur-net.go.jp/chintai_portal/welfare/torikumi/jirei_toyoake.html)

프랑스 주거복지 전달체계 및 거버넌스

황종대
(광명시 도시재생지원센터장)

프랑스 주거복지
전달체계 및
거버넌스

프랑스는 양대 세계대전 이전 노동자들의 주택공급 필요에 직면하여 주거복지 정책이 시작되었다. 이후 영광의 30년이라 불리는 경제성장기를 거쳐 1970년대 중반부터 나타난 저성장과 인구감소의 시기를 거쳐 오면서 주거복지 정책을 변화 발전시켜 왔고 지금에 이르렀다. 프랑스 주거복지 정책은 정부 주도하에 다양한 사회적 계층에 맞게 지원되고 있다는 특징을 갖고 있다. 우리의 주거복지 정책이 취약계층을 수혜 대상으로 지정하고 있는 것과는 달리, 프랑스는 전 국민의 약 70% 계층을 대상으로 주거복지 정책이 추진되고 있으며, 이는 전 국민을 대상으로 하고 있는 프랑스 복지정책과 맥락을 같이 하고 있다.

우리나라는 1960년대에 시작된 산업화 이후 전 세계적으로 유례없는 경제성장과 함께 대규모 주택공급의 수요를 불러왔고, 이로 인해 상당히 빠른 시기에 도시가 확장되고 대규모 택지개발의 형태로 주택이 대량으로 공급되었다. 우리나라 주거복지는 주로 취약계층을 수혜 대상으로 공공주택을 공급하는 형태로 진행되어 왔다. 양적 주택공급의 시기에 정착된 주거복지 정책은 현재까지도 부족한 임대주택을 공급하는 방식으로 진행되고 있는 것으로 보인다.

그러나 경제성장은 주거문화에 변화를 가져왔으며, 양적 주택공급에서 주택의 질적 향상으로 주택공급의 목표 변화를 가져왔다. 우리나라의 주택공급은 민간의 개발을 통해 주택뿐 아니라 기반시설을 공급하는 기능을 함께 갖고 있다. 이는 주택을 구입할 수 있는 충분한 여력이 없는 계층이 주택 뿐 아니라 기반시설의 접근과 이용에서 소외되는 부작용을 나타냈으며 주거지역에 따른 계층의 분화를 일으키기도 한다. 최근 아파트 개발사업에서 나타나는 분양주택과 임대주택의 공간적 분리는 단순히 공공주택의 수를 늘리는 것으로 만족할 만한 주거복지가 이루어질 수 없음을 말해준다.

앞서 언급한 바와 같이 프랑스의 주거복지는 취약계층 뿐 아니라 중산층까지 그 수혜 대상으로 규정하고 있는 동시에 다양한 계층의 사회적 혼합을 목표로 하고 있다. 1960년대 이후 대규모 개발사업을 통한 양적공급은 지역에 따른 입주민 계층의 분화를 가져왔고, 여기에 대도시 외곽의 대규모 공동주택들이 북아프리카 이주민자들의 주거지가 되면서 사회적 혼합Social Mix이 프랑스 사회의 주요한 목표가 되었다.

최근의 주택공급은 사회의 필요에 따라 청년주택, 고령자 주택, 이주순환주택 등의 형태로 이루어지고 있으며, 여기에 더해 입주

대상자들의 생활편의시설 및 지원시설이 복합적으로 설치되는 특징을 갖고 있다. 최근 프랑스를 비롯한 유럽과 캐나다 등지에서 추진되고 있는 공동체주택은 지역 공동체가 주택을 공급하고 운영하는 주체가 되고 있으며, 나아가 다양한 세대의 돌봄을 시행하는 형태로 발전하고 있음을 보여준다.

이러한 관점에서 프랑스의 주택공급과 주거복지 정책은 우리에게 시사하는 것이 있다. 프랑스는 사회의 필요에 따른 정부의 정책설계와 더불어, 다양한 계층에 맞춤형 주택공급을 통해 주거안정과 주택시장 안정을 함께 도모하고 있다. 그리고 공공과 민간이 함께 주택공급에 참여하고 있으며, 최근에는 지역 공동체까지 그 주체로 등장하고 있다. 새로운 주택공급과 주거복지의 필요에 직면한 우리 사회가 이러한 프랑스의 정책과 주거복지의 동향을 유심히 살펴볼 필요가 있다.

여기에서는 프랑스의 대표적인 주거복지 정책인 사회주택의 개념과 특징을 살펴보고, 지금의 제도가 정착되기까지 어떤 역사적 과정을 거쳤는지 확인하고자 한다. 그리고 주거복지 정책과 관리기관에 대해서 살펴본 후에 최근 프랑스에서 주목받고 있는 공동체주택에 대해서 간략하게 언급하고자 한다.

1. 프랑스 사회주택의 개념

프랑스의 법률가이자 도시문제 전문가인 베르나르 부불리Bernard Boubli는 프랑스의 사회주택을 '공공기관과 국가, 지역공동체가

직·간접적으로 지원해서 건설하며, 소득 수입이 적은 개인을 그 소득에 상응하는 저렴한 임대료를 받고 입주시킬 목적으로 지은 주택'으로 정의한다. 사회주택은 그 공급 대상을 소득 수입이 적은 개인으로 지정하고 있으나, 실제 프랑스 사회주택은 국민의 약 70%가 입주지원 자격을 갖고 있다. 2018년 현재 프랑스의 사회주택 비율은 전체 주택 수의 17%이고, 그 물량은 480만 호 정도이다.

프랑스 사회주택의 종류는 입주 대상에 따라 분류가 가능하다. 취약계층을 대상으로 하는 우리나라의 공공주택과는 달리 프랑스의 사회주택은 다양한 계층을 대상으로 다양한 종류의 임대주택을 공급한다. 일반적으로 프랑스의 사회주택은 계층의 약 68% 세대가 입주가 가능한 '사회적 용도의 임대주택prêt Locatif à Usages Socials, PLUS'을 의미하며, HLMHabitation à Loyer Modéré을 공급한다. PLUS보다 취약한 계층을 대상으로 공급하는 '사회 통합 지원 임대주택Prêt Locatif Aidé d'intégration'은 프랑스 전체 세대의 32%가 입주 가능한 주택으로, 경제적으로 가장 취약한 가구에 공급된다. 반면, 적정가격주택HLM의 입주 대상은 아니나 민간임대주택의 임대료를 부담하기 어려운 계층은 '사회적 임대주택Prêt Locatif Social, PLS'을 신청할 수 있다. 사회적 임대주택은 일반적으로 중산층을 대상으로 공급하는 주택으로 전체 가구의 82%가 입주 가능하다.

사회적 임대주택PLS보다 높은 소득을 갖는 중산층을 대상으로 공급하는 '중간형 임대주택Prêt Locatif Intermédiaire, PLI'이 있다. 현재는 중간형 임대주택PLI는 사회주택으로 분류하고 있지 않지만, 사회적 임대주택과 동일하게 적정가격주택에 입주하기에는 소득이 너무 높으나 민간임대주택에 입주하기에는 소득수준이 낮은 계층을 대상으로 지원되고 있다.

표 1 프랑스 사회주택의 유형

사회적 용도의 임대주택 (Prêt Locatif à Usages Social, PLUS)	• 보통 통칭하는 사회주택 유형으로, 프랑스 내 약 68%의 세대가 입주 가능
사회 통합 지원 임대주택 (Prêt Locatif Aidé d'Intégration, PLAI)	• 『사회적 용도의 임대주택』보다 저소득계층을 위한 주택 • 프랑스 내 경제적으로 가장 취약한 세대에 제공되며 약 32% 세대 입주 가능
사회적 임대주택 (Prêt Locatif Social, PLS)	• 중산층을 대상으로 공급하는 주택 • 프랑스 내 82%의 세대가 입주 가능
중간형 임대주택 (Prêt Locatif Intermédiaire, PLI)	• 『사회적 임대주택』보다 소득이 높은 중산층을 대상으로 공급하는 주택 • 국가보조금 지급 대상이 아니며, SRU법 이후 사회주택으로 분류하지 않음

프랑스는 아울러 입주자격을 결정하는 소득수준을 지역별로 나누어 지역별로 다른 기준을 적용하고 있는데, 일반적으로 사회주택으로 분류하는 사회적 용도의 임대주택PLUS, 사회 통합 지원 임대주택PLAI, 사회적 임대주택PLS은 다음의 4개 지역으로 구분하여 지원 자격을 부여한다.

표 2 프랑스 사회주택 공급을 위한 지역 구분

구 분	지 역
Zone 1bis	파리 및 인근 지자체
Zone 1	파리권역 주거지역, 수도권(Île-de-France) 도시지역 및 신도시
Zone 2	Zones 1 et 1 bis 외의 수도권, 인구 10만 이상의 지역, 수도권 이외의 도시지역 및 신도시, 도서지역, Oise 지역
Zone 3	프랑스 지자체 또는 프랑스 본토 이외의 지역 중 zone 1, 1bis 또는 2 외의 지역

표 3 사회주택 유형별 지원가능한 가구의 소득 상한(2023년 1월 기준)

가구 유형		Zone 1bis	Zone 1	Zone 2, 3
PLAI	1인 가구	13,378유로 17,887천 원	13,378유로 17,887천 원	11,626유로 15,545천 원
	자녀가 없는 2인 가구 장애인 1인 가구	21,805유로 29,155천 원	21,805유로 29,155천 원	21,805유로 22,649천 원
	3인 가구 부양가족(장애인 포함) 1명의 2인 가족	28,525유로 38,140천 원	26,210유로 35,045천 원	20,370유로 27,236천 원
	4인 가구 2명의 부양가족이 있는 3인 가족 1명 이상의 장애인이 있는 3인 가족	31,287유로 41,833천 원	28,779유로 38,480천 원	22,665유로 30,305천 원
PLUS	1인 가구	24,316유로 32,512천 원	24,316유로 32,512천 원	21,139유로 28,264천 원
	자녀가 없는 2인 가구 장애인 1인 가구	36,341유로 48,591천 원	36,341유로 48,591천 원	28,231유로 37,747천 원
	3인 가구 부양가족(장애인 포함) 1명의 2인 가족	47,639유로 48,591천 원	43,684유로 58,409천 원	33,949유로 45,392천 원
	4인 가구 2명의 부양가족이 있는 3인 가족 1명 이상의 장애인이 있는 3인 가족	56,878유로 76,050천 원	52,326유로 69,964천 원	40,985유로 54,800천 원
PLS	1인 가구	31,611유로 42,266천 원	31,611유로 42,266천 원	27,481유로 36,744천 원
	자녀가 없는 2인 가구 장애인 1인 가구	47,243유로 63,167천 원	47,243유로 63,167천 원	36,700유로 49,071천 원
	3인 가구 부양가족(장애인 포함) 1명의 2인 가족	61,931유로 82,806천 원	56,789유로 75,931천 원	44,134유로 59,010천 원
	4인 가구 2명의 부양가족이 있는 3인 가족 1명 이상의 장애인이 있는 3인 가족	73,941유로 98,865천 원	68,024유로 90,953천 원	53,281유로 71,241천 원

프랑스 사회주택은 전체 주택의 약 17%이고, 보유물량은 480만 호이다. 프랑스 사회주택은 적정가격주택HLM을 중심으로 공급 되며, 적정가격주택이 전체 사회주택 물량의 84%를 차지하고 있 다. 프랑스의 사회주택은 취약계층에서 중산층까지 입주대상으 로 규정하고 있으며, 단순한 주택공급의 목적을 넘어 다양한 계층 의 혼합거주를 통한 사회적 혼합Social Mix과 주거를 통한 계층 간

이동을 돕는 목적을 갖고 있다. 주거복지의 목표가 주택의 양적 공급 차원을 넘어 사회적 계층 간의 주거의 질적 차별을 완화하는 목표를 함께 갖고 있다.

2. 프랑스 사회주택의 역사

프랑스 사회주택의 역사는 1차 세계대전 전, 1894년으로 거슬러 올라간다. 당시 유럽의 사회주택 건설 움직임과 발맞추어 프랑스는 서민주택의 주요 원칙을 제시하는 지그프리드 법Loi Siegfried (1984.11.30)을 제정한다. 이 법은 서민주택 개발업체의 세금을 감면해주는 조항을 담고 있으며, 자선단체가 서민주택 건설에 출자할 수 있는 근거를 제공하고 있다. 그러나 지그프리드 법은 민간 주도의 주택공급 정책에서 나타나는 취약주택의 문제 해결에 한계를 나타냈고, 이러한 취약주택의 문제를 해결하기 위해 공권력의 권한을 확대하는 스토로스 법Loi Strauss(1906.4.12.)을 발의했다. 스트로스 법은 지방정부의 서민주택협회 설립을 의무화시키고, 서민주택 건설을 위해 지방정부가 서민주택협회에 자산의 증여, 대출, 기부금 형식으로 지원할 수 있는 근거를 마련했다.

노동자의 주거문제가 지속적으로 대두되던 시기에 프랑스는 노동자의 주택 소유를 지원하는 정책을 마련하게 된다. 1908년 4월 10일 제정된 리보 법Loi Ribot은 주택 취득에 충분한 자금이 없는 개인의 주택의 취득과 건설, 경작용 밭이나 정원(1ha) 구매에 필요한 자금의 80%를 대출할 수 있도록 했다. 이러한 대출은 당시 자선단체와 지역단체, 저축은행으로부터 재정적 지원을 받을 수 있는 부동산 금융회사를 통해 이루어졌다. 이 시기 설립된 서민주택협회와 주택토지보유장려연합은 가계의 안정을 위해 노동자 한 가정이 집 한 채와 약간의 토지를 보유할 수 있도록 지원하는 데 목적을 두고 있었다.

이후 프랑스는 서민주택 건설과 보급에 대한 공공의 책임과 역할을 강화해 갔다. 1912년 12월 22일 통과된 본네바이 법Loi Bonnevay은 지방자체단체 아래 서민주택국(공공부서 혹은 협회)을 신설하여, 사회주택의 계획과 건설·관리, 기존 노후주택의 정비 그리고 '노동자의 텃밭' 조성을 담당하도록 했다. 그리고 서민주택국은 국가자문위원회 시행령에 따라 공공기관의 지위를 가지고 서민주택뿐 아니라 세탁실과 공중목욕탕, 탁아소 등 주민공동 이용시설의 설치 권한을 가졌다. 본네바이 법의 가장 큰 특징은 시장 주도의 주택공급에서 나타나는 주거의 질 문제를 제어하기 위해 중앙과 지방정부 개입의 근거를 마련했다는 데 있다. 프랑스는 1차세계대전 전까지 사회주택 정책 실현을 위한 법률의 마련, 공동주택 건설을 위한 주거의 기준 등 사회주택 실현의 기반을 마련해 왔다.

1차 세계대전 이후 프랑스는 인구의 급격한 감소와 전후 피해복구와 보상으로 인해 주택공급과 사회주택 건설에 투입할 예산을 확보하지 못했다. 이로 인해 프랑스 전역에서 주택난이 발생했다. 이 시기 여러 지방정부가 1차 세계대전 직전에 제정된 사회주택 법에 근거하여 공공서민주택국을 창설하고 주택공급 정책을 추진했다. 대표적인 것이 1917년 리옹Lyon 시에서 추진된 3만 5,000

명의 공장 노동자를 수용할 수 있는 '공업도시Cité Industrielle' 계획
으로, 주거지와 함께 대학, 극장, 도서관, 경기장, 병원, 녹지 등의
도시기반시설을 계획적으로 배치했다. 당시 주거의 문제로 대두
되었던 일조와 환기를 통한 위생적 주택을 계획했다.

표 4 프랑스 서민주택의 법적 근거 발전 과정

지그프리드 법 (1894.11.30)	• 서민주택 건설의 주요 원칙 제시 • 서민주택 개발업체를 위한 면세 조항 신설 • 자선단체가 일부 자산과 기금을 서민주택 건설에 출자할 수 있도록 함
스트로스 법 (1906.04.12)	• 개별 주에서 서민주택협회 설립 의무화 • 민간건설 주택의 취약점(주택면적, 채광, 환기, 상하수도, 화장실 등) 문제 해결 • 개별 주의 서민주택협회 설립 의무화
리보 법 (1908.04.10)	• 서민과 노동자의 주택과 토지 소유 보장 • 개별 가정이 경작용 밭이나 정원 부지를 구매할 때 자금의 80%까지 대출 • "주택토지보유장려연합(LCTF)" 설립 • 저축은행 및 공공예금공탁기금 대출 권리 부여
본네바이 법 (1912.12.22)	• 사회주택의 공급을 공공의 책임과 의무로 정의 • 지자체 산하 서민주택국 신설을 통해 사회주택의 계획과 건설, 관리, 노후주택의 정비 담당 • 서민주택국에 세탁실과 공중목욕탕, 탁아소 등의 주민공동이용시설의 설치 권한 부여

1919년 코르뉘데 법Loi Cornudet 제정으로 센느 시 서민주택국 주도
로 파리 외곽 위성도시에 위생적인 주택 공급에 착수한다. 정원
도시Garden City의 영향을 받아 일조와 통풍 그리고 정원 조성에 초
점을 맞춘 이 시기 주택공급으로 공동주택 1만 704호와 단독주택
2,549호를 건설했다. 그러나 서민주택국의 부족한 재원과 지방자
치단체의 부족한 역량으로 급증하는 주택 수요를 감당하기 어려
웠다.

서민주택 건설의 부족한 재원 충당을 위해 1928년 7월 13일 사회

보장노동부장관 루쉐르Louis Loucheur가 서민주택 26만 호 건설을 위한 공공재원을 5년 만에 확보한다는 내용의 루쉐르 법을 발의했다. 루쉐르 법의 특징은 양대 세계대전 사이에 대두되고 있던 중산층의 주택난에 대응하여 일반 서민계층뿐 아니라 하급공무원이나 서비스업 종사자 등을 위한 임대주택 건설을 목표로 했다는 것이다. 아울러 노동자와 급여 생활자의 주택취득을 장려하기 위해 출자금 면제와 보조금을 지급했고, 이를 통해 1930년대 대도시 및 파리 근교에 단독주택이 대량으로 공급되었다. 그러나 1929년 대공황으로 저축은행의 대출이 어려워졌고 단계적으로 소액 출자 정책과 보조금 지급 정책이 폐지되었다.

2차세계대전 이후 프랑스는 급격한 주택공급의 수요에 직면했다. 5년간의 세계대전 동안 건물 46만 채가 전소되었고 165만 채가 파손되어 1939년 대비 20%의 주택이 피해를 입었다. 또한 이 기간 동안 감소한 인구를 회복하기 위해 실시한 국가보조금과 사회보장정책 등 출산장려정책과 이민자들의 유입으로 프랑스 인구는 지속적으로 증가하여 프랑스의 주택난은 심화되었다.

그러나 식민지 전쟁, 전쟁피해자 보상과 전후 복구로 주택공급의 재원확보에 어려움을 겪었다. 1954년 통계에 따르면 국민 36%가 과밀주택에 거주하고 있었고, 전체 주택 중 42%가 상하수도시설이 없었으며, 73%는 실내화장실, 91%는 샤워 및 욕조시설이 없었던 것으로 나타난다. 1953년 국가재건도시계획부는 연간 24만 호의 주택공급을 목표로 하고, 지방자치단체에 택지 조성을 위한 토지수용의 권한을 부여했다. 그리고 직원 10명 이상인 사업장은 의무적으로 직원 급여의 1%를 노동자 주택에 투자하도록 했다.

1958년 12월 31일 시행된 우선도시화지구Zone à Urbaniser en Priorité, ZUP는 지구별 500호 이상의 사회주택 건설을 포함해야 하고, 사업을 추진하는 지방자치단체가 부지확보를 위해 토지의 선매권을 부여했다. 이를 통해 195개 우선도시화지구가 조성되어 주택 230만 호가 공급되었다. 이후 우선도시화지구의 주택을 중심으로 한 복합시설을 통한 주택공급의 부작용을 개선하는 내용을 담은 협의개발지구Zone d'Aménagement Concerté(1967.12.30)를 통해 정부, 시행사 그리고 부동산 소유주의 협력을 통해 주택공급을 포함한 복합적인 개발사업을 추진할 수 있도록 토지법을 개정했다.

세계대전 이후 30년간 경제적 호황을 누리던 프랑스 사회는 1970년대 중반부터 저성장으로 접어들기 시작한다. 이는 부동산과 물가의 상승, 주택 구매력의 감소로 이어졌으며, 프랑스 정부는 기존의 임금인상을 통한 주택 구매력 상승이나 사회주택 건설비 감면 정책이 아닌 임차인과 구매자의 주거 보조금 지급 정책을 시행하게 된다.

1977년 1월 3일 제정된 바르 법Loi Barre은 개인별 주거 보조금Aide personnalisée au logement, APL 제도를 신설하는 근거가 되었고, 가구 소득, 공과금, 거주하는 주택의 상태 등 여러 가지 조건을 통해 개인에게 주거 보조금을 지급하기 시작했다. 이 제도에서는 임대차 계약 시 임대인도 국가와 9년 단위로 계약을 갱신할 수 있도록 하고, 임대료 상한선을 설정해서 신고해야 했다. 서민주택국은 주택의 거주성 기준에 미달한 주택을 지정·관리하기 시작했고, 이러한 주택의 입주민들에게 1급과 2급으로 나누어 주거 보조금을 지급했고, 주택의 거주성 기준에 미달한 주택을 지정·관리했다. 더불어 주거보조금의 수혜 대상이 점차 늘어나면서 국가 예산이 확대되었고, 이로 인해 주택 임대료 상승과 주거를 둘러싼 계층 분화 현상이 심화되었다. 그리고 개인별 주거 보조금이 제도화되면서 경제적 취약 계층의 사회주택 집중 현상으로 공동주택 중심으로 건설된 사회주택 지구의 쇠퇴 현상이 가속되었고, 이러한 지역을 '취약 지구'로 명명하여 도시재생과 경제 활성화정책의 대상이 되었다.

1990년 5월 31일 통과된 베송 법loi Besson(프랑스 민족을 위한 연대 의무)은 기존에 사회주택에서 배제된 계층에 대한 새로운 정책을 담은 법으로, 주택의 공급(분양)을 지역 차원의 합의에 따라 결정할 수 있다는 내용을 담고 있다. 이 법에는 '연대 주택 기금Fonds Solidarité Logement, FSL' 설립 규정을 명시하고 있다. 이 법에 따라 저소득층에 지원금을 통해 사회주택 입주를 지원하고 임대료 연체 시 대출금 또는 보조금을 제공해 퇴거당하지 않도록 했고, 저소득층이 특정 도시 지구에 정착하거나 다른 주택에 입주할 때에도 지원금을 지급할 수 있도록 했다. 그리고 도지사급 지자체장이 사회주택 우선 입주 대상을 지정할 수 있도록 함으로써 입주자 선정에서 사회주택국이나 지자체의 불합리한 선별과 배제를 근절하고자 했다. 또한 임대주택 활용 방안을 신축주택과 기존주택으로 구분하여, 부동산 보유세를 신축의 경우 총 15년에 걸쳐 65% 금액에 대해, 기존주택은 25% 금액을 공제하여 임대주택의 신축 및 매입을 활성화하는 정책이기도 했다.

표 5 프랑스 주택보조금과 사회주택 입주 지원 제도

바르 법 **(1977.1.3)**	• 개인별 주거 보조금(Aide personnalisée au logement, APL) 제도를 신설하 • 가구 소득, 공과금, 거주하는 주택의 상태 등 조건을 통해 개인에게 주거 보조금 지급 • 임대차 계약 시 국가와 9년 단위로 계약을 갱신하고, 임대료 상한선을 신고해야 함 • 취약 계층의 사회주택 집중 현상으로 공동주택 중심의 사회주택 지구의 쇠퇴 현상이 가속 • 이러한 지역을 "취약지구"로 명명하여 도시재생과 경제 활성화정책의 대상이 되었음
베송 법 **(1990.5.31)**	• 기존에 사회주택에서 배제된 계층에 대한 새로운 정책을 담은 법으로, 주택의 공급(분양)을 지역 차원의 합의에 따라 결정할 수 있다는 내용을 담고 있음 • "연대 주택 기금"(Fonds solidarité logement, FSL) 설립으로 저소득층에 지원금을 통해 사회주택 입주를 지원하고 임대료 연체시 대출금 ·보조금을 제공해 퇴거당하지 않도록 함 • 도지사 급 지자체장이 사회주택 우선 입주 대상을 지정 • 부동산 보유세를 신축의 경우 총 15년에 걸쳐 65% 금액에 대해, 기존주택은 25% 금액을 공제하여 임대주택의 신축 및 매입을 활성화함

교토 프로토콜에서 규정된 온실가스 감축방안을 마련하기 위해 제정된 SRU법loi relative à la Solidarité et au Renouvellement Urbain (2000. 12.13. 제정)은 국토 및 도시 차원에서 신규개발을 지양하고 도시 재생을 촉진하며, 사회·경제적 연대를 도모하기 위한 내용을 담고 있다. 이 법은 지자체의 사회주택 20% 이상 보유를 의무화하도록 인구 5만 이상 도시권에 속하거나 인구 1.5만 명 이상 꼬뮌은 사회주택을 20% 이상 확보하도록 하는 규정을 담고 있다.

2003년 7월 24일 제정된 보를로 법(도시와 도시재생을 위한 방향 및 프로그램법loi d'Orientation et de Programmation pour la Ville et la Rénovation Urbaine, loi Borloo)은 도시재생 사업을 통한 사회주택 공급의 재정지원을 강화하고 추진 방안을 마련하기 위한 법이다. SRU법으로 의무화된 사회주택 20% 이상 확보가 의무가 되었음에도 다수의 지방자치단체가 이행하지 않고 있는 문제로 인해 사회주택이 특정

데파르트망département에 집중되는 문제를 완화하기 위한 목적을 갖고 있다.

2007년 3월 제정된 달로 법Loi Dalo은 노숙자, 자녀가 있는 여성 가장, 저소득 노동자, 취약주택 거주자 등이 주택 취득 시 국가가 의무적으로 보증을 서도록 하는 조항을 담고 있다. 2012년 1월 1일부터는 달로 법 적용 대상이 사회주택 입주 자격이 있는 모든 개인으로 확대되며, 사회주택국은 사회주택 우선 입주 대상으로 지정된 사람을 입주시켜야 하는 의무를 갖게 되었다.

표 6 프랑스 사회주택 보급 확대 정책

사회적연대와 도시재생법 (2000.12.13)	• 교토 프로토콜에서 규정된 온실가스 감축방안을 마련하기 위해 제정된 법 • 국토 및 도시 차원에서 신규개발을 지양하고 도시재생을 촉진하며, 사회·경제적 연대 도모 • 지자체의 사회주택 20% 이상 보유를 의무화하도록 인구 5만 이상 도시권에 속하거나 인구 1.5만명 이상 꼬뮌은 사회주택을 20% 이상 확보하도록 함
보를루 법 (2003.7.24)	• 도시재생 사업을 통한 사회주택 공급의 재정지원을 강화하고 추진 방안 마련 • SRU법에 의해 의무화된 사회주택 20% 이상 확보 의무를 다수의 꼬뮌이 지키지 않고 있으며, 실재 사회주택의 비율이 특정 데파르트망(département)에 집중되는 문제 완화
달로 법 (2007.3.)	• 노숙자, 자녀가 있는 여성 가장, 저소득 노동자, 취약주택 거주자 등이 주택 취득 시 국가가 의무적으로 보증을 서도록 함 • 달로 법 적용 대상이 사회주택 입주 자격이 있는 모든 개인으로 확대됨 • 사회주택국은 사회주택 우선 입주 대상으로 지정된 사람을 의무적으로 입주시켜야 함

2003년 4월 제정된 로비앙 법loi pour l'investissement locatif(임대투자를 위한 법률)은 신규 임대주택 건설 촉진을 위한 법으로, 최초 사회주택 구입자에게 대출 이자를 받지 않고, 임차기간을 최소 9년으로 규정하여 민간에서 임대주택 공급을 활성화하고자 했다. 또한

국토를 주택수요 및 공급 현황에 따라 지역zone별로 임차료 및 지원정책을 차등 적용하도록 하여 적절한 임대주택이 공급될 수 있도록 했다는데 특징이 있다. 뒤플로 법dispositif Duflot(2013.1.1.은) 민간투자 활성화를 통한 사회주택 공급 촉진을 위해 주택부족이 심한 지역에 소유주의 세금감면 혜택을 부여함으로써 사회주택과 중간형 임대주택의 공급을 활성화하고자 제정되었다. 피넬 법 dispositif Pinel은 뒤플로 법에서 18%로 규정한 세율 감면 비율을 최고 21%까지 늘리고, 기간에 따라 감세율을 세분화시킨 법이다.

표 7 사회주택 건설 촉진과 민간투자 활성화 정책

로비앙 법 (2003.4.)	• 신규 임대주택 건설 촉진을 위해 제정됨 • 최소 사회주택 구입자에게 대출 이자를 받지 않고, 임차기간을 최소 9년으로 규정하여 민간에서 임대주택 공급을 활성화하고자 함 • 국토를 주택수요 및 공급 현황에 따라 지역(zone)으로 차등화하고, 지역 별로 차등화된 임차료 및 지원정책을 적용하도록 하여, 지역 별로 적합한 임대주택이 공급될 수 있도록 함
뒤플로 법 (2013.1.)	• 민간투자 활성화를 통한 사회주택 공급 촉진 • 주택부족이 심한 지역에 소유주의 세금감면 혜택을 부여함 • 사회주택과 중간형 임대주택의 공급을 활성화시키고자 함
피넬 법	• 뒤플로 법에서 18%로 규정한 세율 감면 비율을 최고 21%까지 늘림 • 기간에 따라 감세율을 세분화시킨 법

3. 프랑스 주거복지 체계

1) 프랑스 사회주택 지원제도

프랑스 사회주택 건설을 위한 금융 지원제도는 주택의 성격 및 목

적, 사업 시행자, 입주 대상자에 따라 지원 성격이 결정되며, 중앙정부 건설자금 지원에 있어 주택의 성격과 건설 지역에 따라 지원 프로그램과 내용이 적용된다. PLUS는 사회적 혼합social mix을 목적으로 사회주택 건설을 지원하는 프로그램으로, 지원 대상은 전체 국민의 2/3가 해당되며, 저소득층 주거복지보다는 주택시장 안정을 위한 성격을 지니고 있다. PLAI는 저소득층 또는 취약계층을 위한 사회주택 건설비용을 지원을 목적으로 하는 반면, PLS는 중위 소득 계층을 입주민으로 하는 사회주택 건설비용 지원으로, 주택시장의 긴장도가 높은 지역에 건설되는 사회주택에만 적용하는 특징을 갖고 있다. PLI는 중간형 임대주택(중산층을 대상으로 하는 임대주택)의 건설비용을 지원하는 프로그램이다.

이 외에도 사회주택의 건축비 뿐 아니라 부지매입 비용도 지원하고 있는데, 부지비용이 일정 수준을 초과할 때 지자체가 기준 부지 비용 초과분의 20% 이상을 지원할 경우 상한기준 내에서 지원된다.

사회적 사용을 위한 임대용 대여금PLUS은 가장 대표적인 사회주택 건설 지원 제도로, 사회주택 공급 공공시행자인 HLM, OPH, SEM에만 대출이 가능하다. PLUS지원 사회주택 입주 자격은 파리 거주 4인 가족 기준 연소득 7,600만 원(€5만 6,878) 이하 수준이며, 사회적 혼합과 저소득층 우선 배당을 위해 전체 주택 수의 30%를 소득 상한선 60% 이하의 가구로 하였다. 사회주택 신축 시 사업비의 5%까지 중앙정부의 직접적 재정지원이 가능하다.

표 8 PLUS 임대료 상한선(m²당)

Zone I bis	Zone I	Zone II	Zone III
€6.70	€6.30	€5.54	€5.14

통합 지원을 위한 임대용 대여금Prêt Locatif Aidé d'Intégration, PLAI은 저소득층을 대상으로 일반 은행 금리보다 낮은 이율(-0.2%)로 대출하여 저소득층에 대한 주택공급을 촉진하고 있다. 일반적인 재정지원 제도에서 시행하고 있는 대출 상환기간은 주로 40~50년이나, PLUS와 PLAI의 경우 주택공급 요구가 높은 지역에 대해서는 상환기간을 60년까지 연장할 수 있다는 특징이 있다. 사회주택 신축 시 사업비의 15~17%까지 중앙정부의 직접적 재정지원이 가능하고, 임대료 상한선(m²당)은 다음과 같다.

표 9 PLUS 임대료 상한선 (m²당)

Zone I bis	Zone I	Zone II	Zone III
€5.97	€5.61	€4.92	€4.56

사회적 임대용 대여금Prêt Locatif Social, PLS은 중산층에 주택공급을 통한 시장안정 및 사회적 혼합을 목적으로 저축통장 금리보다 1.1% 높은 이율로 대출하는 프로그램으로, 주택공급이 부족하고 가격이 높은 지역에 주로 적용되고, 25년간 토지보유세가 면제되는 특징을 갖고 있다. 반면에 중간형 임대주택에 대한 지원금Prêt Locatif Intermediaire, PLI은 PLS와 동일하게 30~50년에 걸친 장기대출이 가능하나, PLS와 달리 토지보유세가 면제되지 않으며, 저축통

장 금리보다 1.4% 높은 특징을 갖고 있다.

2) 프랑스 사회주택 관리단체

프랑스는 엘랑법La Loi Elan(2018년 제정)에 따라 최소 1만 2,000채 이상을 관리하는 단체만 공식 인정하고 있다. 2019년 현재 프랑스 사회주택 관리 단체는 694개이며, 직원은 2,000명(이 중 지역고용 인력 75%), 행정자원봉사자 1만 2,000명 규모이다. 사회주택을 관리·감독하고 있는 기관으로는 ANCLOS(사회주택 운영관리 감독 기관), CDC(예금공탁 및 위탁관리공사), CGLLS(공공임대주택 상호보증기금공사)이 있다. 그리고 그 공급은 중앙정부 보다는 지방정부 중심으로 공급되며, OPH, ESH, HLM협동조합이 지자체와 밀접한 연계 속에서 지자체 특성에 맞는 사회주택을 공급하는 특징을 갖고 있다.

프랑스의 사회주택 관리단체는 크게 사회주택공공사무소Les Offices Publics de l'Habitat, OPH, 주택사회적기업Entreprises Sociales pour l'Habitat, ESH 그리고 서민임대주택협동조합Sociétés Coopératives d'HLM, Coop'HLM이 있다. 사회주택공공사무소Offices Publics de l'Habitat, OPH는 공공기관으로 2019년 현재 등록된 '사회주택공공사무소'는 총 241개이며, 보유한 임대주택은 230만 채로 프랑스 전체 사회주택 물량의 48%에 달한다. 최근 민간건설회사가 신축한 주택을 사회주택으로 매입하는 비중이 늘어나면서 이를 담당하는 OPH 자회사가 설립되고 있다.

주택사회적기업Entreprises Sociales pour l'Habitat, ESH은 민간기관으로, 공공의 이익을 추구하는 기관이 투자하는 주식회사로 행정기관의 승인을 받아 설립되며, 수익을 사회주택에 재투자하는 사회적 기업 특성을 갖고 있다. ESH의 기원은 노동자주택단지회사SOMCO (1853)이고, 지그프리드 법에 의해 HBMHabitation à Bon Marché(저렴주택)이라는 사회주택 제도가 마련되며, 이후 스트로스 법에 의해 협동조합이 사회주택을 건설할 수 있는 근거가 마련되었다. ESH는 공공과 유사한 비중으로 사회주택을 공급·관리하고 있는데, 2019년 현재 등록된 '주택사회적기업ESH'은 209개이고, 220만 채의 임대주택을 보유하고 있어 프랑스 전체 사회주택 물량의 46%를 공급하고 있다. ESH의 주주는 '주택을 위한 사회적경제(기업과 급여자)연합Union des Entreprises et des Salariés pour le Logement, UESL' 회원기관, 1% 고용기금 부담기업, 단체, 연합, 지자체, 재정기관이다. 이 외에도 일반 법인과 개인이 주주로 참여할 수 있으나 이 경우 주식을 2% 이상 보유할 수 없다. 프랑스 ESH 중 가장 규모가 큰 ICF는 SNCF(프랑스 철도청)와 연계되어 SNCF 노동자와 일반 사회주택 수요자를 위한 사회주택을 건설하고 있다.

ESH는 장기저리 은행예금인 리브레아Livret A 저축예금을 활용하는데, 리브레아는 예금에 대한 세금이 없고, 3,000유로까지 정부로부터 예금 보호를 받기 때문에 프랑스인의 80%가 이 금융상품을 이용한다. 또한 '고용주 건축기금 지원Participation des Employeurs à l'Effort de Construction, PEEC'을 통해 건축지원자금 부문과 저소득층의 주거급여 부문으로 활용하기도 한다. PEEC는 프랑스 주택기금활

동본부Action Logement에 의해 운영되며, 공적주택 건설의 재원마
련과 더불어, 기금을 납부하는 기업의 고용인에게 사회주택 요구
권을 부여함으로써 주거복지의 중요한 요소이다.

표 10 ESH 사회주택 보유물량

호수	1,000 이하	1,001~3,000	3,001~6,000	6,001~10,000	10,001~22,000	22,000 초과
개수	12개(0.3%)	18개(1.7%)	57개(11.5%)	36개(12.6%)	45개(30.3%)	21개(43.5%)

표 11 ESH 지역 분포

지역	일드프랑스	론-알프스	노르망디	노르지역
개수	39개(33.8%)	21개(8.6%)	20개(00.0%)	19개(14.8%)

서민임대주택협동조합Sociétés Coopératives d'HLM, Coop'HLM은 100년
의 역사를 가진 협동조합으로(1906년 법률 제정) 현재까지 약 40
만 호의 주택을 공급했다. 2023년 현재 등록된 서민임대협동조합
은 163개로 주로 저소득층을 대상으로 한 자가형 사회주택을 건
설·공급하고 있다. OPH나 ESH가 주로 임대주택공급을 목적으로
사회주택을 건설하는 반면, HLM협동조합은 건축 후 매각하는 주
택 비율이 높아 임대주택과 자가취득 주택 등 폭넓은 성격을 주택
을 공급하는 특징을 갖고 있다.

프랑스는 매년 약 1~1.6만 호가 자가주택으로 전환되고 있는데,
이 중 HLM협동조합의 비율이 매우 높다. HLM협동조합 주택은
OPH나 ESH에 비해 비교적 역사가 짧아 주택의 노후도가 낮으며,
프랑스인들의 선호도를 반영하여 일률적인 대규모 공동주택의

형태가 아닌 단독주택, 전원주택, 아파트 등의 다양한 형태를 지니고 있다. 파리와 같은 대도시에서 공공주택 공급기관의 신규 토지 취득이 어려워 신축 HLM 건설이 어려워지고 있으며, 이러한 상황에서 민간기업 등 타 사업자에 의해 공급되는 주택을 매입하는 VEFAVente en l'état futur d'achèvement 방식으로 사회주택 수요에 대응하고 있다. 2017년 현재 HLM 협동조합은 7,552호를 착공했고 4,291호를 VEFA로 매입했으며, 1,049호의 단독주택 건설계약을 체결했고, 7만 5,732호의 사회임대주택을 관리하고 있다.

4. 지역공동체 중심의 주택공급

2014년 3월 26일 시행된 '주택공급과 도시재생 활성화법Accès au Logement et un Urbanisme Rénové, ALUR'은 공동체주택을 "개인이나 법인이 자신들이 거주할 집과 공동으로 사용할 공간을 계획하고, 주택의 신축이나 취득 및 운영과 관리 등에 참여할 수 있도록 하는 절차"로 정의하고 있다. 공동의 가치 또는 유사한 목적·성격을 가진 주민들이 함께 조성하고 운영하는 주택이라 말할 수 있다.

프랑스도 인구의 감소와 고령화로 1인 또는 2인 가구가 늘어나고, 아동과 고령자에 대한 돌봄의 필요가 더욱 커지고 있다. 또한 공급하는 임대주택의 질적 향상을 넘어 보육과 돌봄 등 공동체의 필요를 채우는 주택공급이 요구되고 있다. 여기에 민간주도의 코하우징과 쉐어하우스, 지역공동체 중심의 주택공급 필요와 맞닿아 프랑스의 공동체주택 활성화를 위한 지원 정책이 추진되었다. 이런 프랑스 사회의 필요에 맞춰, 공동체주택은 이웃과의 연대 강화, 부담 가능한 주택과 투기 지양, 사회적 혼합Social Mix과 주택의 민주적 관리·운영 등을 지향하고 있다.

공동체주택은 공공과 민간 소유가 모두 가능하며, 민간 소유는 입주민이 주택을 소유한 조합의 조합원으로 참여하는 경우가 많다. 정부는 2015년부터 국공유지의 임대, 건설자금 융자 및 이자지원, 입주자 대출보증 등의 방식으로 지원을 하고 있으며, 인증제도 시행과 지원조직 운영을 통해 사업을 활성화시키기 위해 노력하고 있다.

2010년 11월 스트라스부르그에서 개최된 제1회 공동체주택 전국대회Rencontre Nationale de l'Habitat Participatif에서 공동체주택 전국지자체 연합Réseaux National de Collectivités en matière de l'Habitat Participatif, RNCHP이 결성되었고, 지역별로 활동하고 있던 공동체주택 민간단체들이 '코딘악시옹Coordin' action'이라는 협의회를 구성하게 되었다. 아울러 전문가들로 구성된 '공동체주택 전문가 네트워크Réseau des Acteurs professionnels de l'Habitat Participatif, RAHP'가 결성되었다.

RNCHP 소속 지방자치단체들을 중심으로 국공유지를 시세보다 저렴하게 매각 또는 장기임대의 형식으로 제공하는 방식으로 시범사업이 추진되고 있다. 지방자치단체는 공공임대주택 운영기관과의 협력을 통해 다양한 계층으로 구성된 사업시행자(공동체)가 하나의 공동체를 이룰 수 있도록 법적·재정적으로 지원하고 있으며, 전문가 네트워크 플랫폼을 조성하여 사업시행자 자문도 진행하고 있다. 이와 더불어 공동체주택 전문 코디네이터 Assistance à la Maîtrise d'Ouvrage, AMO를 육성하여 사업자에게 법적, 전문적, 기술적 자문을 수행하고, 공동체에 필요한 규약을 만들고, 기획-시행-운영 전 과정을 추진할 수 있도록 지원한다.

2018년 현재 프랑스 내에서는 약 595개의 공동체주택이 진행되고 있다. 공동체주택은 공동체를 이루어 함께 거주할 입주민들이 사업의 기획부터 참여하여 사업의 성격과 방향, 주택의 설계, 시공사의 선정 그리고 주택의 처분과 운영 등에 참여한다.

5. 주택과 주거의 조건

프랑스 주거복지는 130여 년의 역사를 갖고 있어, 오랜 시간 동안 다양한 역사적 요인에 의해 변화·발전되어 왔고, 주로 공공기관과 사회적기업에 의해 정책적으로 추진되어 왔다는 특징을 갖고 있다. 오랜 기간 동안 제도화된 정책 덕분에 프랑스 주거복지 정책은 다양한 계층이 다양한 방식으로 수혜를 받을 수 있다는 특징을 갖고 있다. 주거복지의 개념을 사회 구성원 전체로 확대하는 프랑스의 개념 설정은 우리에게 시사하는 바가 크다.

다양하고 폭넓은 계층을 대상으로 공급되고 있는 프랑스의 사회주택은 주택시장 안정 수단으로도 활용되고 있다. 그리고 공공의 재원뿐 아니라 민간의 투자를 통해 사회주택 공급과 확산을 꾀하고 있으며, 이를 위해 민간투자자를 적극 지원하는 정책을 확대하고 있다. 나아가 지역 특성에 맞는 사회주택 공급을 위해 중앙정부 주도에서 벗어나 지자체(꼬뮌)의 역할을 부여하고, '중앙정부-레지옹-꼬뮌'의 협정을 통해 공급되는 주택의 성격과 물량을 결정한다. 나아가 사회주택을 중산층까지 확대하여 구매 여력이 있는 주택의 실소유자를 사회주택의 소유자로 흡수, 도시재생 정책과 연계하여 지자체 주도로 기존 원 도심에 주택공급 정책을 적극 지원하고 있다.

최근 프랑스 주택공급은 공공과 민간의 영역을 넘어 지역공동체를 공급과 관리의 주체로 설정하고 있다. 아직까지 공동체주택을 사회주택의 영역으로 포함시키기는 어렵지만, 지역공동체가 주택과 입주자들의 돌봄을 복합적으로 제공한다는 점에서 주택공급과 주거복지의 새로운 방식으로 주목받고 있다. 아울러 도시재생을 통한 주택공급의 방식으로도 적극 활용되고 있음도 우리에게 시사하는 바가 크다.

프랑스의 주거복지 정책은 열악한 빈민과 노동자 주택의 개선에서 시작했고, 이는 프랑스의 건축법과 도시계획법의 발전에 기여했다. 건축법은 주거의 위생 조건을 명시하고 있는데, 거주할 만한 채광과 환기의 기본 조건을 주택의 방room에서 만족하도록 하고 있다. 이는 우리의 고시원이나 쪽방 같은 주거형태를 프랑스에서 찾기 어려운 이유이기도 하다. 또한 공공주도의 도시기반시설 공급은 민간의 주택개발 규모와 방식에 대한 공공의 조정을 가능하게 하고, 이를 통해 사회적 혼합Social Mix과 도시공간의 공유와 접근성을 확보하는 데 용이하게 한다.

프랑스 주거복지 제도는 주택의 기본적인 조건에서부터 주택을 통해 접근해야 하는 사회적 문제에 대한 논점을 제시해 준다. 프랑스 주거복지는 다양한 주택공급 주체의 발굴과 더불어 주거 문화와 주택의 질에 대한 고려, 그리고 넓은 관점에서 주택을 통해 해결해야 할 사회문제를 규정하고 해결하려는 노력에서 우리에게 많은 시사점을 주고 있다.

:: 참고문헌

단행본

박현찬, 박정윤, 『프로젝트 파리 – 1950년대 이후 파리의 도시계획』, 서울연구
　　원, 2022.6.10.
장-마르크 스테베(Jean-Marc Stébé), 강대훈 옮김, 『집 없는 서민의 주거권 –
　　1789년부터 현재까지 프랑스 사회주택의 역사』, 황소걸음, 2022.9.

연구논문 및 기고문

이성근, 최민아, 『공공주택 공급 활성화를 위한 프랑스 사회주택의 민간참여
　　특성-Entreprise Sociale pour l'Habitat(사회적 주택 기업)을 중심으로』,
　　KIEAE Journal, 2020.4.2.
이성근, 최민아, 『2000년 이후 프랑스 사회주택 지원 제도 및 공급 특성연구』,
　　Journal of Architecture Institute of Korea Planning & Design Vol.32 No.7(Serial
　　No.333), 2016.7.
김영태, 『프랑스의 공공주택 공급·관리기구에 대한 고찰』, 주택도시 제80호.
정희원, 『프랑스의 공동체주택 진흥 방안』, 건축과도시공간 Vol23, 2016.
Henri Jacquot, Gérald Marcou et al. 『Série droit de l'urbanisme - Droit et Politiques
　　de Renouvellement Urbain』, Cahier de GRIDAUH N°10, 2004.
최민아, 『'나홀로 시대'의 든든하고 따뜻한 공동체주택』, 2022.12.9, 대한경제
　　(https://www.dnews.co.kr/uhtml/view.jsp?idxno=202212091047078860282)
건축과 도시공간, 김정명, 『프랑스 건축 법제 합리화』, Vol 17 spring 2015,
　　p95-99.

인터넷 사이트

• 프랑스 주택기금활동본부(https://www.actionlogement.fr/guides/trouver-un
　-logement/logements-plai-pli-plus-plus)
• 서민임대협동조합(https://www.hlm.coop)
• 사회주택공공사무소(https://www.foph.fr/oph/Les-Offices-Documents/)

남원석 | 우리나라 주거정책의 변천과 주거복지포럼
서울연구원 연구위원 nws@si.re.kr

김덕례 | 주거복지금융 변천사
고려대학교 겸임교수 98chldb@hanmail.net

박미선 | 주거복지 실현 수단으로써 공공임대주택 정책의 발전 경로와 미래
국토연구원 주거정책연구센터장 mspark@krihs.re.kr

김근용 | 공공임대주택 수요분석과 공급방안
한양대학교 겸임교수 gykim818@gmail.com

이용만 | 주거급여 제도의 변천사
한성대학교 교수 ymlee@hansung.ac.kr

봉인식 | 우수사례를 통해 본 주거복지의 현장
경기연구원 선임연구위원 pong@gri.re.kr

윤영호 | 주거복지 교육플랫폼(하우징테드) 구축 및 운영
한국주거학회 주거연구원장 dryyh@naver.com

허윤경 | 독일 주택정책 변화와 도전
한국건설산업연구원 연구위원 ykhur@cerik.re.kr

박유진 | 미국의 공공주거복지 지원정책
중앙대학교 교수 yujinp@cau.ac.kr

송기백 | 일본 주거복지 전달체계 및 거버넌스 추진사례
주택도시보증공사 연구위원 songkibaek@naver.com

황종대 | 프랑스 주거복지 전달체계 및 거버넌스
광명시 도시재생지원센터장 centreura@korea.kr

2030 담대한 주거복지

초 판 인 쇄 2023년 2월 20일
초 판 발 행 2023년 2월 28일

저   자 남원석, 김덕례, 박미선, 김근용, 이용만, 봉인식,
            윤영호, 허윤경, 박유진, 송기백, 황종대
펴 낸 이 김성배
펴 낸 곳 도서출판 씨아이알

디 자 인 엄혜림, 정지혜, 김민수
제 작 책 임 김문갑

등 록 번 호 제2-3285호
등 록 일 2001년 3월 19일
주   소 (04626) 서울특별시 중구 필동로8길 43(예장동 1-151)
전 화 번 호 02-2275-8603(대표)
팩 스 번 호 02-2265-9394
홈 페 이 지 www.circom.co.kr

I S B N 979-11-6856-140-3 (93330)
정   가 22,000원